SEYCHELLEN
Zeit für das Beste

HIGHLIGHTS | GEHEIMTIPPS | WOHLFÜHLADRESSEN

»Die Insel, deine Heimat, ist harter Granit,
ist knirschender Kies, ist Koralle.
Deine Insel hat sich einen Gürtel umgelegt
aus weißem Sand.«

Antoine Abel (1934–2004), Dichter von den Seychellen

SEYCHELLEN
Zeit für das Beste

Erwin Brunner
Udo Bernhart

BRUCKMANN

INHALT

Die einsame Bucht Baie Ternay im Westen der Hauptinsel Mahé

Das sollten Sie sich nicht entgehen lassen 8

Willkommen auf den Seychellen 10

VICTORIA
1 Victoria 32
2 Stadtrundgang Victoria 36
3 Die Botanischen Gärten 42
4 Carnaval International 46
5 Eden Island 48
6 Inselhüpfen 50

MAHÉ – DER NORDEN
7 Die Nordküste 60
8 Beau Vallon 64
9 Anse Major und Baie Ternay 70
10 Les Trois Frères und weitere Wanderwege 74
11 Sans Souci Road 80
12 Tea Factory 86
13 Der Sauzier-Wasserfall 90
14 Grand' Anse bis Anse Louis 92

MAHÉ – DER SÜDEN
15 Anse aux Pins bis Anse Royale 102
16 Creole Institute und Vilaz Artisanal 106
17 La Plaine St. André 110
18 Le Jardin du Roi 112
19 Um die Südspitze 116

Auf den Seychellen wächst jede Palmenart der Welt, darunter auch die formschöne Fächerpalme.

20 Buchten im Südwesten	118
21 Küste der Künstler	124

STE. ANNE MARINE NP

22 Sainte Anne	132
23 Moyenne Island	136
24 Round Island und Long Island	138
25 Cerf Island	140

PRASLIN UND NAHE INSELN

26 Baie Sainte Anne und Südküste	148
27 Vallée de Mai	154
28 Praslin, die Nordostküste	162
29 Anse Lazio	168
30 Praslin, die Nordwestküste	172
31 Île St. Pierre	176
32 Curieuse	178
33 Aride	182
34 Cousin Island	184
35 Cousine Island	186

LA DIGUE, FÉLICITÉ UND CO.

36 La Digue	192
37 Von La Passe nach Anse Patates	200
38 Anse Source d'Argent	204

Der Carnaval International in Victoria ist auch für die Kleinen das größte Fest des Jahres.

Zum Teil auf Trittleitern erklimmt man die Trois Frères.

39	Wanderung bis zur Anse Cocos	210
40	Le Nid d'Aigle	216
41	Félicité und Marianne	218
42	Petite Sœur, Grande Sœur, Île Cocos und Co.	222

FERNE INNERE SEYCHELLEN

43	Bird Island	230
44	Denis Island	232
45	Frégate Island	234

SILHOUETTE UND NORTH ISLAND

| 46 | Silhouette | 242 |
| 47 | North Island | 246 |

DIE ÄUSSEREN SEYCHELLEN

48 Die Amiranten, Alphonse,
Île Platte und Coëtivy 254
49 Die Farquhar-Gruppe 258
50 Die Aldabra-Gruppe 260

REISEINFOS

Seychellen von A bis Z 268
Kalender 276
Kleiner Sprachführer 284
Register 286
Impressum 288

Frisches Obst an einem Stand: Sternfrüchte, Mangos und die hier heimischen Javaäpfel

Seite 1: Fassadenverzierung auf den Seychellen
Seite 2/3: Blick von der Anse Lazio in die Chevalier Bay
Unten: Traumbadestrand Anse Lazio

DAS SOLLTEN SIE SICH NICHT ENTGEHEN LASSEN

Wandern auf dem Victoria Trois Freres Trail – Wahnsinns Ausblicke garantiert

❶ **Victoria (S. 32)**
Die kleine Hauptstadt der Seychellen ist der Ort, an dem jeder Reisende ankommt. Hier lernt man auf einem Spaziergang Land und Leute kennen, die seychellische Lebensart, die Geschichte des Archipels. Und das bunte Herzstück, den Sir Selwyn Selwyn-Clarke Market, kann man jeden Tag aufs Neue besuchen.

❷ **Inselhüpfen (S. 50)**
Mit einem schönen altmodischen Segelschoner, einem schnellen Katamaran oder einem modernen Motorsegler: Die Seychellen sind ein ideales Ferienziel, um es vom Boot aus zu erleben. Auf einer einwöchigen Kreuzfahrt kann man wunderbar von Insel zu Insel schippern, einsame Buchten und die besten Tauchgründe ansteuern. Und natürlich immer wieder anderswo an Land gehen.

❸ **Bergwandern (S. 74)**
Auch wenn man es nicht vermuten würde: Die Seychellen sind ein besonders reizvolles Bergwanderland. Vor allem Mahé, die gebirgige Hauptinsel des Archipels, hat bis zu 900 Meter hohe Gipfel, auf die man interessante Touren machen kann. Durch herrlichen Regenwald zu Aussichtspunkten, die grandiose Inselpanoramen bieten.

❹ **Anse intendance (S. 116)**
Diese Badebucht an der Südküste von Mahé zählt zu den schönsten der

Seychellen, wenn nicht der Welt. Der 800 Meter lange weiße Sandstrand unter Palmen und gerahmt von malerischen Granitklippen bietet bei ruhigem Meer großartige Badefreuden, bei Brandung ein spektakuläres Naturschauspiel.

❺ Vallée de Mai (S. 154)

Der einzigartige Palmendschungel auf der Insel Praslin ist ein UNESCO-Weltnaturerbe. Hier wachsen die sechs Palmenarten der Seychellen, vor allem und in vielen Exemplaren die Meereskokospalme. Die erotisch geformte Nuss der Coco de Mer beflügelt seit jeher die Fantasie und ist das begehrteste (und teuerste) Souvenir des Landes.

❻ Anse Lazio (S. 168)

Auch diese Bucht an der Nordwestseite von Praslin wird regelmäßig genannt, wenn es um die schönsten tropischen Strände der Welt geht. Der weitläufige cremefarbene Sandstrand, das unwirklich türkisfarbene Wasser, die rötlich leuchtenden Granitfelsen und ein Kranz von Palmen verleihen ihr die perfekte Südsee-Atmosphäre.

❼ Anse Source d'Argent (S. 204)

Die weltbekannte Hauptattraktion der Insel La Digue mit ihren malerischen Granitformationen über blauer See und weißem Sand muss man einfach gesehen haben. Da dies aber auch wirklich jeder Seychellenurlauber beherzigt, kann es am Eingang zu diesem Paradies mitunter etwas eng werden.

❽ Bird Island (S. 230)

Unvergesslich bleibt jeder Besuch auf der nördlichsten Insel der Seychellen. Sie hat sich ganz dem Naturschutz verschrieben. Im Frühjahr brüten dort an die 800 000 Rußseeschwalbenpaare, am Strand nisten Meeresschildkröten, und irgendwann trifft man gewiss »Esmeralda«, die älteste Aldabra-Riesenlandschildkröte der Welt.

❾ North Island (S. 246)

Wer die absolut exklusive Ferieninsel auf den Seychellen sucht, ist ein Kandidat für North Island. So wie Prinz William und seine Kate, die dort im Mai 2011 ihre Flitterwochen verbrachten. Zum Nutzen von North: Mit jedem Tausender, den Reiche, Stars und Promis dort ausgeben, wird die Insel ein Stück weiter in ihren Urzustand verwandelt.

❿ Aldabra-Atoll (S. 260)

Fast 1000 Kilometer südlich der Inneren Seychellen erstreckt sich eine fantastische Wasser- und Unterwasserwelt, eines der letzten großen Abenteuerziele. Auch dieser Naturschatz steht als UNESCO-Weltnaturerbe unter Schutz. Seit Kurzem kann Aldabra wieder auf Expeditionen mit Kreuzfahrtschiffen und Sondererlaubnis bereist werden.

WILLKOMMEN
auf den Seychellen

Die Seychellen – schon der Name weckt Vorstellungen von fernen Gestaden, von einem tropischen Paradies mit Palmen und türkisblauer Südsee, von ewigem Sommer und unbeschwertem Leben. Aber auch von einem exotischen Ferienziel, das sich nur wenige leisten können. Doch seit einigen Jahren entwickelt sich der Inselstaat vor Afrikas Küste zu einem Tourismusland. Und dass die Seychellen sowohl ein Refugium der Ruhe sind wie auch eine facettenreiche Region für Aktivitäten in grandioser Natur, macht jeden Aufenthalt zu einem unvergesslichen Erlebnis.

Heute gehören die Seychellen für Mitteleuropäer zu den gut erreichbaren exotischen Reiseländern. So braucht zum Beispiel der wöchentliche Nonstop-Nachtflug ab Frankfurt am Main für die gut 7500 Kilometer Entfernung etwa neuneinhalb Stunden. Der neue Direktflug von Paris aus dauert rund zehn Stunden, und mit Umsteigen in Dubai oder Abu Dhabi landet man nach circa zwölf Stunden auf dem kleinen internationalen Flughafen von Victoria, der fast dörflichen Hauptstadt der Republic of Seychelles.

Ochsenkarren sind in in La Digue keine Seltenheit.

Afrika – und doch auch nicht

Die 115 weit verstreuten Inseln und Inselchen des Seychellen-Archipels liegen auf der Höhe von Kenia und Tansania durchschnittlich 1600 Kilometer vor der afrikanischen Küste im Indischen Ozean. Der nächste größere Inselstaat Madagaskar liegt fast 1000 Kilometer südlich der Hauptinsel Mahé. Geografisch und topografisch gehören die Seychellen wie auch Madagaskar zu Afrika. Sie sind Überbleibsel des Urkontinents Gondwana, der sich vor vielen Millionen Jahren in die Erdteile Afrika, Amerika und Asien aufsplitterte.

Auch geschichtlich und kulturell sind die Seychellen auf vielfache Weise mit Afrika verbunden. Fast alle heutigen gut 90 000 *Seychellois* – so werden die Bewohner genannt – sind Nachfahren jener schwarzen Arbeitssklaven, die einst von den französischen und englischen Kolonialherren auf die Inseln gebracht wurden und sich mit ihnen und untereinander vermischt haben. Ihre Sprache – das *Kreol Seselwa* – ist die lokale Sprache, die jedermann verwendet. Ihre kreolische Kultur, Lebensart und Kochkunst prägen den Alltag.

Durch diese historisch gewachsene Multikulturalität sind die Seychellen erstaunlich »europäisch«. Besucher erleben ein prosperierendes Tourismusland mit

Fischer mit ihren Booten und Netzen an der Anse Volbert auf Praslin

freundlichen, weltoffenen Menschen. Staat und Gesellschaft funktionieren klaglos, die vielen verschiedenen Ethnien kommen bewundernswert friedlich miteinander aus, es gibt keine Armut und keine gewalttätigen sozialen Konflikte wie in anderen Ländern vergleichbarer Breitengrade. Die Seychellen haben – nach dem erdölreichen Äquatorialguinea – den höchsten Lebensstandard aller Länder Afrikas.

Einleitung

Der Feuerfisch ist so farbenfroh wie das Korallenriff, in dem er lebt.

Granitinseln und Korallenatolle

Ihre besonderen landschaftlichen Reize verdanken die Seychellen einer Laune der Geologie. Sie gliedert den Archipel in zwei Teile mit jeweils völlig unterschiedlichen Inselarten. Die Inseln der nordöstlich gelegenen Hauptgruppe – die Inneren Seychellen (*Inner Islands*) – bestehen aus gewachsenem Granit. Sie sind die bis zu 900 Meter hoch aufragenden Gipfel eines Unterwassersockels, der knapp 40 Meter unter dem Meer liegt. Regen, Wind und Wellen haben diese Reste von Gondwana durch Jahrmillionen zu jenen Fotomotiven modelliert, die heute wie Markenzeichen für die Seychellen stehen. Am bekanntesten sind die riesigen bizarren Granitfelsen des »Bacardi Beach« auf La Digue (der aber nicht so heißt, sondern Anse Source d'Argent). Die Granitberge auf Mahé hingegen sind dicht bewaldet und bieten Wanderwege und herrliche Inselpanoramen.

Die Inseln der Äußeren Seychellen (*Outer Islands*), die weit über den Süden des Archipels verstreut liegen, entstanden erst wesentlich später aus dem Kalk abgestorbener Korallen. Sie sind selbst an ihren höchsten Stellen nur wenige Meter hoch. Gesäumt werden diese Eilande – darunter Aldabra, das größte Atoll der Erde – von weitläufigen Atollringen und Korallenlagunen. Korallinen Ursprungs sind auch zwei Inseln im hohen Norden der Seychellen: Bird Island und Denis Island. Geografisch liegen die beiden Teilgebiete so weit auseinander, dass man auf einer Ferienreise wohl nur eines kennenlernen wird, in der Regel sind das die Inneren Seychellen.

Schöne Strände, super Hotels

Gemein haben beide Inselarten die unüberbietbare Besonderheit dieser Wasserwelt: ihre wunderbaren Buchten und Sandstrände. Große und kleine, mal poolgleich ruhig, mal mit tosender Brandung. In prachtvollen Blautönen und mit kristallklarem Wasser. Zum Schwimmen und Schnorcheln. Zum Sonnen, zum Spazieren und Genießen. Oder einfach nur zum Faulenzen unter Palmen. Zusammen würden die Strände des Archipels eine Länge von etwa 60 Kilometern ergeben! Es sind so viele, dass bestimmt jeder Besucher »den schönsten Strand« für sich findet.

Meistens direkt an einem Strand und kaum je weit abseits bieten die Seychellen eine außerordentlich große Bandbreite an Unterkünften mit insgesamt gut 6000 Gästebetten. Internationale Hotelkonzerne, aber auch lokale Investoren betreiben luxuriöse Resorts, viele davon in »kreolischem« oder »kolonialem« Architekturstil. Eine Besonderheit sind die sogenannten Island Lodges mit jeweils nur einem einzigen Hotel pro Insel; einige davon zählen zu den schönsten und begehrtesten Feriendomizilen der Welt.

Dazu kommen mehrere gute traditionelle Mittelklassehotels. Letzthin aber vor allem viele einfache bis sehr attraktive Gästehäuser und familiäre Pensionen, die staatlich gefördert werden. Auf den Hauptinseln gibt es außerdem Apartments und Bungalows für Selbstversorger, manche schon ab 50 Euro pro Tag. Zu finden sind alle Hotels und Unterkünfte auf 15 (von 42) Inseln der Inneren und auf zwei (von 73) Inseln der Äußeren Seychellen.

Hier ist immer Saison

Wann ist die beste Reisezeit? Eigentlich jederzeit. Auf den Seychellen herrscht ganzjährig tropisches Klima mit einer Lufttemperatur von 24 bis 33 Grad und konstant 26 bis 30 Grad warmem Meer. Man kann also – wie zu Hause nur am schönsten Sommertag – abends noch draußen sitzen. Dennoch gibt es oft genug Erfrischung. Auf der gebirgigen Hauptinsel Mahé fallen jährlich etwa 3000 Millimeter Regen, auf den Koralleninseln des Südens halb so viel. Wetterbestimmend ist der Monsun: von etwa Oktober bis März aus Nordwest, von Mai bis

An der Westküste von Mahé befindet sich dieses Paradies: die Grand'Anse

Einleitung

September aus Südost. In der jeweiligen Zeit kann es an den West- bzw. Oststränden der Inseln zu starker Brandung und Seegrasanschwemmungen kommen. In den Übergangsmonaten herrscht eine Art »dritte Jahreszeit« mit besonders ruhigem Wetter. Für manche Kenner ist das die beste Reisezeit.

Eine Richtschnur für den eigenen Reisetermin mag sein, was man auf den Seychellen vorhat und auf welcher Seite einer Insel man wohnt. Zum Segeln und Windsurfen kann man von Mai bis Oktober guten Wind und wenig Regen erwarten. Tauchen und schnorcheln lässt es sich am besten, wenn von Dezember bis März das Meer ruhig ist – doch dies sind auch die Monate, in denen der meiste Regen fällt. Weihnachten/Neujahr haben die Seychellen Hochsaison, ebenso in den anderen längeren Ferienperioden der europäischen Länder. Und viele Seychellois, die im Ausland leben oder arbeiten, buchen zu Weihnachten einen Heimflug zum traditionellen Familienfest.

Das große Plus: so viel Natur

Die vielfältige Landschaft mit ihren Korallenstränden und Granitbergen, die üppige tropische Vegetation, die einmalige Flora und Fauna – vor allem die glückliche Kombination dieser »natürlichen« Vorzüge macht die Seychellen zu einem ganzjährigen Reiseziel, dessen Schönheit man auf Wanderungen, Bootstouren und Tauchgängen gut erkunden kann. Dadurch, dass der Archipel seit Jahrmillionen isoliert von

Mahé ist überall üppig grün.

den großen Kontinenten im Ozean liegt, haben sich Pflanzen und Tiere erhalten, die man weder in Afrika noch in Asien findet.

Auch der Umstand, dass die Seychellen bis vor 250 Jahren unbewohnt waren, trug dazu bei, dass Arten überlebt haben, die anderswo der Evolution und vor allem der Ausrottung durch den Menschen zum Opfer gefallen sind. Daher gibt es hier besonders viele endemische Pflanzen und Tiere: also Spezies, die von Natur aus nirgendwo anders auf der Welt vorkommen – manche gar nur auf einzelnen Inseln des Archipels.

Von den sechs endemischen Palmenarten der Seychellen ist zum Beispiel deren berühmteste, die Meereskokospalme (Coco de Mer), nur auf den Inseln Praslin und Curieuse heimisch. Die wenigen Exemplare auf Mahé und La Digue wurden erst in den letzten Jahrzehnten eigens angepflanzt. Die ursprüngliche Vegetation der Seychellen war zu 80 Prozent endemisch. Bis heute haben sich 75 endemische Pflanzenarten erhalten. Das sind oft unscheinbare Gräser, Kräuter und Büsche, aber auch imposante Gewächse wie die Rotholz- und Eisenholzbäume sowie der Zopfbaum und der erst 1970 auf Mahé wiederentdeckte Quallenbaum, der als ausgestorben galt.

Bei Wanderungen auf den Granitinseln bekommt man mit etwas Glück auch die wohl schönste Blume der Seychellen zu sehen: die lachsrote Blüte der Wilden Vanille, einer endemischen Orchidee, deren

Der Kanonenkugelbaum, eines der eigenartigsten Gewächse auf den Seychellen, stammt aus Südamerika.

Frucht jedoch – anders als die der eingeführten Echten Vanille – ungenießbar ist. Ein weiteres interessantes Rankengewächs, die fleischfressende Kannenpflanze, findet man hingegen nur in den Bergen auf Mahé und Silhouette.

Doch heute prägen weithin jene vielen Nutz- und Zierpflanzen die Vegetation, die ab 1770 von den französischen Kolonialherren auf den Inseln eingeführt wurden und sich seither bis in die Wälder verbreitet haben. Den Zimtbaum aus Ceylon – noch vor 40 Jahren ein wichtiger Wirtschaftsfaktor, jetzt eine ökologisch missliebige invasive Art – findet man allüberall. Die Kokospalme (vermutlich einst aus Polynesien auf die Inseln gelangt) hat

Einleitung

Eine Blüte des purpurfarbenen Ingwers. Die Seychellennektarvögel trinken daraus Nektar.

Geringe Artenvielfalt

Trotz ihres Reichtums an endemischen Spezies haben die Seychellen eine überraschend geringe Artenvielfalt, zumal in der Tierwelt. Bis zur Ankunft der ersten Siedler vor 250 Jahren lebte nur ein einziges Landsäugetier auf den Inseln: der Flughund, eine riesige Fledermausart. Erst die Kolonisten brachten Hund und Katze, Rinder, Hühner und Kaninchen mit, unabsichtlich auch Mäuse und Ratten. Später dann, aus Madagaskar, den Großen Tenrek, ein igelähnliches Säugetier, das man heute im Nationalpark Vallée de Mai auf Praslin antrifft. Andere Säugetiere gibt es auf den Seychellen nicht: keine Affen und keine Antilopen, keine Raubkatzen oder Elefanten.

zwar nicht mehr die frühere wirtschaftliche Bedeutung, wächst aber noch in großen Plantagen. Den Brotfruchtbaum, der als Nahrungslieferant für die Sklaven importiert wurde, sieht man längs der Straßen und in vielen Hausgärten.

Eingeführte Spezies sind auch die Jackfrucht und der Cashew-Baum, der Drachenblutbaum, die Albizien, Eukalyptus- und Banyanbäume. Ebenso Zierpflanzen wie die Bougainvillea, der Hibiskus und der aus Madagaskar stammende Flammenbaum. Selbst die meisten tropischen Früchte und Gewürze, die es jeden Tag zuhauf auf dem Markt in Viktoria zu kaufen gibt, haben globale Wurzeln: Ananas und Avocados, Bananen und Mangos, Papayas und Passionsfrüchte, Pfeffer und Muskat, Tee und Gewürznelken – auf den Inseln des Archipels gedeihen sie prächtig.

Die Seekuh, den großen arglosen Meeressäuger, hatten die frühen Kolonisten und Schiffsbesatzungen wegen des schmackhaften Fleisches so stark bejagt, dass sie bald ausgerottet war und sich nicht wieder ansiedeln konnte. Ein solches Schicksal wäre auch den Riesenlandschildkröten beschieden gewesen, hätte man sie nicht schließlich auf dem Aldabra-Atoll unter Schutz gestellt. Heute leben dort etwa 150 000 dieser urzeitlichen Reptilien; einige Tausend auch in Zuchtstationen und Hotelgehegen auf den Hauptinseln.

Als Paradies gelten die Seychellen – nach Jahrzehnten bedenkenlosen Raubbaus an ihren Habitaten – mittlerweile auch wieder für die Vögel. Rund 220 Spezies leben hier, darunter allein 17 endemische Landvogelarten. Manche, so etwa der Vasapapagei auf Praslin, der Paradiesschnäpper auf La Digue und der Seychellendajal auf Frégate, gehören zu den zoologischen Raritäten der Welt. Dazu kommen 18 Seevogelarten, darunter die eleganten Tropik- und die imposanten Fregattvögel sowie die Ruß- und Feenseeschwalben, die zu Hunderttausenden auf Bird Island, Aride und Cosmoledo brüten. Ein Traum für Birdwatcher.

Vollends ein Dorado sind die Gewässer der Seychellen. Schon beim Waten an flachen Ufern kann man ungewöhnlich viele Fische sehen. Schnorcheltouren und Tauchgänge offenbaren eine fantastische Unterwasserwelt. Mehrere Arten von Meeresschildkröten und über tausend Fischarten – vom kleinen Anemonenfisch bis zum riesigen Walhai – leben an den Korallenriffen und in den Tiefseegründen des Archipels. Einige Gebiete der Äußeren Seychellen zählen zu den reichsten und artenreichsten Fischgründen des Planeten.

Naturschutz als Staatsziel

So sorglos die frühen Siedler mit der Natur der Inseln umgingen, so stark hat sich das Umweltbewusstsein seither geändert. Das Umdenken begann 1960. Als die britische Kolonialregierung zusammen mit den USA plante, auf dem Aldabra-Atoll eine Militärbasis zu bauen, konnten Umweltaktivisten und Wissenschaftler dieses Vorhaben abwenden.

Die Basis wurde zwar wenige Jahre später auf dem Atoll Diego Garcia rund 2000 Kilometer östlich der Inneren Seychellen er-

Die Brotfrucht ist die »Kartoffel der Seychellen«. Gekocht wird sie als Gemüse gereicht.

Einleitung

richtet, aber der Protest mündete in eine kluge Politik der Nachhaltigkeit. In den 1970er-Jahren wurden die Inseln Cousin und Aride zu Vogelschutzgebieten erklärt, und man begann erstmals, Kokosplantagen zurückzubauen und durch heimische Vegetation zu ersetzen. Diesem Beispiel folgten seither auch private Investoren auf weiteren Inseln. Mitte der 1980er-Jahre schuf die Regierung das erste Umweltministerium der Welt, und in der Verfassung von 1993 schrieb die Republik der Seychellen als erstes Land den Naturschutz als Staatsziel fest.

Jedenfalls haben die Seychellois erkannt, was gut ist für sie selber – und für ihren wichtigsten Wirtschaftsfaktor, den Tourismus. Seit den 1980er-Jahren wurden insgesamt 20 Nationalparks, Meeresnationalparks und Naturparks eingerichtet, sodass heute fast 60 Prozent der Landesfläche unter Schutz stehen: Dies ist mit Abstand der höchste Anteil im Vergleich zu allen anderen Staaten der Erde.

Dass viele dieser Schutzgebiete nur auf geführten Exkursionen und gegen Eintritts- oder Landegebühren betreten werden dürfen, hat den durchaus positiven Effekt, auch das Engagement der Besucher für die Erhaltung dieser Naturschätze zu wecken. Die zwei spektakulärsten – das Aldabra-Atoll in den Äußeren Seychellen und der Kokospalmendschungel Vallée de Mai auf der Insel Praslin – wurden 1982 bzw. 1983 als Weltnaturerbe der UNESCO unter internationalen Schutz gestellt.

Das bekannteste Wahrzeichen in Victoria: der Clocktower

Nur 250 Jahre Geschichte

Vermutlich haben arabische Seefahrer die Inseln schon im frühen Mittelalter gesichtet. Nachweisbar waren es jedoch erst um 1500 die Portugiesen João da Nova und Vasco da Gama, die auf ihren Indienfahrten den Archipel »entdeckten« und in Seekarten einzeichneten. Hundert Jahre später tat der Kapitän eines Schoners der britischen East India Company das Gleiche – aber auch er ließ es dabei bewenden.

Doch Mitte des 18. Jahrhunderts wurde die ferne Inselgruppe zur »schönen Beute« der Europäer. Als Bertrand François Mahé de La Bourdonnais (1699–1753), Gouverneur der französischen Kolonie Mauritius, 1742 eine Expedition aussandte, um sie nach neuen Stützpunkten auf der Indienroute suchen zu lassen, stieß Kapitän Lazare Picault (ca. 1700–1748) auf die Inneren Seychellen. Er ging auf der größten Insel an Land, erkundete sie und gab ihr den Namen Mahé.

Picault gefielen die »Inseln des Überflusses«, wie er sie nannte, und er empfahl die Besiedelung. Dazu kam es schließlich 1770, nachdem 1756 eine zweite Expedition den Archipel für Frankreich annektiert hatte. Damals entstand das Grundmuster für die kreolische Gesellschaft der heutigen Seychellen. Weiße Siedler aus Mauritius, Réunion und von französischen Besitzungen in Indien zogen nach Mahé, um Kokosnüsse, Feldfrüchte und die in Europa begehrten exotischen Gewürze anzubauen. Dafür holten sie Arbeitssklaven aus Afrika und kolonisierten in den

Madagaskarweber zählen zu den häufigsten Vögeln. Hier ein Männchen im Prachtkleid.

nächsten 40 Jahren die meisten bewohnbaren Inseln des Archipels.

Den Engländern behagte das gar nicht. Nachdem sie dem Erzrivalen Frankreich die Inseln ein halbes Dutzend Mal in erbitterten Flottenkriegen streitig gemacht hatten, konnten sie 1811 endlich die Macht übernehmen. Sie anglisierten Ortsnamen und Sitten, schafften 1833 die Sklaverei ab und erhoben die Seychellen schließlich 1903 zur Britischen Kronkolonie. Und so beließen sie es – bei zunehmend gewährter politischer Eigenständigkeit – bis 1976.

Dass die Briten im Zuge dieser Liberalisierung 1964 auch die Gründung politischer Parteien zugelassen hatten, führte naturgemäß auf den Weg »los von London«. Anfänglich hatten die bürgerliche Seychelles Democratic Party (SDP) und die linke Seychelles People's United Party

Einleitung

Skipper Louis erklärt, wo er die »Sea Pearl« längssteuert.

(SPUP) noch unterschiedliche Ziele verfolgt, doch 1975 schwenkte auch die SDP auf die Forderung nach Unabhängigkeit ein. London lenkte ein, und so konnten die Seychellois am 29. Juni 1976 ihre Republic of Seychelles ausrufen.

Politischer Eigensinn

Mit einem hatte das Vereinigte Königreich freilich nicht gerechnet: dass sich der neue kleine Staat politisch dem Ostblock annähern würde. Doch genau das trat ein, als der (sozialistische) Premier France-Albert René 1977 den (bürgerlichen) Staatspräsidenten James Mancham unblutig aus dem Amt putschte. René, genannt »der Boss«, verordnete den Ein-Parteien-Staat und regierte ihn autokratisch. Aber mit Augenmaß und Pragmatismus: So wurde etwa der eingeschlagene Weg einer nachhaltigen Sozial- und Umweltpolitik nie verlassen.

Als Anfang der Neunzigerjahre das sozialistische Modell Osteuropas zusammenbrach, bewiesen die einstigen Antagonisten der Seychellen – René und Mancham – abermals politischen Weitblick. Gemeinsam schufen sie wieder einen Mehrparteienstaat und eine neue Verfassung. Seither gibt es freie Wahlen, René wurde – zur anfänglichen Überraschung vieler – zweimal wiedergewählt und gab 2004 das Staatspräsidentenamt an seinen Stellvertreter James Alix Michel ab. Seit 2016 übt Danny Antoine Rollen Faure das Amt des Präsidenten der Republik Seychellen aus.

Von der Kopra zum Tourismus

Ziemlich genau 200 Jahre lang – von der ersten Besiedlung der Inseln 1770 bis zur Eröffnung des internationalen Flughafens von Victoria 1972 – waren die Seychellen rein agrarisch geprägt. Die Menschen versorgten sich mit Fisch aus dem Meer und den Früchten von Feld und Acker. Ihr Geld verdienten sie mit dem Einschlag und Verkauf tropischer Harthölzer, mit dem Anbau und Export von Zimt und Vanille, Tee und Gewürzen. Vor allem aber mit dem Export von Kopra, dem Öl aus dem Kernfleisch der Kokospalme. Es dient zur Herstellung von Seifen und Kosmetika sowie als Kokosfett zum Backen und Braten. Spätestens seit Palmöl aus asiatischen Staaten in vielerlei Hinsicht die Rolle von Kopra übernahm, sind die Kokosnussplantagen der Seychellen jedoch fast bedeutungslos geworden.

Aufgefangen wurde der Niedergang der Koprawirtschaft durch den Aufstieg des Tourismus. Er begann mit der Eröffnung des Flughafens von Victoria im März 1972. Seither hat sich der Fremdenverkehr kontinuierlich zum wichtigsten Devisenbringer entwickelt. Heute verdienen etwa 30 Prozent der Seychellois ihren Lebensunterhalt im Tourismus und erwirtschaften damit fast 70 Prozent des Volkseinkommens.

Obwohl die Seychellen seit jeher auf besonders zahlungskräftige Gäste setzen, ist in den letzten Jahren neben neuen Luxusresorts auch ein preislich weit gefächertes

Entourage von König Tutu II. beim Karneval in Victoria

Einleitung

Angebot von Gästehäusern und Apartments entstanden. Dies ist unter anderem eine Folge der Abwertung der Landeswährung im Jahr 2008 um fast die Hälfte. Damit wurde Seychellenurlaub für neue Gästeschichten erschwinglich. Auch Ökotourismus wird seither in allen Hotelkategorien großgeschrieben, besonders aber als Richtschnur für die touristisch erst noch zu erschließenden Outer Islands.

Zahlenmäßig gesehen sind die Seychellen – mit circa 6000 Gästebetten und rund 200 000 Ankünften pro Jahr – immer noch ein kleines Ferienland. Die meisten Gäste kommen aus Frankreich und Deutschland, es folgen die Vereinigten Arabischen Emirate und Italien. China ist gut vertreten und gilt als wichtigster Zukunftsmarkt.

Das kreolische Erbe

Es mag erstaunen, aber obwohl die Franzosen nur gerade mal 40 Jahre lang die Seychellen beherrschten (die Briten hingegen 160 Jahre!), wirkt das Land viel eher französisch. Das hat gewiss mit der kreolischen Sprache zu tun, deren ganz und gar unenglischen Klang man im Alltag auf Schritt und Tritt hört. Doch es ist auch die heitere, fast provenzalische Gelassenheit der Seychellois, die einem dieses Gefühl vermittelt.

Dazu kommt, dass auch die wenige noch erhaltene Kolonialarchitektur französisches Flair hat – selbst wenn sie aus dem 19. Jahrhundert stammt, einer Zeit, als die Franzosen nicht mehr die Macht, aber die Kreolen und ihre Kultur immer selbstbe-

Das Warten auf den Bus gehört auf Mahé für die Menschen zum Alltag.

wusster das Sagen hatten. Besonders schöne Beispiele dafür sind das Pflanzerhaus Grann Kaz auf Silhouette und die Maison St. Joseph auf Mahé, in der das Creole Institut, die moderne Wiege dieser Kultur, eine passende Heimstatt gefunden hat. Unweigerlich kreolisch geht es zu, wenn die Seychellois feiern. Oft wird dann sogar noch die *Moutia* zum Besten gegeben, eine Art Gospelgesang mit Tanz aus der Sklavenzeit. Die Sega hingegen – auch alter afrikanischer Herkunft – ist heute so etwas wie der Nationaltanz der Seychellen: abends beim Feuer am Strand, auf den Dancefloors der Hotels und selbst in der Disco. Auch Gäste, die diesen animierten Paartanz nicht kennen, kommen nicht umhin, ihn mindestens zu probieren. Auf dem Festival Kreol Ende Oktober können sie das eine ganze Woche lang!

Kreolische Gaumengenüsse

Wie die Bevölkerung und die Vegetation ist auch die Küche der Seychellen eine Mischung aus Einflüssen mehrerer Länder, ja Kontinente. Man nehme einfach das Beste der indischen, französischen und afrikanischen Küche, lautet ein geflügeltes Wort, um zu beschreiben, was hier – oft als »Kreolisches Buffet« – auf den Tisch kommt.

Gegessen wird vor allem fangfrischer Fisch, den dieses Land der vielen Inseln im Überfluss bietet. Thunfisch und Bonito, Schwertfisch und Zackenbarsch, Haifisch und Tintenfisch, Barrakuda, Dorade und Königsmakrele. Eine Spezialität ist der *Bourzwa* genannte Rote Schnapper; ge-

Blick von Cerf Island auf Mahé und die Hauptstadt Victoria

grillt und im Ganzen serviert reicht einer dieser ellenlangen, fleischigen Fische für eine ganze Tischrunde. Viele Fische werden gegrillt, andere gekocht oder ausgebacken. Meistens aber klein gewürfelt und als Curry zubereitet. Dafür nun die schmackhafteste Gewürzmischung zu kreieren – das ist die Kunst des kreolischen Kochs (der meistens eine Köchin ist). Überhaupt sind Currys – also die unerschöpflichen Würzvariationen nach in-

Einleitung

Der Inbegriff seychellischer Gaumenfreuden – Currys, Reis und lokale Zuspeisen wie Maniok

discher Art – das A und O der hiesigen Küche. Und so gibt es, jeweils anders gewürzt, Currys mit gegartem Gemüse, mit Hühner-, Lamm-, Rind- oder Schweinefleisch. In einigen Restaurants auf Mahé auch Flughund-Curry.

Beilage ist fast immer gekochter Reis, kosten sollte man heimische Zuspeisen wie Maniok, Süßkartoffeln, grüne Bananen oder Brotfrucht. Ebenso auf den Tisch kommen *Satinis*, pikante Mango-, Papaya- oder Kokosnuss-Chutneys. Suppen gibt es natürlich auch, die meisten mit Fisch oder Meeresfrüchten als Zutat. Selten hingegen den »Millionärssalat«, das feinblättrig geschnittene und marinierte Herz der Palmiste-Palme.

Getrunken wird zum kreolischen Essen (und sehr gern auch zwischendurch!) vor allem das Seybrew-Bier: ein Helles aus der nationalen Brauerei nahe Victoria, gebraut nach deutschem Reinheitsgebot. Einmalig gut sind die frischen Fruchtsäfte, unbedingt probieren sollte man Passionsfrucht und den Saft der Kokosnuss. In der eigenen Schale serviert und chic garniert ist das ein beliebter Aperitif und Erfrischungstrunk.

Kokosnuss krönt auf den Seychellen auch jedes festliche Menü: Das delikate *Nouga koko*, ein Dessert aus karamellisierten Raspeln, ist freilich so süß und mächtig, dass man danach einen *Calou for* braucht. Diese Spezialität aus dem Saft angeritzter Kokosknospen wirkt frisch von der Palme nur leicht alkoholisch – einen Tag lang vergoren aber als schön starker Schnaps. Kredenzt wird er natürlich nur von Kennern und Freunden.

Steckbrief Seychellen

Lage: Die Seychellen liegen im westlichen Indischen Ozean vor der ostafrikanischen Küste und umfassen das Gebiet von 4° bis 10° südlicher Breite und 46° bis 56° östlicher Länge. Die Hauptinsel Mahé ist rund 1600 km von Afrika entfernt. Nach Frankfurt/Main sind es 7565 km Luftlinie.

Fläche: Die 115 Inseln der Seychellen haben eine Landfläche von 455 km² (die Hälfte des Stadtgebiets von Berlin). Samt Seefläche umfasst das Staatsgebiet 390 000 km².

Geografie: Die Inseln werden als Innere Seychellen (*Inner Islands*) und Äußere Seychellen (*Outer Islands*) unterschieden. 42 der Inner Islands sind aus Granit: Reste des vor etwa 200 Millionen Jahren zerborstenen Urkontinents Gondwana. Die Outer Islands sind viel jünger: Die 73 Koralleninseln und -atolle entstanden durch unterseeischen Vulkanismus.

Hauptstadt: Victoria auf der Hauptinsel Mahé

Flagge: Blau steht für den Himmel, Gelb für die Sonne, Rot für die Einigkeit, Weiß für soziale Gerechtigkeit, Grün für die Umwelt.

Bevölkerung: circa 90 000; davon 90 % Kreolen, 10 % Einwohner europäischer, indischer, chinesischer Herkunft.

Religion: Katholiken (circa 76 %), Anglikaner, Hindus, Moslems

Amtssprache: Kreolisch (*Kreol Seselwa*), Englisch, Französisch

Zeitzone: MEZ + 3 Std., MESZ + 2 Std.

Währung: Seychellen-Rupie (SCR). 1 Euro entspricht ca. 16 SCR (Stand: November 2017)

Staat und Politik: Parlamentarische Demokratie mit der Volkspartei Parti Lepep an der Regierung. Präsident ist seit 2004 James Alix Michel.

Wirtschaft: Die Seychellen haben Afrikas zweithöchstes Pro-Kopf-Einkommen. Haupteinnahmequelle ist – mit circa 6000 Gästebetten und jährlich rund 200 000 Besuchern – der Tourismus; etwa ein Drittel der Bevölkerung erwirtschaftet 70 % des Volkseinkommens. Exportiert werden Dosenfisch, Gewürze, Kokospalmprodukte. Fast alle Konsumgüter, ja selbst Obst und Gemüse müssen importiert werden.

Surfen (mit dem Mobiltelefon) kann man am besten am Strand.

Geschichte im Überblick

Vor rund 200 Millionen Jahren Der Urkontinent Gondwana zerbricht und driftet auseinander. Zwischen dem heutigen Afrika und Indien bleiben als Splitter die Granitinseln und -klippen der Seychellen im Ozean stehen.

Ab 7. Jh. Arabische Seefahrer sichten vermutlich als Erste die Inseln des Archipels. Eine oft vermutete Anwesenheit oder frühe Besiedlung ist aber nicht belegt.

1501 Der portugiesische Seefahrer João da Nova entdeckt die Farquhar-Inseln.

1502 Vasco da Gama sieht auf seiner zweiten Indienreise die Amiranten.

Januar 1609 Kapitän Alexander Sharpeigh von der East India Company erreicht North Island. Die »Entdeckung« bleibt folgenlos.

November 1742 Kapitän Lazare Picault – vom französischen Gouverneur auf Mauritius entsandt – entdeckt Mahé. Vermutlich in Anse Boileau geht er an Land.

November 1756 Kommandant Nicolas Morphey nimmt Mahé und sieben weitere Eilande für Frankreich in Besitz und benennt sie nach Jean Moreau de Séchelles, dem Finanzminister von Louis XV.

August 1770 Auf der Insel Sainte Anne siedeln erste Franzosen und ihre Sklaven.

1772 An der Anse Royale wird die erste Plantage angelegt, der Jardin du Roi.

1778 Leutnant de Romainville gründet L'Etablissement du Roi, die Keimzelle der späteren Hauptstadt Victoria.

1793 Nach der Revolution in Paris (1789) macht die neue französische Republik die Seychellen zum Stützpunkt der *Corsaires*, die Handelsschiffe ausrauben, vor allem englische.

Mai 1794 Mit vier Kriegsschiffen erobern die Engländer die Seychellen. Den französischen Verwalter Jean-Baptiste Quéau de Quinssy belassen sie im Amt. Er wird es, mit dem anglisierten Namen de Quincy, bis 1827 innehaben.

Dezember 1810 Die Engländer erobern Mauritius – und damit auch die Herrschaft über die Seychellen.

21. April 1811 Die Seychellen gehen an England über. Die Inseln werden nun stärker besiedelt und Kokosplantagen angelegt.

1812 Der Sklavenhandel wird verboten, die Sklaverei aber erst 1833 abgeschafft.

1832 Die Anglikaner schicken einen ersten Priester auf die Seychellen.

1853 Die Katholische Kirche gründet eine erste Missionsstation.

12. Oktober 1862 Ein Erdrutsch zerstört Teile Victorias und fordert 79 Opfer. Heute erinnert eine 2012 geweihte Gedenkstätte hinter dem Liberty House daran.

1903 Die Seychellen werden zur eigenständigen Kronkolonie. In Victoria wird der Clock Tower errichtet.

1939–45 Im Zweiten Weltkrieg dienen die Seychellen als »Tankstelle« für englische Schiffe und Flugzeuge.

1948 Erste gewählte Regierung.

1964 Gründung der Seychelles Democratic Party (SDP) und der Seychelles People's United Party (SPUP)

1967 Allgemeines Wahlrecht

1970 und 1974 Die SDP siegt bei den Parlamentswahlen.

20. März 1972 Queen Elizabeth II. eröffnet den internationalen Flughafen in Victoria. Der moderne Tourismus beginnt.

29. Juni 1976 Unabhängigkeitserklärung der demokratischen Republic of Seychelles. Staatspräsident wird SDP-Chef James R. Mancham, Premierminister France-Albert René von der SPUP.

5. Juli 1977 Unblutiger Putsch durch René, der ein sozialistisches Einparteienregime einführt und sich politisch dem damaligen Ostblock annähert.

1982 Das Aldabra-Atoll wird UNESCO-Weltnaturerbe.

1983 Der Nationalpark Vallée de Mai wird UNESCO-Weltnaturerbe.

1993 Politische Aussöhnung der verfeindeten Lager. Neue Verfassung mit Mehrparteiensystem und Wahl von René als Staatspräsident. Auch 1998 und 2002 wird er wiedergewählt.

2004 France-Albert René tritt als Staatspräsident zurück. Auf ihn folgt sein Vize James Alix Michel. Er liberalisiert die Wirtschaft und fördert Investitionen. 2006 und 2011 wird er bei Direktwahlen im Amt bestätigt.

Dezember 2004 Der durch ein Seebeben vor Indonesien ausgelöste Tsunami überschwemmt die Landebahn des Flughafens von Victoria.

2008 Die Seychellen sind zahlungsunfähig. Die Rupie wird nach Freigabe des Kurses um fast 50 Prozent abgewertet – Seychellenurlaub damit viel billiger.

2010 Somalische Piraten kapern Schiffe auf seychellischen Hoheitsgewässern. Die NATO und Russland starten Militäreinsätze von Mahé aus.

2012 Die arabische Fluglinie Etihad Airways übernimmt 40 Prozent von Air Seychelles und deren Europaflüge.

Mai 2015 Staatspräsident Michel besucht Papst Franziskus im Vatikan.

Juni 2015 James Alix Michel kandidiert für die Präsidentschaftswahl im Frühjahr.

2016 Danny Antoine Rollen Faure wird Staatspräsident.

VICTORIA

1	**Victoria** Drehscheibe der Seychellen	**32**
2	**Stadtrundgang Victoria** Stippvisite ohne Strand	**36**
3	**Die Botanischen Gärten** Victorias grünes Juwel	**42**
4	**Carnaval International** Ole ola bei 30 Grad	**46**
5	**Eden Island** Refugium der Reichen	**48**
6	**Inselhüpfen** Die Seychellen vom Boot aus	**50**

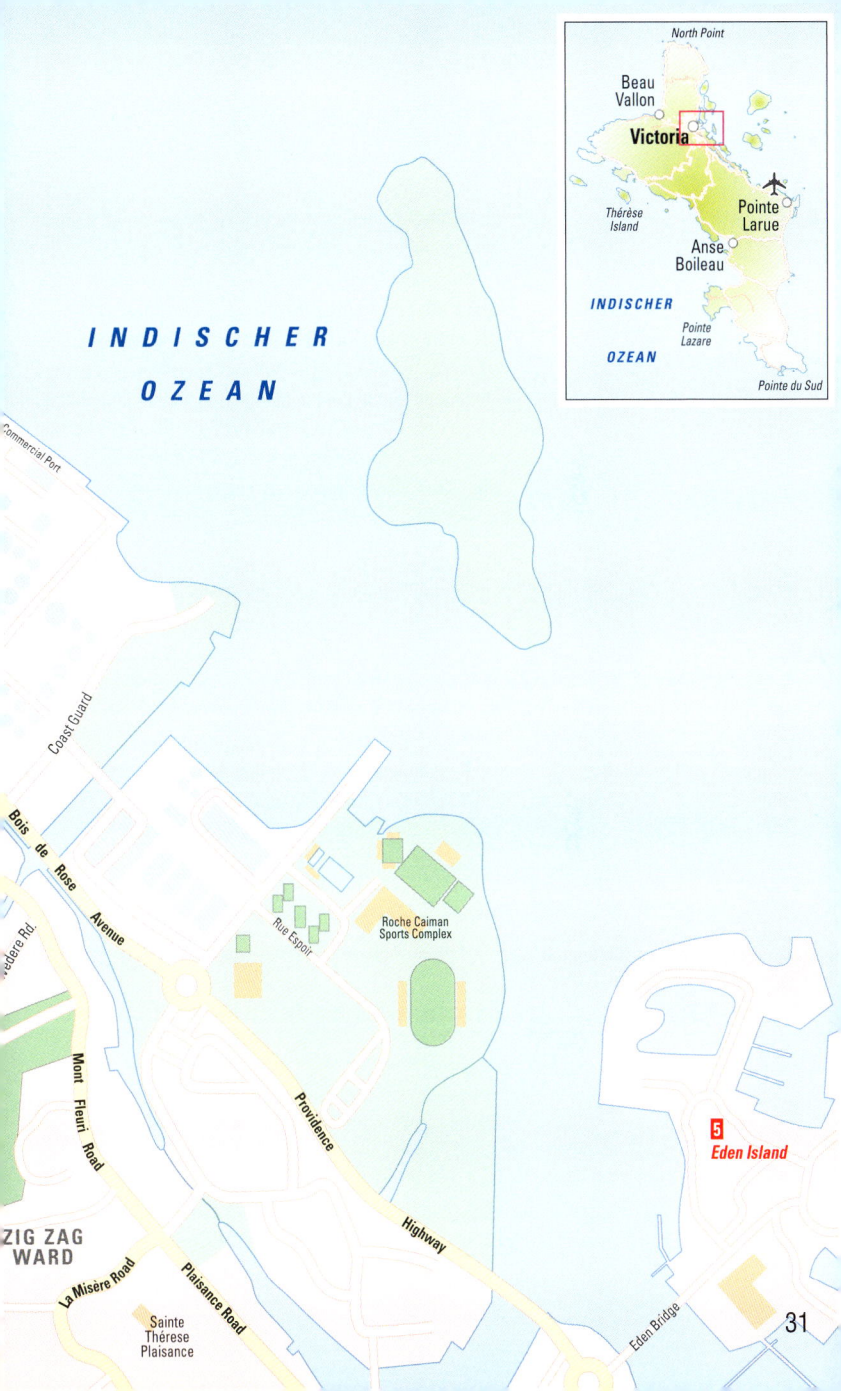

Victoria

1 Victoria
Drehscheibe der Seychellen

Die Hauptstadt der Seychellen ist zwar klein, aber um sie dreht sich das ganze Leben des Archipels. In Victoria wohnen die meisten Einheimischen, hier haben alle wichtigen Institutionen, Unternehmen und die Regierung ihren Sitz, von hier gibt es Verbindungen zu allen Orten des Inselstaats. Und am internationalen Flughafen der Stadt kommt jeder an, der als Feriengast auf die Seychellen reist.

Schon beim Anflug auf den Seychelles International Airport kann man gut erkennen, dass Victoria keine Weltmetropole ist, sondern eine ländlich mittelgroße Hafenstadt. Sie befindet sich an der Nordostseite der größten Seychelleninsel Mahé. Im Westen ragen bis zu 700 Meter hohe, dicht bewachsene Granitberge auf, besonders markant die Dreiergruppe »Les Trois Frères«. Im Osten liegen Hafenanlagen und Industriebetriebe, darunter Indian Ocean Tuna, die zweitgrößte Thunfischkonservenfabrik der Welt. Dahinter am Horizont kommt schon eine erste »Traumlandschaft« in den Blick: die malerischen Inseln des Sainte Anne Marine National Park.

Mit dem Segen der Queen

Der im März 1972 – also noch unter britischer Herrschaft – von Queen Elizabeth II. eröffnete Flughafen von Victoria markiert die größte Zäsur in der jüngeren Geschichte des Landes: die Entwicklung eines agrarisch geprägten Kolonialstaats zum modernen Tourismusland. Heute werden auf der knapp 3000 Meter langen Betonpiste jährlich rund 400 000 Fluggäste abgefertigt, Tendenz stei-

Seite 28/29: Blick von Victorias Hausberg Les Trois Frères auf die Hauptstadt der Seychellen
Mitte: Das Bicentennial Monument erinnert an die Gründung der Stadt 1778 durch die Franzosen.
Unten: Victoria ist grün, dörflich und hat rund 30 000 Einwohner.

Victoria

gend. Gleich nebenan starten mehrmals am Tag Inlandsflüge zu diversen Inseln. In die elf Kilometer entfernte Stadt Victoria führt – auf einer großteils durch Landaufschüttung gewonnenen Trasse – der Providence Highway, die einzige Autobahn der Seychellen.

Wesentliche Teile der Hauptstadt selber, vor allem zum Hafen hin, liegen ebenso auf Land, das ab den 1930er-Jahren aufgeschüttet wurde. Dies erklärt auch, warum etwa das Anfang des 20. Jahrhunderts errichtete State House, heute Residenz des Staatspräsidenten, so fernab von Strand und Meer steht – aber unmittelbar neben der Keim-zelle von Victoria.

Ein französischer Gründer

Dort hatte im Jahr 1778 Leutnant Charles Routier de Romainville (1742–1792) im Auftrag der französischen Kolonialmacht von Mauritius sein Lager aufgeschlagen, dann eine Kaserne, Küche und Kirche, Hospital und Gefängnis bauen lassen. Die Garnison, L'Etablissement du Roi genannt, wuchs noch in der Franzosenzeit zum größten Siedlungs- und Hafenort auf Mahé heran. Als ein halbes Jahrhundert später die Briten die Macht auf den Seychellen übernahmen, drückten sie bald auch der kleinen kolonialen Kapitale ihren Stempel auf: Anlässlich der Hochzeit von Queen Victoria (1819–1901) wurde die Stadt 1841 nach ihr umbenannt.

250 Jahre Geschichte

Auf dem Freedom Square, dem größten Verkehrskreisel von Victoria, erinnert das 1978 errichtete Bicentennial Monument an die Gründung. Seine drei riesigen weißen Flügel sollen die Herkunftskontinente der rund 90 000 Bürger der Seychellen

Oben: Am Hafen verbreiten Einheimische gute Stimmung mit Tanz und Gesang
Unten: Der bunte Eingangsbereich des Hindu Tempels in Victoria

Victoria

symbolisieren: Afrika, Europa und Asien. Heute bilden die knapp 30 000 Einwohner ihrer Hauptstadt mehr denn je zuvor ein buntes Völkergemisch. Abkömmlinge der Kolonialherren und ihrer afrikanischen Sklaven, chinesische und indische Händler, oft auch die Melange vieler Ethnien, prägen das Bild von Victoria.

Angelpunkt vieler Kulturen

Im quirligen Zentrum gibt es – alles zu Fuß erreichbar – viele kleine Krämerläden und Handwerksbetriebe. Die Büros so gut wie aller seychellischen Institutionen. Schöne Holzhäuser aus der Kolonialzeit und banale neue Kaufhäuser. Restaurants, Takeaways und Supermärkte. Die Kirchen vieler Konfessionen. Museen und Galerien, Banken und Ministerien. Reiseveranstalter, Mietwagenverleiher und den zentralen Busbahnhof der Insel. In der Rushhour wird es hier schon mal eng.

Der Markt als Taktgeber

Die Hauptattraktion der Innenstadt ist der Sir Selwyn Selwyn-Clarke Market, ein überdachter Markt, auf dem man von Fisch und Fleisch, Gemüse und Gewürzen bis hin zu den schrillsten Klamotten alles für den täglichen Bedarf kaufen kann. Er gibt Victorias Takt vor: Sobald er nach sechs Uhr morgens auf hat, steht die ganze Stadt im Stau; bevor er gegen 17.30 Uhr dicht macht, noch mal. Danach kehrt in der kleinsten Hauptstadt der Welt wieder ländliche Ruhe ein.

Oben: Viele *Seychellois* – so heißen die Bewohner des Inselstaats – haben afrikanische Vorfahren.
Mitte: Von hell- bis dunkelhäutig: Jede(r) ist eine eigene Mischung.
Unten: Der Markt von Victoria findet jeden Werktag statt – für alles, was man braucht.

Auch der Hafen von Victoria erwacht morgens um sieben zum Leben. Dann legen vom Inter Island Quay die ersten Fähren und Exkursionsboote ab – zum Übersetzen auf eine der Nachbarinseln, die von den weitaus meisten Seychellengästen gern besucht werden.

Victoria

Infos und Adressen

SEHENSWÜRDIGKEIT
Seychelles National Museum of History. Dokumente und Objekte zur Geschichte, unter anderem der *Pierre de Possession* von 1756, der die Inbesitznahme der Seychellen durch die Franzosen bezeugt. Mo, Di, Do, Fr. 8.30–16.30 Uhr, Mi 8.30–12 Uhr, Sa 9–13 Uhr, National Library Building, Francis Rachel St., Tel. 4321333

ESSEN UND TRINKEN
Bel Air Restaurant. Gute kreolische Gerichte und tolle Aussicht auf Victoria und die Inseln der Sainte-Anne-Gruppe. Das dazugehörige Gästehaus hat sieben Zimmer. Mo–Sa 12–14.30 Uhr, Voranmeldung erforderlich, Bel Air Rd., Tel. 4224416, www.seychelles.net/belair

Kaz Zanana. Gute Küche in stilvollem kreolischem Holzhaus. Mo–Sa 11–23 Uhr, Sonntags geschlossen, Revolution Ave., Tel. 4324150, www.letseat.at/kazzanana

Wanddeko im Restaurant Marie Antoinette

Le Rendez-vous. Restaurant mit Blick auf den Uhrturm. Kreolische Gerichte. Mo–Sa 9–10.30, 12–22.30 Uhr, Francis Rachel St., Tel. 4323556

Marie Antoinette. Originelles Traditionsrestaurant in schönem Kolonialhaus an der Straße nach Beau Vallon. Hier gibt es die beste kreolische Küche von Victoria, daher besser reservieren! Mo–Sa Lunch: 12–14.30 Uhr, Dinner: 18.30–21.00 Uhr, (Nachmittags für Tee und Eis geöffnet), St. Louis Rd., Tel. 4266222, www.marieantoinette.sc

Sam's Pizzeria. Gute Steinofenpizza, aber auch kreolische Kost. Tgl. 11–15, 18–23 Uhr, Francis Rachel St., Tel. 4322499

INFORMATION
Seychelles Tourist Office. Alle Auskünfte zu Fähren und Bussen, Unterkünften, Bootsausflügen, Wanderungen etc. Auch Inselkarten sind hier erhältlich. Mo–Fr 8–16.30 Uhr, Sa 9–12 Uhr, Independence House, Tel. 4610800, info@seychelles.com, www.seychelles.com

Vor dem Seychelles Natural History Museum

Victoria

2 Stadtrundgang Victoria
Stippvisite ohne Strand

Victoria ist der einzige Ort der Seychellen, an dem man städtische Kultur und die wichtigsten Spuren ihrer Herkunft erkunden kann. In der Hauptstadt des Inselstaats mischen sich besonders reizvoll und auf engem Raum die Zeugnisse aus 200 Jahren kolonialer Geschichte mit den Ambitionen eines modernen, weltoffenen Landes. Und das Schöne daran: Alles ist zu Fuß am besten zu erreichen.

Auch wenn die Innenstadt von Victoria nur die Ausmaße eines größeren Dorfes hat, sollte man für den Stadtrundgang etwa zwei Stunden einplanen. Um der tagsüber anschwellenden Hitze zu entgehen, empfiehlt sich dafür der Vormittag – es sei denn, man nutzt einen der seltenen Schlechtwettertage für diesen Kulturausflug.

Startpunkt beim Uhrturm

Der ❹ **Clock Tower** auf der Kreuzung Independence Avenue, Francis Rachel Street und Albert Street ist ein markanter Wegweiser. 1903 ließ ihn der damalige englische Gouverneur hier errichten und implantierte damit ein fotogenes Missverständnis. Nein, das ist nicht Londons Big Ben in Klein, sondern die Kopie eines Uhrturms, der 1897 an der Kreuzung Victoria Street/Vauxhall Bridge Road errichtet worden war. Heute muss das spleenige Bauwerk vor allem den von Jahr zu Jahr zunehmenden Autoabgasschwaden auf Victorias meistbefahrenem Verkehrskreisel trotzen.

Nicht anders ergeht es dem ❸ **Victoria House** gleich schräg gegenüber. In dem schönen histori-

Mitte: Der für die Parade des Carnaval International festlich geschmückte Clock Tower
Unten: Ein Trauergottesdienst in der Cathedral of the Immaculate Conception, der ab 1851 errichteten größten katholischen Kirche der Seychellen

Geschäftiges Treiben in Victoria

schen Holzgebäude logierte bis vor einigen Jahren noch der Oberste Gerichtshof der Seychellen. Nach wenigen Schritten auf der Albert Street Richtung Norden ist zur Linken am Anfang der Revolution Avenue ein weiteres wichtiges Bauwerk aus der englischen Kolonialzeit zu sehen: C **St. Paul's Cathedral**, die älteste und größte anglikanische Kirche der Seychellen. Die 1859 vom damaligen Bischof von Mauritius geweihte Kirche wurde vor wenigen Jahren so blendend renoviert, dass sie nun reichlich steril wirkt.

Biegt man nun nach rechts in die kleine Benezet Street ab, die zum D **Sir Selwyn Selwyn-Clarke Market** führt, wird einem das noch heftiger bewusst. Hier taucht man ein in eine Welt voller Farbe, Stimmen und Gerüche. Die Stände quellen schier über vor tropischen Früchten und Gewürzen, vor Fisch und Fleisch und tausend Dingen. Jetzt einen frisch gepressten Saft oder einen kleinen Snack! Zum Stöbern geht es dann weiter zu E **Jivan Imports**, einem der vielen kleinen Läden an der Ecke Market Street/Albert Street.

Kathedrale, Tempel, Friedhof

Die nächste Straße nach links führt geradewegs zur F **Cathedral of the Immaculate Conception**.

Nicht verpassen

DER MARKT VON VICTORIA

Jedes Land hat Orte, an denen es sich zeigt wie in einem Brennglas. Auf den Seychellen ist der Markt von Victoria mit dem unverdaulichen Namen eines Sir Selwyn Selwyn Clarke ein solcher Ort. Der gute Gouverneur ist längst vergessen, aber der Markt erfreut alle Sinne. Hier breiten die Seychellois im Schatten großer Takamaka-Bäume eine reiche, farbige Pracht aus. Papayas und Mangos. Kleine Bananen und große Limonen. Passionsfrüchte, Guaven und Ananas. Südkartoffeln und Maniok. Chilischoten und Vanillestangen. Ingwer und Kokos, Zimt und Tamarinde. Dazu Meerestiere, groß und klein. *Bourgeois* und *Bigeye*. Thunfische und Schwertfische. Sechs Tage lang. Und am siebten Tag? Da wird vieles davon besonders köstlich zubereitet – und stundenlang gegessen.

Sir Selwyn Selwyn-Clarke Market. Mo–Fr 6–17.30 Uhr, Sa 6–14 Uhr, Market St.

Die 1892 erbaute, größte katholische Kirche der Seychellen steht leicht erhöht am Rande der Stadt. Sie ist das wichtigste Gotteshaus des Landes, denn rund 80 Prozent der Seychellois sind Katholiken. Neben der Kathedrale steht das 1934 von Schweizer Missionaren errichtete imposante ❻ **Priesterwohnhaus La Domus**. Anders als die sehr sehenswerte Kirche ist es leider nicht zu besichtigen.

Von dort geht es auf der Quincy Street wieder Richtung Zentrum. Schon von Weitem sticht ein knallbunter Blickfang ins Auge: der ❼ **Arul Mihu Navasakthi Vinayagar Temple**. Das Hindu-Heiligtum, 1992 errichtet und außen ganz mit prächtiger Plastikdekoration verkleidet, ist das Gotteshaus für die fast 5000 Inder, die heute in Victoria leben. Ohne Schuhe darf man den Vorraum betreten und einen Blick in den Sakralraum werfen.

Nun folgt man dieser Straße, überquert die viel befahrene Revolution Avenue, nimmt die bald nach links abgehende Bel Air Road und gelangt in eine Art kleinen Talkessel mit Grabstätten und Sarkophagen. Der ❽ **Bel Air Cemetery** ist der alte Friedhof von Victoria, hier wurden die ersten Kolonialherren bestattet. Darunter auch ein mythenumwobener Jüngling, genannt der »Riese von Belair«. Wenn er denn hier ruht, dann in dem auffälligen, doppelt so langen Grab im erhöhten Teil des Gottesackers.

Oben: Das 1934 von Schweizer Missionaren errichtete imposante Priesterwohnhaus La Domus
Mitte: Die farbenprächtige Fassade des Hindutempels von Victoria
Unten: Nur wenige Gräber des stimmungsvollen Bel Air Cemetery tragen noch die Namen der Toten.

Stadtrundgang Victoria

Stadtrundgang in Victoria

- **Ⓐ** Clock Tower
- **Ⓑ** Victoria House
- **Ⓒ** St. Paul's Cathedral
- **Ⓓ** Sir Selwyn Selwyn-Clarke Market
- **Ⓔ** Jivan Imports
- **Ⓕ** Cathedral of the Immaculate Conception
- **Ⓖ** Priesterwohnhaus La Domus
- **Ⓗ** Arul Mihu Navasakthi Vinayagar Temple
- **Ⓘ** Bel Air Cemetery
- **Ⓙ** Bel Air Aussichtspunkt
- **Ⓚ** State House
- **Ⓛ** Moschee von Victoria
- **Ⓜ** Cable & Wireless
- **Ⓝ** Kenwyn House
- **Ⓞ** National Library Building

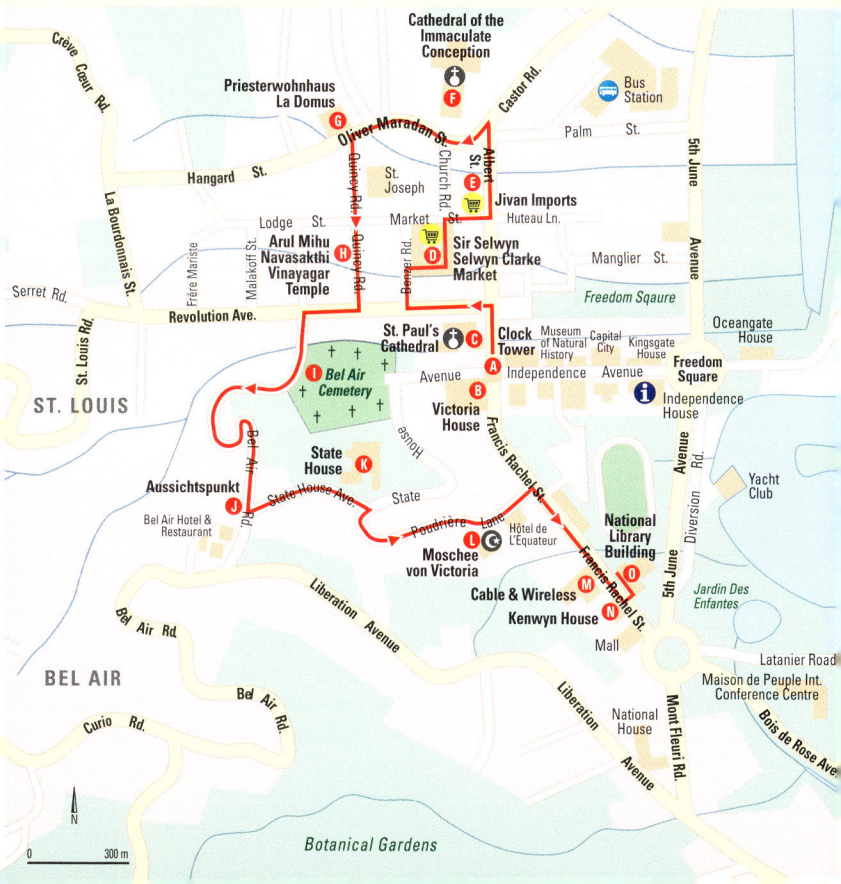

Hinauf zur besten Aussicht

Nun könnte man umkehren. Aber es lohnt sich, der Bel Air Road bis zum ❶ **Aussichtspunkt** am »Bel Air Restaurant« zu folgen. Hier öffnet sich ein herrlicher Blick über Victoria, den Hafen und die nahen Inseln des Sainte Anne Marine National Park. Im Restaurant kann man sich mit Sandwiches für die weitere Tour stärken. Direkt vom Restaurant führt nun eine kleine kurvenreiche Straße durch ein stilles grünes Tal hinunter in die Stadt – und ganz nah am ❽ **State House** vorbei. Doch mehr als ein Blick durch das Gittertor in den prachtvollen Park der Residenz des Staatspräsidenten ist für Passanten nicht möglich. Beim Weitergehen leuchtet rechts die vergoldete Kuppel der ❾ **Moschee von Victoria** aus dem Grün.

Dann stößt man bald auf die Francis Rachel Street, wendet sich nach rechts und taucht wieder in die Kolonialzeit ein. Das 1893 erbaute Holzhaus von ❿ **Cable & Wireless** ist originalgetreu renoviert und noch heute Firmensitz des wichtigsten Telefonanbieters der Seychellen. Noch eindrucksvoller ist das nahebei gelegene ⓝ **Kenwyn House**. Und in diesem besonders schönen Beispiel französischer Kolonialarchitektur sind Besucher ausdrücklich erwünscht: Hier werden Bilder seychellischer Künstler ausgestellt und Pretiosen aus Südafrika verkauft.

Oben: Victorias Altstadt ist voller kleiner Läden. Am Stand dieser Frau gibt es vielerlei lokale Gewürze.
Mitte: Wohnhäuser in Victorias stadtnahem Villenviertel Bel Air
Unten: Die Veranda des restaurierten Kenwyn House in stilreiner französischer Kolonialarchitektur

Stadtrundgang Victoria

Blick von Bel Air über die Moschee (Mitte) zum Hafen

Vollends in die Geschichte und Kultur der Seychellen vertiefen könnte man sich vis-à-vis im ◉ **National Library Building**. Das Museum für Geschichte ist mit dem Erwerb, der Erhaltung und der Ausstellung von historischen Artefakten im öffentlichen Interesse zuständig. Doch dafür sollte unbedingt ein eigener Besuch eingeplant werden. Daher führt dieser Rundgang nun an der Francis Rachel Street entlang zurück zum Uhrturm und endet dort.

Infos und Adressen

INFORMATION
Seychelles Tourist Office. Stadtplan, Karte, Tipps und Hinweise. Mo–Fr 8–16.30 Uhr, Sa 9–12 Uhr, Independence House, Tel. 461 08 00, info@seychelles.com, www.sechelles.com

Victoria

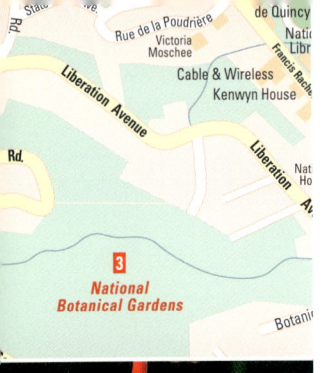

3 Die Botanischen Gärten
Victorias grünes Juwel

An tropischer Vegetation fehlt es auf Mahé nirgends. All die Bäume und Pflanzen der Seychellen an einem Ort versammelt findet man aber nur in den Botanischen Gärten von Victoria am Fuße eines Berges mit dem vielversprechenden Namen Mont Fleuri. Hier wachsen fast 500 einheimische und exotische Pflanzen, darunter an die 40 Palmenarten, und das sicher berühmteste Exemplar einer Coco de Mer.

Victorias grüne Sehenswürdigkeit liegt am südlichen Stadtrand, einen Kilometer vom Zentrum entfernt. Vom Eingang an der Mont Fleuri Road erstrecken sich die Botanischen Gärten auf einem sechs Hektar großen Gelände, das von der Straße sanft bis an die Granitfelsen des 150 Meter hohen Mont Fleuri ansteigt.

Naturlehrbuch im Freien

Auf einer ein- bis zweistündigen Wanderung sind hier alle botanischen Raritäten der Seychellen zu sehen, dazu seltene tropische Arten aus aller Welt. Im oberen, weitgehend als ursprünglicher Nebelwald belassenen Teil auch viele einheimische Vögel und Flughunde. Am Ende des Rundgangs schließlich ein großes Gehege mit Aldabra-Riesenlandschildkröten.

Arche der Artenvielfalt

Die nach einem guten Dutzend Habitaten und Pflanzenarten gegliederten Gärten sind der Weitsicht des Botanikers und Agronomen Paul Dupont aus Mauritius zu verdanken. Um auf die bedenkli-

Eine prachtvolle *Helicona ros-trata*, auch »Hängende Hummerschere« genannt, als Blickfang am Hauptweg durch die Botanischen Gärten

Die Botanischen Gärten

Hauptweg in den Botanischen Garten

che Entwicklung der seychellischen Landwirtschaft zu immer mehr Monokulturen des Kokos- und Vanilleanbaus hinzuweisen, hatte er 1901 die Botanischen Gärten gegründet: eine bewusste Anregung zur Erhaltung und Förderung der Biodiversität. Heute bilden die tropischen Gewächse, die er von seinen vielen Reisen mitbrachte und hier anpflanzte, den Grundstock dieser Touristenattraktion, manche gehören zu ihren Highlights.

Bemerkenswert ist auch, dass aus der Struktur und dem Geist der Botanischen Gärten in den 1980er-Jahren eines der ersten Umweltministerien der Welt entstand. Inzwischen heißt es Ministry of Environment, Energy and Climate Change, aber seinen Sitz hat es nach wie vor gleich neben dem Eingang der Anlage, die heute diesem Ministerium untersteht.

Die Seychellen in einem Park

Besucher können in dem parkähnlichen Garten, der sich zunächst an einer breiten Straße entlangzieht, Exemplare so gut wie aller Bäume und Pflanzen sehen, die auf den Seychellen beheimatet sind. Fast 500 Arten sind hier zu finden, vom filigranen Zitronengras bis zum gewaltigen Brot-

Nicht verpassen

DIE PALME IHRER MAJESTÄT

Sie ist wirklich eine Augenweide. Mit ihren rund 60 Jahren im besten Alter. Zu allen Seiten hin reich behangen mit prachtvollen Kugeln, die jeden Besucher sofort zum Paparazzo werden lassen. Die Coco de Mer, die Prinz Philip im Oktober 1956 bei der Staatsvisite des englischen Königspaares in Victoria am schönsten Platz der Botanischen Gärten pflanzte, ist heute vermutlich die attraktivste, berühmteste und meistfotografierte ihrer Art. Und fruchtbar obendrein: Mehrere Dutzend wohlgeformter Nüsse hat die Palme Ihrer Majestät schon hervorgebracht. Eine dieser »Töchter« gibt nun sogar in Deutschland Anlass zu schönster Hoffnung. Im Großen Tropenhaus des Botanischen Gartens der Freien Universität Berlin wächst die junge Meereskokosnusspalme derzeit prächtig heran – ein Geschenk der Republik Seychellen.

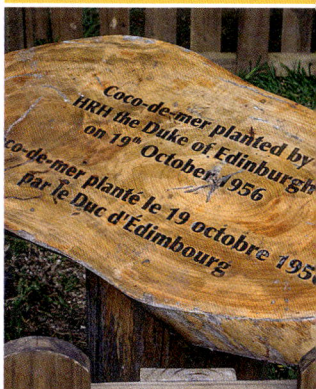

Victoria

fruchtbaum. Besonders eindrucksvoll sind naturgemäß die großen Gewächse. Papaya- und Muskatnussbäume. Afrikanische Tulpenbäume und Indische Tamarinden. Duftende Frangipani und der seltsame Jackfruchtbaum. Bis zu sieben Meter hohe Baumfarne und die fantastischen Kanonenkugelbäume: Ihre mächtigen Blüten wachsen direkt am Stamm und werden zu kiloschweren braunroten Früchten, die tatsächlich so aussehen, wie es ihr Name verspricht.

Dazu kommen viele, meist exotische Ziersträucher und Duftgewächse. Pflanzen namens »Rose of Venezuela« und »Pride of Barbados«. Mehr als 150 Orchideenarten. Auch der Cocastrauch – um zu zeigen, wie eigentlich die Ingredienz für ein beliebtes Getränk *in natura* aussieht. In einem kleinen Teich einträchtig nebeneinander Seerosen und Wasserbananen. Diese üppige Flora lockt natürlich besonders viele Moskitos an, gegen die man sich also wappnen sollte.

Alle Palmen des Planeten

Die Hauptattraktion der Botanischen Gärten sind aber ihre Palmen: Nur hier sind alle sechs endemischen Arten der Seychellen an einem Ort zu sehen. Außerdem gibt es von Dupont eingeführte Arten

Oben: Die majestätische weibliche Meereskokosnusspalme, die Prinz Philip im Oktober 1956 pflanzte.
Mitte: Blühendem Hibiskus, einem Malvengewächs aus Asien, begegnet man hier auf Schritt und Tritt.
Unten: Riesenlandschildkröten dürfen auch an diesem Ort nicht fehlen.

GUT ZU WISSEN

RATLOS IM NEBELWALD
Wie schön, dieses Paradies der Botanik zu erkunden. Zur Eintrittskarte gibt's sogar ein Infoblatt mit Wegekarte. Infoblatt? Nein, eine lateinische Bleiwüste. Und diese Wegekarte können nur Termiten designt haben. So steht man bald ratlos im Nebelwald. Hier lang? Dort runter? Welches Café? Und so kommt man eben auch mal mit den anderen Besuchern ins Gespräch.

Trinkpause unter botanischen Raritäten

wie die Zwergflaschenpalme, die nur auf einer kleinen Insel nahe Mauritius vorkommt. Die Ölpalme aus Afrika, die Gru-Gru-Palme aus Südamerika, die Chinesische Schirmpalme, drei Arten von Schraubenpalmen – insgesamt fast 40 Spezies.

Die prachtvolle Coco de Mer

Und mittendrin die Königin der Palmen – eine riesige, freistehende weibliche Meereskokosnusspalme. Es ist eine der wenigen außerhalb der Inseln Praslin und Curieuse, wo die Coco de Mer endemisch vorkommt. Gepflanzt hat sie am 19. Okto-ber 1956 Prinz Philip, der Duke of Edinburgh. Auch ein anderer englischer Freund der Seychel-len hat sich in den Botanical Gardens verewigt: Der schon todkranke Ex-Beatle George Harrison (1943–2001) setzte hier im Dezember 2000 eine seltene Gardenie.

Infos und Adressen

INFORMATION
National Botanical Gardens.
8–17 Uhr, Mont Fleuri Rd., Victoria, Tel. 4670537, www.env.gov.sc

Schautafel über die Coco de Mer

Victoria

4 Carnaval International
Ole ola bei 30 Grad

Wenn in anderen Ländern die närrische Jahreszeit längst wieder vorbei ist, lassen es die Seychellois noch einmal richtig krachen. Seit nunmehr sieben Jahren gibt es den Carnaval International von Victoria – und immer erst nach Ostern. Es ist ein Fest des Friedens, laut, bunt und lustig: Ein ganzes Wochenende lang vibriert die kleine Hauptstadt in allen Rhythmen der Welt.

Für drei wilde, närrische Tage lädt der seit jeher von vielen Kulturen geprägte Inselstaat die Welt zu einem lautstarken und farbenfrohen Fest der Völkerverständigung nach Victoria ein. Dies wird jedes Jahr zur größten Party der Seychellen! Es gibt Liveshows im Stad Popiler, Open-Air-Discos »bis in die Puppen« und einen vielstündigen Umzug als Krönung. Schon bevor es losgeht, erklingt immer und überall der Ohrwurm »Ole ola, en sel lavwa«, gesungen vom lokalen Popstar Travis Julienne.

Parade quer durch die Stadt

Ein Wochenende lang spielt Victoria dann ausgelassen und selbstbewusst in einer Liga mit Rio de Janeiro, Köln und London. Höhepunkt ist die Parade am Samstag: von der Bois de Rose Avenue durch die Francis Rachel Street, am Stadion und Clock Tower vorbei, durch die Albert Street und in einer weiten Schleife zum Espace Building am Hafen.

Die drei wilden, närrischen Tage des Karnevals von Victoria sind eine Eruption der Feier- und Farbenlust. Mit Gästen aus Ländern von Brasilien bis Korea.

Das internationale Aufgebot kann sich sehen lassen. Die Mottos unterscheiden sich dabei von Jahr zu Jahr, wie beispielsweise »Unity and Peace«. Die bunten Wagen und Fußgruppen kommen aus 23 Ländern der Welt auf den Straßen von Victoria

Carnaval International

Infos und Adressen

zusammen. U.a. Südafrika, Zambia, Kenia, Äthiopien, Nigeria, Madagaskar, Mauritius und La Réunion waren bislang auf den Seychellen zu Gast und und führten afrikanische Kultur vor. Zudem gab es Abordnungen aus Brasilien, Frankreich, Italien, Indonesien, dem Libanon, Südkorea, China und Schweden. Auch der London's Notting Hill Carnival war wieder mit dabei sowie Prinzenpaare respektive Dreigestirn aus Düsseldorf und Köln. Eine wahre Liebeserklärung an die Vielfalt von Kulturen und Lebensformen!

Ein Schaufenster zur Welt

Den größten Anteil an mal fantasievoll, mal völlig abgedreht aufgemachten Festwagen stellen selbstverständlich die Seychellois selber. Mit fast 40 Kreationen – vom Tourism Board bis zur Konservenfabrik Indian Ocean Tuna Ltd. – feiert sich die lokale Wirtschaft. Vorneweg im Festzug fuhr eine gigantische, vom Verband der Autovermieter gesponsorte Riesenschildkröte, aus der fünf Schönheiten ihr Lächeln versprühten: Miss USA, Miss Australien, Miss Tansania und –»Miss Seychelles … another world 2014«. Die Schildkröte sollte an die Parade im fernen Jahr 1972 erinnern. Damals fand anlässlich der Eröffnung des Flughafens erstmals ein Karneval in Victoria statt.

An diese Vorgeschichte wurde angeknüpft, als man vom 4. bis 6. März 2011 den ersten wiederbelebten Carnaval International feierte. Gerade noch rechtzeitig vor Aschermittwoch, denn an diesem Tag beginnt auch auf den mehrheitlich christlich geprägten Seychellen die feierlose Fastenzeit. Mit der Verlegung in die Wochen nach Ostern lösten sich gleich zwei Probleme: Die Kirche muss nicht um das Seelenheil ihrer Schäflein fürchten – und die Karnevalisten aus aller Welt haben nun endlich Zeit, auf den Seychellen anzutanzen.

INFORMATION
Seychelles Tourist Office. Termin, Karte, Tipps und Hinweise zum nächsten Karneval.
Mo–Fr 8–16.30 Uhr, Sa 9–12 Uhr, Independence House, Tel. 461 08 00, info@seychelles.com, www.seychelles.com

Oben: Die Funkenmariechen aus Düsseldorf mit ihrer Tanzakrobatik
Unten: Ein Lächeln für Frieden und Freude

Victoria

5 Eden Island
Refugium der Reichen

Offiziell bestehen die Seychellen aus 115 Inseln. Doch gelegentlich kommt einem auch die Zahl 116 unter. Darin ist dann vermutlich auch Eden Island eingerechnet: die wichtigste besiedelte jener Inseln, die in neuerer Zeit durch Landaufschüttung entstanden. Dieses Eden, ein Paradies aus der Retorte, liegt verkehrsgünstig zwischen dem Flughafen und Victoria.

Fast die gesamte heutige mittlere Ostküste der Hauptinsel Mahé könnte man als menschengemacht bezeichnen. Durch Landgewinnung entstanden schon vor bald 100 Jahren der flache Teil und das Hafengebiet von Victoria. Auch der in den späten 1960er-Jahren erbaute Flughafen und seine heutige, 3000 Meter lange Landepiste liegen auf einer künstlichen Landfläche.

Luxusland auf Korallensand

Am auffälligsten sind die beiden Inseln vor dem südlichen Hafengebiet von Victoria. Auf der ersten, einer namenlosen grünen Brache, drehen sich die bisher einzigen vier Windräder der Seychellen. Die andere – Eden Island – ist nun nach langer Entwicklungszeit doch zu jener »paradiesischen« Wohn- und Feriensiedlung geworden, als die sie gedacht war. Vor der Jahrtausendwende war mit der Aufschüttung begonnen worden, dann kauften private südafrikanische und einheimische Investoren die gesamte Insel, um darauf eine Luxusenklave für wohlhabende Seychellois und solvente Ausländer zu errichten: Apartments, Reihenhäuser und Villen mit allem handelsüblichen Komfort. Zum Kaufen oder Mieten.

Mitte: Adrette Villen und tolle Jachten für schöne Tage auf den Seychellen
Unten: Das Eden Plaza ist das einzige Shoppingparadies des Inselstaats.

Eden Island

So wie »The Palm« in Dubai

Als Vorbild galt den Planern nichts Geringeres als »The Palm« in Dubai. Nur etwas kleiner sollte es hier sein, natürlicher, nicht so symmetriebesessen. Und tatsächlich präsentiert sich Eden Island wie eine organisch gewachsene kleine Inselgruppe. Über eine Brücke ist das Eiland mit dem Festland verbunden. Die ursprünglich 56 Hektar große ovale Aufschüttung wurde mit mäandernden Kanälen und Buchten durchzogen. So entstanden 16 Hektar Wasserwege. An ihren Ufern reihen sich Apartmenthäuser und Villen mit insgesamt etwa 500 Wohneinheiten. Viele verfügen über einen privaten Strand und/oder eigenen Bootsanleger, sodass die Besitzer jederzeit hinausfahren können in die natürliche Wasserwelt der Seychellen. Zum Beispiel an die Strände von Cerf Island.

Marina der Millionäre

Die »Maisons«, Villen und Apartments selber sind ganz nach dem Geschmack weltläufiger Immobilienberater. Alle haben Aircondition, Einbauküche und Autostellplatz, bei der Innenausstattung können die Käufer wählen zwischen den Varianten Pearl, Granite und Coral. Dazu kommt für ausländische Käufer (seit 2011) ein ganz besonderer Anreiz: die unbefristete Aufenthaltserlaubnis.

Überhaupt gilt Eden Island als chic. Das Eden Plaza, eine zentral gelegene Shoppingmall mit mehr als 50 Läden, Boutiquen, Snackbars und Cafés lieben vor allem junge Seychellois als In-Treff. Und vorn an der Marina eine Runde zu drehen, gehört zu den raren mondänen Momenten *à la seychelloise*. Im Wasser dümpeln riesige Jachten aus Russland und Südafrika, den USA und den VAR. Vis-à-vis, auf der höchsten bebaubaren Stelle der Insel Mahé, protzt die Ferien- und Fluchtburg des Scheichs Khalifa von Abu Dabi.

Infos und Adressen

ESSEN UND TRINKEN
Boardwalk Bar & Grill. Gut für einen Drink und einen Snack direkt an der Eden Island Marina. Tel. 434 66 22

The Maharajas. Klassischer Inder an der Marina von Eden Island. Mo–So 12–22.45 Uhr, Tel. 434 68 69, www.themaharajasseychelles.com

ÜBERNACHTEN
The Wharf Hotel & Marina. Komfortables kleines Hotel auf halbem Weg zwischen Flughafen und Eden Island. Das Restaurant bietet inter-nationale Küche. Providence, Tel. 467 07 00, www.wharfseychelles.com

EINKAUFEN
Eden Plaza. Die neue riesige Einkaufsmeile auf Eden Island lässt kaum Wünsche offen. Mo–Sa 9–17 Uhr, www.edenplaza.sc

INFORMATION
Eden Island Seychelles. Alle Infos zum Kaufen, Mieten und Wohnen auf der Insel. Tel. 434 60 00, www.edenisland.sc

Victoria

6 Inselhüpfen
Die Seychellen vom Boot aus

Ob auf einer Kreuzfahrt mit einem historischen Segelschoner, einem Törn mit einem gecharterten Katamaran oder einem modernen Motorsegler – auf besonders entspannte Weise kann man die Seychellen mit dem Boot erkunden: die großen und kleinen Inseln, die schönsten Strände, die besten Tauchgründe. Eine Ferienwoche auf den Wellen kann sogar eine interessante Alternative zum Hotel sein.

Welche Seychelleninsel sollte man für den Urlaub buchen? Welche weitere würde man darüber hinaus noch besuchen? Wohin gibt es Tagesausflüge? Was wären spannende Exkursionen? Viele dieser Fragen sind schon beantwortet, wenn man sich zum Beispiel für eine der Kreuzfahrten entscheidet, die in den vergangenen Jahren immer beliebter wurden und mittlerweile von mehreren Veranstaltern angeboten werden.

Entdeckung der Langsamkeit

In der so facettenreichen und gleichzeitig doch überschaubaren Inselwelt des Archipels spricht einiges für diese Urlaubsvariante. Man kann entspannt von Eiland zu Eiland hüpfen, ohne dafür die Unterkunft wechseln und weitere Transfers machen zu müssen. Der Weg ist dabei auch schon eines der Ziele, und man bewegt sich in einer wie eigens für das Schauen und Genießen geschaffenen Geschwindigkeit – die hier bald zur wohltuenden Entdeckung der Langsamkeit wird.

Mitte: Louis, auf dieser Tour Skipper der »Sea Pearl«, ist als Bretone an rauhere Gewässer gewöhnt.
Unten: Romantische Abendstimmung mit Inseln am Horizont

Unterwegs gibt es reichlich Zeit für das, was man sich von den Seychellen erträumt hat: Tauchen,

Chillen am Sonnendeck der »Sea Pearl«

Schnorcheln und Schwimmen (vom Boot aus!). Inseln und Strände besuchen, unter südlicher Sonne chillen. Einfach nur mal nichts tun oder ein gutes Buch lesen. Am besten alles zusammen. Als größtes Erlebnis bietet sich natürlich das Tauchen an, daher haben die meisten der Kreuzfahrten diesen Sport als besondere Attraktion in ihrem Programm.

Route je nach Jahreszeit

Zielgebiet fast aller Törns sind die Inseln der Inneren Seychellen: Mahé, Praslin, La Digue und eine Reihe von kleineren Nachbareilanden – immer auf einer Route der besten Tauchgründe, spektakulärsten Strände und wichtigsten Sehenswürdigkeiten. Wegen der erwartbaren Wind- und Wetterbedingungen wird je nach Jahreszeit eine andere Runde gefahren. Von November bis April beginnen und enden die Kreuzfahrten in Victoria, von Mai bis Oktober an der Anse Possession auf der Insel Praslin.

Die 250 bis 1000 Kilometer entfernten Inseln der Äußeren Seychellen werden – seit die Piratengefahr gebannt scheint – neuerdings zwar wieder

Einfach gut!

SUNSET, SEYBREW, »SEA PEARL«

Das ist so ziemlich die perfekte Seychellenkonstellation. Die »Sea Pearl« hat vor La Digue Anker geworfen und schaukelt leicht in der abendlichen Brise. Ein Aprilabend, 18 Uhr vorbei, immer noch 25 Grad, die Sonne ist doch schon fast unter Wasser. Alle hocken auf dem Oberdeck, von irgendwo her weht leise Musik. Bob Marley? Nein, klingt nur so ähnlich. Die Insel Praslin, geradeaus im Westen, wird mehr und mehr zu einem Schattenriss, ein letztes Strahlenfeuerwerk noch, dann übernimmt der Mond den Himmel und die Venus leuchtet dazu. Jetzt ein Seybrew, ja, das kleine seychellische Blonde aus der Flasche, das so schmeckt, wie genau für diese mattgoldene Viertelstunde erfunden. Braucht man mehr? Nein! Was will man mehr? Noch ein Seybrew. Dann ruft der Gong auch schon zum Abendessen.

angelaufen. Aber eine Kreuzfahrt dorthin ist noch mal ein völlig anderes, eigenes Abenteuer. Nicht nur logistisch, sondern auch für die Reisekasse.

Kreuzfahrt mit der »Sea Pearl«

Als erfolgreichster Anbieter in beide Zielgebiete hat sich das Ende der 1990er-Jahre gegründete kleine Segelkreuzfahrtunternehmen Silhouette Cruises von Amit Wasserberg in Victoria etabliert. Ihm gehören die unangefochtenen »Abräumer« der Szene: die modernisierten Traditionssegler »Sea Pearl« und »Sea Shell« sowie die etwas größeren und komfortableren Kreuzfahrtschiffe neuerer Bauart, die »Sea Star« und die »Sea Bird«.

Wer nun etwa mit dem gediegen altmodischen holländischen Segelschoner »Sea Pearl« für eine Woche auf Seychellentour geht, kann gut nachempfinden, wie hier vor bald 300 Jahren die ersten Europäer von Insel zu Insel kreuzten. Los geht es immer samstags um halb elf Uhr am Inter-Island-Pier im Hafen von Victoria. Der Skipper – auf dieser Fahrt ein junger Bretone namens Louis – begrüßt die Passagiere und verteilt sie auf die acht Kabinen. Da die meisten diese Tour als Tauchkreuzfahrt gebucht haben, kommt auch eine Tauchlehrerin mit an Bord. Die achtköpfige Crew, alles junge Seychellois, steht schon bereit, das Tauchboot und ein Dingi werden ins Schlepptau genommen, dann wirft Louis den Motor an und die »Sea Pearl« legt ab.

Oben: Irgendeine der vielen Inseln schwebt immer am Horizont – hier ist es Silhouette, die drittgrößte Insel der Seychellen.
Mitte: Die einheimischen Schiffsjungen sind heiter wie das Wetter.
Unten: Im Salon der »Sea Pearl« wird gleich das Essen serviert.

Inselhüpfen

Schiffstour durch die Inneren Seychellen

Mit dem historischen Motorsegler »Sea Pearl« kann man eine Woche lang von Insel zu Insel hüpfen. Von November bis April startet die Kreuzfahrt in Victoria, Mahé, und umfasst sieben Nächte, jeweils von Samstag bis Samstag. (Wetterbedingte Änderungen der Route möglich.)

Ⓐ Tag 1: Einschiffung am Inter Island Quay in Victoria. Fahrt um die Nordspitze von Mahé. Tauchgang vor L'Ilot. Ankern vor Danzil.

Ⓑ Tag 2: Tauchgänge an der Shark Bank und in der Baie Ternay. Landgang Anse du Riz.

Ⓒ Tag 3: Fahrt nach Praslin. Tauchgang am Bitter Rock. Auf Praslin Besuch des UNESCO-Weltnaturerbes Vallée de Mai und der Côte d'Or.

Ⓓ Tag 4: Fahrt Richtung Marianne. Tauchgänge »The Cathedral« und Grande Sœur. Landgang in La Digue. Besuch der Anse Source d'Argent und der Grand' Anse.

Ⓔ Tag 5: Tauchgang Ave Maria Rock. Fahrt nach Curieuse. Besuch der Schildkrötenstation. Wanderung durch den Mangrovenwald zur Anse José.

Ⓕ Tag 6: Tauchgang an der Pointe Rouge von Curieuse. Fahrt nach Aride, dort geführte Wanderung. Auf der Rückfahrt Tauchgang am Booby Rock.

Ⓖ Tag 7: Tauchgang am »Aquarium« vor Cousine Island. Danach Beginn der Rückfahrt nach Mahé. Unterwegs Tauchgang an der Cache Lax. Ankern vor Port Victoria.

Ⓗ Tag 8: Ausschiffung um 8.30 Uhr am Inter Island Quay in Victoria.

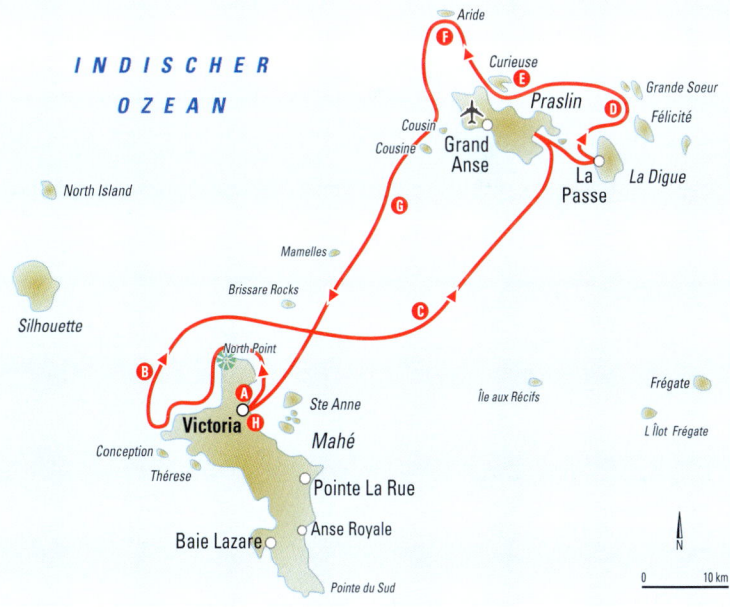

Sie ist ein schnittiger Schoner, 36 Meter lang und rundum bestens in Schuss, die Auffrischung von 1999 steht ihr gut. Gebaut wurde das Schiff 1915 in Vlaardingen, unter dem Namen »Dirk« diente es jahrzehntelang als Fischkutter in der Nordsee, dann segelte es als »Regina Chatarina« in der Karibik. Und jetzt, auf seine guten alten Tage, also in die Seychellen – und wieder zu den Fischen.

Tauchgänge und Landgänge

Nachdem die »Sea Pearl« um die Nordspitze von Mahé getuckert ist, stoppt sie vor einem Granitklippenhaufen namens L'Îlot (das Inselchen) zum ersten Tauchgang. Auf 19 Meter geht es hier hinunter – und was früher ins Netz gegangen wäre, zappelt heute eine halbe Stunde später auf den Displays der Unterwasserkameras. Napoleonfische und Makrelen, Muränen und Oktopusse, dazu – wow! – auch schon kleine Riffhaie.

Oben: Unterwegs vor der Küste der Baie Ternay
Mitte: Jeden Tag gibt die Natur eine Extrashow – den Sonnenuntergang.
Unten: Für die Tauchgäste der Tour führt die »Sea Pearl« ein eigenes Boot mit sich.

GUT ZU WISSEN

NUR WEIL ES ALLE SO MACHEN …

… ist es noch lange nicht gut. Immer wieder kann man beobachten, dass Bootsbesatzungen die Essensreste und Küchenabfälle samt Spülwasser einfach ins Meer entsorgen. Ist doch alles organisch, heißt es. Ob es der Umwelt und den Fischen bekommt, darf bezweifelt werden. Passagiere sollten dieses Thema einfach mal auf den Tisch bringen.

Fahrt mit mehreren gesetzten Segeln

Nur der Sonnenuntergang und das Curry, das der Schiffskoch in seiner Kombüse zaubert, sind noch toller. Oder sind es doch die Landgänge? Tags darauf in der feinsandigen, einsamen Bucht Baie Ternay. Später an der Anse Lazio auf Praslin. Die Radtour zur Grand' Anse auf La Digue. Oder, vor Sainte Anne, das Aufkreuzen der »Kalizma«: Diese 1906 gebaute Luxusjacht hat der Filmschauspieler Richard Burton 1967 Liz Taylor geschenkt; ihr Name ist ein Akronym aus den Namen seiner Töchter Kate, Liza und Maria.

Wann, wenn nicht auf so einer achttägigen Kreuzfahrt, hätten die Tauchgäste nicht nur die Rifffische vor dem Ave Maria Rock und in der »Kathedrale«, einer Granitformation vor Marianne Island, gesehen, sondern auch den Palmendschungel aus Meereskokosnuss der Vallée de Mai auf Praslin. Also die Seychellen vom Feinsten. Jedenfalls ein gutes Erlebnispolster, um noch ein paar geruhsame Tage in einem schönen Inselresort dranzuhängen.

Infos und Adressen

AKTIVITÄTEN

Die **Kreuzfahrten** können über viele deutsche Seychellen-Anbieter gebucht werden. Anbieter auf Mahé:

Silhouette Cruises. Segelkreuzfahrten. Victoria, Mahé, Tel. 432 40 26, www.seychelles-cruises.com

Außerdem besteht die Möglichkeit, Boote und Jachten zu chartern. Anbieter auf Mahé:

Angel Fish Yacht Charter. Tel. 434 46 44, www.seychelles-charter.com

Sunsail. Tel. +49 6101 557 91 55, www.sunsail.de

The Moorings. Tel. +49 6101 557 91 50, www.moorings.de

MAHÉ – DER NORDEN

7	**Die Nordküste** Einmal »oben rum«	60
8	**Beau Vallon** Urlaubsflair, Strand und mehr	64
9	**Anse Major und Baie Ternay** Buchten wie im Bilderbuch	70
10	**Les Trois Frères und weitere Wanderwege** Die schönsten Touren	74
11	**Sans Souci Road** Quer über die Insel	80
12	**Tea Factory** Tee mit Panoramablick	86
13	**Der Sauzier-Wasserfall** Naturschauspiel auf Granit	90
14	**Grand'Anse bis Anse Louis** Die mittlere Westküste	92

7 Die Nordküste

INDISCHER OZEAN

Carana Bay

Anse Nord d'Est

Antoine Estate
North East Point
La Retraite
Pointe Cedre

aldive 'illage

De Quincy Village

Pointe Conan
Pointe Conan

Plaisir

Victoria

Sainte Anne Marine National Park

Anse Cabot · Grand'Anse

Sainte Anne
250

Sainte-Anne

Albert Rock

Anse Manon

Ste. Anne Channel

Beacon Island

Round Island

Moyenne Island

Long Island

Grand Rocher

Eden Island

Cerf Island

Île Cachée

Cerf Passage

Sans Souci
Copolia
497

Fairview

Mamelles

Brillant

La Misère

Baton

New Savy
587

Île Anonyme

Seychelles International Airport

Île aux Rats
Île du Suète

Pointe Larue

Dauban

Cascade

Mtew. Planeau
668

Les Dents
555

François

Beach

Grand Bassin

Anse aux Pins

Mahé – Der Norden

7 Die Nordküste
Einmal »oben rum«

Wie ein Daumen reckt sich von Victoria der oberste Teil der Hauptinsel Mahé in Richtung Norden. Ihn auf einer Autofahrt zu umrunden, vermittelt einen guten Einblick in die reizvolle landschaftliche Vielfalt der Insel: von Mangrovenwäldern an der Küste bis zu mehrere Hundert Meter hohen Bergen und von kleinen, verträumten Buchten bis zu den einsamen grünen Nachbarinseln am Horizont.

Nachdem man Victoria kennengelernt hat, kann man die Hauptinsel der Seychellen erkunden. Am besten gleich von dort aus – beginnend mit einer kleinen Bergtour auf den 417 Meter hohen Mont Signal. Per Bus bis zum Ort Mont Buxton und von dort hinauf zu einem Wachturm, der in kolonialen Zeiten dazu diente, nach Schiffen Ausschau zu halten. Heute ist das eine ideale Stelle, um sich ein erstes Bild von der Insel zu machen.

Die Insel des Admirals

Mahé, benannt nach dem französischen Admiral Bertrand François Mahé de La Bourdonnais (1699 bis 1753), ist mit ihren 28 Kilometern Länge, einer Breite von drei bis acht Kilometern und einer Fläche von 154 Quadratkilometern die weitaus größte Insel der Inneren Seychellen. Ihre vielgestaltige Küste – eine Abfolge von herrlichen Buchten und Stränden, durchweg als Anse (französisch für Bucht) bezeichnet – umfasst 120 Kilometer. Die von dichtem Nebelwald bewachsenen Granitberge des Inselinneren erreichen gut 900 Meter, höchste Erhebung ist der 905 Meter hohe Morne Seychellois im Südwesten von Victoria.

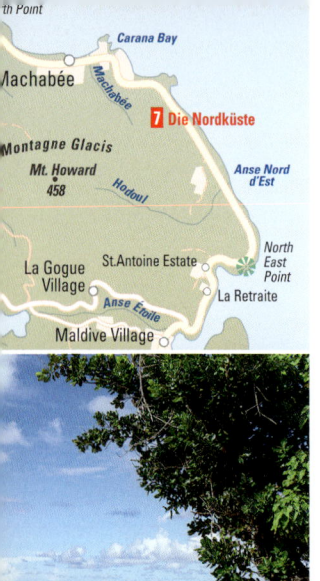

Seite 56/57: Blick von der Anse du Riz in die Baie Ternay, den Meeresnationalpark an der Nordwestküste von Mahé
Mitte: Die kleine Bucht Carana Bay
Unten: Die schöne Hangseite der Nordküste war vor 50 Jahren in.

Die Nordküste

Im Norden der Stadt beginnt die Straße, die an der Küste entlang über North Point hinüberführt nach Beau Vallon auf der Westseite von Mahé. Schon nach kurzer Fahrt liegt links La Bastille, ein denkmalgeschütztes Kolonialgebäude aus den 1930er-Jahren mit einem sehenswerten Garten für Medizinpflanzen.

Danach geht es an einer Reihe künstlich angelegter Inseln vorbei in den Ort Anse Étoile. Die Landgewinnung spielte in den 1990er-Jahren eine wichtige Rolle, als damit vor allem an dieser Küste Platz für neuen Siedlungsraum geschaffen werden sollte. Heute finden hier – in sumpfigen Wäldern an weitläufigen Gewässern – viele Land- und Wasservögel ein ideales Habitat. Rechts immer im Blick hat man auf dieser Strecke die malerisch gelegenen Inseln und Inselchen des Sainte Anne Marine National Park.

Zum Schauen auf den Pass

In Anse Étoile bietet sich die einzige, aber lohnende Wanderung im Norden der Insel. Nach einer Stunde Gehzeit erreicht man das La Gogue Reservoir. Aus diesem seeähnlichen Speicher bezieht die Hauptstadtregion ihr Trinkwasser. Dann geht es steil hinauf zum Pass gleichen Namens. Oben genießt man eine grandiose Aussicht auf beide Inselseiten, muss sich dann aber entscheiden: Marschiert man zurück nach Anse Étoile – oder weiter, hinunter in den Ort Glacis an der Westküste? Die Antwort wird sich daraus ergeben, ob man an diesem Tag mit eigenem Auto oder doch mit Bus oder Taxi unterwegs ist.

Hinter dem North East Point wird die Küste eintöniger. Da sollte man auf eine Einfahrt mit dem Schild »Kreolfleurage« achten: Unter diesem Label firmiert hier die einzige Duftmanufaktur im Indi-

Geheimtipp

DER DUFT DER SEYCHELLEN

Am Anfang war die Liebe. 1975 kam Dagmar Ehlert zum ersten Mal auf diese Inseln, drei Jahre später kehrte sie wieder – und blieb. Das Land hatte sie entflammt, die Menschen, die vielen aromatischen Pflanzen und Hölzer: Frangipani und Patchouli, Ylang-Ylang und Vanille, Zimt, Muskat, Takamaka. 1988 machte sie ihre Liebe zur Profession: Am North East Point von Mahé, in einem schönen alten Seychellenhaus mit Palmblätterdach, gründete sie ihre eigene kleine Parfümmanufaktur Kreolfleurage. Vier Düfte hat sie seither kreiert: »Bwanwar«, »Bambou«, »Ambre Vert« und »Takamaka«. Jeder ist eine fein abgestimmte Mischung ätherischer Öle, ein olfaktorisches Souvenir für die Sinne, der Duft der Seychellen. Wo es ihn gibt? Bei Kreolfleurage, in Boutiquen, guten Hotels – und natürlich am Flughafen.

Kreolfleurage. Mo–Fr 9–17 Uhr, Sa 9–14 Uhr, North East Point, Mahé, Tel. 424 13 29, www.kreolfleurage.com

schen Ozean. Weiter geht es an einem langen, nur schmalen Strand entlang, bis sich schließlich eine kleine Bucht auftut: Carana Bay, ein eigentlich hübscher Ort, der aber schon bessere Zeiten gesehen zu haben scheint.

Das noble Dorf Glacis

Doch nun folgt eine landschaftlich wunderbare Strecke. Sie mäandert durch tropisches Grün über der Küste entlang, von unten leuchtet immer wieder mal das Meer, mal ein Stück Strand, sodass man ganz vergisst, darauf zu achten, wo man anhalten müsste, um wirklich zum North Point, zur nördlichsten Spitze von Mahé zu gelangen. So erreicht man das nobel verschlafene Dorf Glacis mit seinen alten und neuen Ferienvillen – und versteht, warum diese grandios gelegene Gegend eine der ersten war, in denen sich Europäer schon vor 50 Jahren den Traum vom eigenen Haus auf den Seychellen erfüllt haben. Und hier inspirierte sich in den 1960er-Jahren der englische Schriftsteller Ian Fleming für seine James-Bond-Episoden.

Oben: Der lange schmale Sandstrand der Anse Nord d'Est ist fast immer menschenleer.
Mitte: Blitzschnell verzieht sich die rote Krabbe wieder in den Sand.
Unten: In dichtem Grün stehen die noblen Holzvillen des Hilton Seychelles Northolme Resort.

Heute können das Gäste aus aller Welt noch viel luxuriöser, auf Zeit und mit Vollpension. An den schönsten Stellen dieser Küste stehen Ferienresorts, die traumhafter nicht sein könnten. Ein Sundowner in der »Ocean View Bar« des »Hilton Seychelles Northolme« stellt einfach fast alles in den Schatten.

Die Nordküste

Infos und Adressen

ÜBERNACHTEN

Carana Hilltop Villa. Gemütliches kleines Hotel mit Panoramablick bis North Island und Praslin. Carana, Glacis, Mahe Island, Tel. 278 16 01, www.caranahilltopvilla.com

Hilton Seychelles Northolme Resort & Spa. Grandios gelegenes Resort an der Steilküste mit freistehenden Strandvillen und gutem kreolischen Restaurant. Spektakulär: Die »Ocean View Bar«. Keine Kinder unter 12 Jahren. Glacis, Tel. 429 90 00, www.hilton.com

Sunset Beach Hotel. Angenehmes Hotel mit 28 Zimmern. Einige liegen direkt am Strand, andere in fantastischer Lage auf den Granitfelsen. Glacis, Tel. 426 11 11, www.thesunsethotelgroup.com

Logenplatz am Meer: die Terrasse der Ocean View Bar des Hilton

Mahé – Der Norden

8 Beau Vallon
Urlaubsflair, Strand und mehr

Der längste Strand, die meisten Hotels und Restaurants, viele Sportangebote, Discos und ein Casino, die Hauptstadt nur zehn Minuten Autofahrt entfernt: Beau Vallon ist das touristische Zentrum der Seychellen. Hier kann man bestens klassischen Badeurlaub machen, die entspannte Lebensart der Menschen und die Küche des Landes genießen – und per Boot oder zu Fuß auch lohnende Ausflüge in die Umgebung unternehmen.

Der Name trifft es gut: Beau Vallon – das schöne Tal. Am eindrucksvollsten ist das zu sehen, wenn man – von Victoria kommend – auf der Passhöhe von St. Louis anhält und nach Westen schaut. Sanft geht es hier hinunter in eine ungewöhnlich weit ausschwingende, dicht besiedelte Bucht, die zum Meer hin immer flacher wird und in einen breiten Sandstrand ausläuft. Nur die an ihren Enden aufsteigenden, tropisch bewaldeten Granitberge lassen dann doch keinen Zweifel aufkommen, dass das nicht etwa eine Meereslandschaft in Italien oder Spanien ist.

Wo der Tourismus begann

Als in den 1970er-Jahren mit der Eröffnung des Flughafens von Victoria die touristische Entwicklung der Seychellen begann, wurde die Beau Vallon Bay sozusagen ihre erste natürliche Bühne. Vom Ort Mare Anglaise im Norden bis zum Riff des »Fisherman's Cove Hotel« im Süden erstreckt sich ein herrlicher, gut 1,6 Kilometer langer Badestrand – der längste des Archipels. Nach Südwesten hin schließt daran ein breiter Korallensaum an

Mitte: Beau Vallon ist seit jeher der populärste Badeort der Seychellen.
Unten: In Strandnähe haben sich viele Shops und Läden angesiedelt.

Beau Vallon

– wie geschaffen zum Schnorcheln und Tauchen. Zudem war (und ist) dieser Ferienort über die Hauptstraße von Victoria herüber für anreisende Fluggäste und Besucher wie auch für den Großteil der Seychellois – 80 Prozent leben auf Mahé – gut zu erreichen.

Die Wellen der Seychellen ...

Kein Wunder also, dass die ersten Hotels der gesamten Region in Beau Vallon errichtet wurden. Feriendomizile wie das »Fisherman's Cove« waren begehrte Ziele der Berühmten und Reichen jener Pionierjahre, so etwa auch von Filmstars und TV-Prominenz aus Deutschland. Und in kurzer Zeit entstanden hier Hotels, die mit namhaften Adressen am Mittelmeer gut mithalten konnten.

Und noch heute ist der Drang nach Beau Vallon ungebrochen. Erst 2014 eröffnete – nunmehr schon nur noch in Sichtweite zum Strand – der luxuriöse Fünf-Sterne-Kasten »Savoy Resort & Spa«. Ohnehin bietet der Ort seit jeher die landesweit größte Ansammlung traditioneller Hotels. In der Ebene und an den malerischen Hängen des »schönen Tals« sind letzthin auch immer mehr Gästehäuser und Apartments dazugekommen.

Die Entwicklung der Seychellen zum Tourismusland hatte zur Folge, dass aus Europa nicht nur Gäste kamen, sondern auch Investoren, Hotelmanager und gastronomisches Personal vom Koch bis zum Kellner. So mancher ehemalige Hotelangestellte aus Deutschland, Österreich, Frankeich blieb – und betreibt heute selber ein Gästehaus, ein Restaurant, eine Tauchschule. In den touristischen Hochburgen wie Beau Vallon, aber auch in Côte d'Or auf Praslin und auf La Digue kann man das besonders oft feststellen. Bemerkenswert ist natürlich auch der Wandel: Lange Zeit galt etwa

Geheimtipp ZU FUSS NACH BEAU VALLON

Wer in Beau Vallon sein Hotel hat, wird sicher mal »in die Stadt« fahren, nach Victoria. Am besten mit dem Bus (alle 20 Minuten). Den Rückweg kann man als interessante Wanderung machen. Und zwar so: am Busbahnhof den Bus nach Anse Étoile nehmen, in La Bastille aussteigen. Etwa 100 Meter weiter, dann in den Weg nach links. Eine gute Stunde bergauf, immer geradeaus. Bis von rechts ein Steig kommt und nach links zum höchsten Punkt der Wanderung führt. Von dort geht es – nun schon auf der Westseite der Insel – auf breitem Fußpfad bergab. Wichtig nach etwa 200 Metern: beim Abzweig nach rechts gehen (nicht nach Buxton), dann »auf Sicht« hinunter nach Beau Vallon. Zwei, drei Stunden dauert diese Berg- und Waldtour. Was heute ein schönes Ferienerlebnis ist, war in den Zeiten ohne Straßen alltägliche Notwendigkeit, um von einer Inselseite auf die andere zu gelangen.

Gut für eine Erfrischung!

Mahé – Der Norden

MORGENS AM CORAL STRAND

Nicht verpassen

In Beau Vallon kann man wunderbare Seychellenmomente erleben. Sie beginnen gegen sechs Uhr morgens. Um diese Zeit wird es langsam Tag, eine magische halbe Stunde lang. Das Brombeerschwarz der Nacht wechselt in dunstiges Blutorange, das Meer glänzt mattgolden, der Strand wie altes Elfenbein. Jetzt aufstehen und durch das noch morgenstille Hotel hinaus in diese Magie. Zum Joggen, am besten einfach barfuß. Zuerst nach links die 1000 Meter bis ans südliche Ende der Bucht, dann zurück und weiter bis zu den Granitfelsen am oberen Ende. Drei Kilometer seliges Laufen auf Korallensand, das Meer im Blick und im Ohr. Dann die Krönung: Schwimmen in Wasser wie Seide. Später beim Frühstück klingt das Glück auch noch nach: Die Wellen plätschern gemütlich bis unter die offenen Verandafenster. Stimmt ja wirklich, dieser Name: »Coral Strand Smart Choice Hotel«.

Beau Vallon als ein Ort »in deutscher Hand«, doch heute ist hier in vielen Hotels nicht nur am Pool, sondern auch an der Rezeption und im Service die russische Präsenz nicht zu übersehen.

Sundowner auf kreolisch

Vor allem aber ist Beau Vallon ein, nein: der Strandort der Seychellois. Wochentags machen Schulklassen hier am Wasser Freiluftunterricht. Einheimische Jugendliche treffen sich zum Sport oder zur Beachparty. Im Park zwischen der Hauptstraße und dem Strand bieten jeden Mittwoch kleine Garküchen, Getränkekioske und Früchtestände ihre Köstlichkeiten an – für ein Picknick unter Takamaka-Bäumen und mit abschließendem Sonnenuntergang. *Labrin* (die Dämmerung) nennt sich diese kreolische Spielart des Sundowners.

Für seychellische Verhältnisse ungewöhnlich viel los ist gelegentlich am Wochenende. Dann haben die Restaurants Hochbetrieb. Am Strand zelebrieren Familien ihr Picknick mit Currys, Bier und Musik. Auf dem Wasser frönen junge Wilde Sportarten, von denen man viele nur hier betreiben kann, etwa Jetski- und Wasserskifahren, Windsurfen und Parasailing. Lediglich das Schwimmen scheint nicht eine Sache der Seychellois zu sein.

Die Bucht von Beau Vallon ist bestens zum Baden geeignet. Sie hat in ihrem Mittelteil weder Korallenbänke noch Felsklippen, sondern gleicht einem großen, ruhigen See. Hohe Wellen oder starke Brandung gibt es nur, wenn in den Monaten Dezember bis März der Nordwestmonsun weht. Beliebt ist Beau Vallon daher auch als Startpunkt für Ausflüge mit dem Glasbodenboot, zum Tauchen oder Hochseeangeln sowie für Exkursionen in die Meeresnationalparks von Sainte Anne und Baie Ternay.

St. Roch und der Piratenschatz

An Land empfiehlt sich ein Spaziergang in den südlichen Nachbarort Bel Ombre. Die dortige Kirche St. Roch mit ihrem zinnenbekrönten Turm über malerischen Palmwipfeln ist eines der schönsten katholischen Gotteshäuser des Landes. Nur ein paar Hundert Meter weiter trifft man auf eine seltsame Baugrube: Dort wird seit Jahrzehnten von unbeirrbaren Schatzgräbern immer mal wieder nach Preziosen gegraben, die der Pirat Olivier Le Vasseur (1680–1730), genannt »La Buse« (der Bussard), da versteckt haben soll. Immerhin ist die Rede von Diamanten, Schmuck, Gold- und Silberbarren in einem heutigen Wert von 4,5 Milliarden Euro … Mag ja sein, aber das wahre Dorado dieser Küste liegt doch ganz nahebei, in der Touristenhochburg Beau Vallon.

GUT ZU WISSEN

JETSKIFAHREN AM BESTEN BADESTRAND?

Beau Vallon hält sich gern zugute, der einzige Strand der Seychellen zu sein, an dem motorisierter Wassersport möglich ist. Das Jetskifahren zum Beispiel. Als Pluspunkt werden diese abartige, in Europa so gut wie überall verbotene Belästigung der Badegäste nur die wenigsten erleben. Aber ziemlich sicher als Grund, diesen Ferienort in unguter Erinnerung zu behalten – und sich ein etwas ruhigeres Fleckchen zu suchen.

Oben: Jeder Badetag in Beau Vallon verabschiedet sich mit einem grandiosen Sonnenuntergang.
Mitte: Der Kirchturm von St. Roch über dem Südende des 1,6 Kilometer langen Sandstrandes
Unten: Beau Vallon ist auch für die Obstverkäufer ein guter Standplatz.

Infos und Adressen

An der Rezeption des Savoy Hotels

ESSEN UND TRINKEN

Baobab Pizzeria. Stimmungsvoll direkt am Nordende des Strandes gelegen und daher immer gut besucht. Tgl. 12–16, 18–22.30 Uhr, Beau Vallon, Tel. 42 47 1 67

La Perle Noire. Gute kreolische und italienische Küche, nur abends geöffnet. Mo–Sa 19–21.30 Uhr, Beau Vallon, Tel. 462 02 20

La Plage Bar & Restaurant. Schickes Ambiente in allerbester Strandlage, ideal zum Sundowner und Abendessen. Mo–So 11.30–22 Uhr, Beau Vallon, Tel. 462 02 40

La Scala. Sehr gutes italienisches Restaurant am südwestlichen Ende der Beau Vallon Bay. Mo–Sa ab 19 Uhr, Juni geschlossen, Danzil, Tel. 424 75 35

Mahek. Gutes indisches Restaurant direkt am Strand. An Werktagen 12–14 und 19–22 Uhr, am Wochenende 12–15 und 19–22 Uhr, Beau Vallon, Tel. 4291000, www.coralstrand.com/dining/restoran-mahek.php

The Boat House. Strandnahes Restaurant mit gutem kreolischem Buffet. Mo–So 12–15 und ab 19.30 Uhr, Beau Vallon, Tel. 424 78 98

ÜBERNACHTEN

Augerine Hotel. Kleines Hotel mit schmackhafter kreolischer Küche in schöner Strandlage. Beau Vallon, Tel. 424 72 57, www.augerinehotel.com

Beau Bamboo. Zwei Apartments und ein kleines Ferienhaus am Nordende des Strandes von Beau Vallon. Mare Anglaise, Tel. 259 67 48, beaubamboo.blogspot.com

Berjaya Beau Vallon Bay Resort & Casino. Mit 232 Zimmern und Suiten eine der größten klassischen Hotelanlagen der Seychellen. Spielkasino, mehrere Restaurants, eigene Tauchschule. Beau Vallon, Tel. 428 72 87, www.berjayahotel.com

Bord Mer Villa. Neun großzügige Apartments in einem Palmenhain oberhalb von Beau Vallon. Tel. 424 72 47, www.bordmer.com

Coral Strand Smart Choice Hotel. Perfekt gelegenes Drei-Sterne-Haus, 2012 renoviert, mit mehreren Restaurants. Tel. 429 10 00, www.coralstrand.com

Clef des Îles. Vier gepflegte Duplex-Apartments für Selbstversorger, direkt am Strand gelegen. Beau Vallon, Tel. 252 71 00, www.clefdesiles.com

Hanneman Holiday Residence. Sieben großzügige Apartments in gepflegtem Gästehaus unter deutscher Leitung in Fußnähe zum Strand. Nouvelle Vallée, Tel. 424 91 00, www.hanneman-seychelles.com

Le Méridien Fisherman's Cove. Traditionsreiches Luxushotel (gegründet 1943) in traumhafter Lage am Südende des Strandes von Beau Vallon. Bel Ombre, Tel. 467 70 00, www.lemeridienfishermanscove.com

Lemongrass Lodge. Gemütliches Gästehaus mit drei Apartments für Selbstversorger oberhalb von

Beau Vallon

Beau Vallon. Mare Anglaise, Tel. 257 80 25, www.lemongrasslodge.sc

Savoy Hotel. Moderne große Luxusanlage mit weitläufigem Pool, Tennisplätzen, Spa und direktem Zugang zum Strand. Beau Vallon, Tel. 439 20 00, info@savoy.sc, www.savoy.sc

The H Resort. Schickes Boutiquehotel mit 84 Suiten, 16 Villen und sieben Restaurants/Bars direkt am Strand. Beau Vallon Beach, Tel. 438 70 00, www.h-hotel.com/seychelles

Villa 261. Luxuriöse Villa für sechs Personen im Grünen oberhalb der Bucht von Beau Vallon. Mare Anglaise, Tel. 251 03 73, www.villa261seychelles.com

AUSGEHEN

Tequila Boom & La Faya Bar. Diskothek und Nachtclub. Publikum aus jungen Feriengästen und Einheimischen. Mi, Fr, Sa ab 22 Uhr bis 5 Uhr, Bel Ombre, Tel. 252 51 27

AKTIVITÄTEN

Tauchbasen. In Beau Vallon gibt es mehrere Anbieter. Unter anderem folgende: Ocean Dream Divers, Big Blue Divers sowie eigene Anbieter von Hotels.

Wassersport. Diverse Veranstalter direkt am Strand von Beau Vallon sowie in Mare Anglaise und am Hafen von Bel Ombre

INFORMATION

Seychelles Tourist Office. Alle Auskünfte zu Fähren und Bussen, Unterkünften, Bootsausflügen, Wanderungen etc. Auch Inselkarten erhältlich. Mo–Fr 8–16.30 Uhr, Sa 9–12 Uhr, Independence House, Victoria, Tel. 461 08 00, info@seychelles.com, www.seychelles.com

Das Traditionshotel Coral Strand in bester Lage von Beau Vallon

Mahé – Der Norden

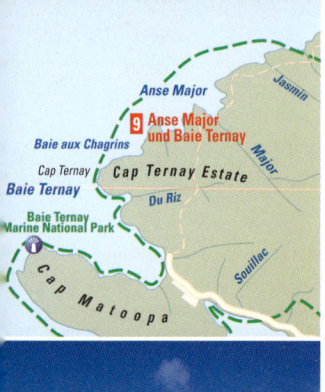

9 Anse Major und Baie Ternay
Buchten wie im Bilderbuch

Schon ein paar Kilometer südlich des meistbesuchten Touristenorts der Hauptinsel Mahé gibt es noch wilde, unberührte Gegenden. Darunter die besonders reizvollen Buchten Anse Major und Baie Ternay. Sie sind nur auf zum Teil abenteuerlichen Bergpfaden oder vom Meer her per Boot zu erreichen. Beide stehen unter strengem Naturschutz. Doch es gibt Initiativen, auch hier Resorts anzusiedeln.

Einer der Vorzüge von Beau Vallon ist, dass man von dort aus schöne Wanderungen auf den naturbelassenen und unbesiedelten Westsporn von Mahé machen kann. Recht bekannt und mittlerweile bei unternehmungslustigen Gästen dementsprechend beliebt ist vor allem die etwa dreistündige Wanderung in die kleine, romantische Badebucht Anse Major (s. Karte Seite 76).

Tagestour zur Anse Major

Die Wanderung beginnt hinter Danzil, einem Ortsteil von Bel Ombre am südwestlichen Ende der Beau Vallon Bay. Der Ausgangspunkt des Anse Major Nature Trail ist mit dem öffentlichen Bus der Linie 21 oder dem Mietwagen gut zu erreichen. Wie bei den meisten Wanderungen empfiehlt es sich, bereits am frühen Morgen aufzubrechen, um nicht schon auf dem Hinweg in die größte Tageshitze zu geraten. Da diese Tour an einen Strand führt, an dem man bei gutem Wetter sicher ein paar sehr schöne Stunden zubringen kann, sollte man überlegen, sie gleich als Tagesausflug anzulegen. Dann gehören genügend Trinkwasser, Snacks

Seychellen-Traum an der einsamen Baie Ternay

Badepause an der Anse du Riz

und Obst ins Wandergepäck – dazu natürlich alles, was man zum Baden, Schwimmen oder Schnorcheln mitnehmen mag.

Im Reich des Seychellen-Bülbül

An der Busendhaltestelle vor dem Restaurant La Scala geht es zunächst rund 200 Meter bergauf bis zum Autoparkplatz. Dann verläuft ein gut markierter Fußweg auf etwa gleichbleibender Höhe zuerst durch Wald und dann immer wieder über offene Granitrücken Richtung Südwesten. Unterwegs gibt es viele endemische Pflanzen zu sehen, so etwa die hier auf Granitfelsen rankende Wilde Vanille. In den Kronen der Bäume lärmen heimische Singvögel wie der Seychellen-Bülbül, über der Küste fliegen Feenseeschwalben und majestätische Weißschwanz-Tropikvögel – das Gebiet gehört zum Morne Seychellois National Park, dem größten Naturschutzgebiet der Seychellen.

Grandios sind die Ausblicke, die sich immer wieder bieten: zurück in die weite grüne Bucht von Beau Vallon, hinab zum Meer, das in allen Farben leuchtet, hinüber zur mächtigen Insel Silhouette und zum winzigen North Island weit hinten am Horizont. Nach etwa 60 Minuten geht es dann noch ein Viertelstündchen auf dem nun steilen Steig

Nicht verpassen

TAUCHEN UND SCHNORCHELN IN DER BAIE TERNAY
Die 80 Hektar große Bucht, seit 1979 Meeresnationalpark, besitzt einen außerordentlichen Reichtum an maritimen Habitaten – und viele Möglichkeiten, sie beim Tauchen und Schnorcheln zu erkunden. Sandige Küsten, Felsen und Korallenbänke, an denen es vor Fischen nur so wimmelt. Riesige Seegraswiesen, wo junge Wasserschildkröten und gut getarnte Muränen, seltene Seeschlangen und Seegurken zu sehen sind. Vor dem Leuchtturm am Südkap der Bucht befindet sich sogar ein veritables Tauchrevier. 15 bis 20 Meter tief ist dort das Wasser, an gewaltigen Granitformationen tummeln sich knallbunte Schnapper und Doktorfische, dazwischen Rochen und Riffhaie. Auch Walhaie – der Traum jedes Tauchers! – wurden schon gesichtet. Ganz sicher begegnet man ihnen etwa acht Kilometer weiter draußen: an der Shark Bank, dem für viele besten Diving Spot der Seychellen.

Oben: Blick in das Blau der Baie Terney
Unten: Auch hier: Palmen und Granitfelsen

hinunter in die bezaubernd gelegene Anse Major. Wer diese relativ kurze Wanderung »strecken« möchte, dem bietet sich eine Variante bald nach dem Start in Danzil. Vom Hauptweg geht ein Pfad nach links ab, auf dem man den Gipfel des etwas über 200 Meter hohen Mont Poulalier umrunden kann. Nach diesem Schlenker lässt man den Berg rechts liegen und folgt wieder, nach links schwenkend, dem beschilderten Fußweg ans Meer.

Ein Traum: die Baie Ternay

Von der Anse Major aus kann man nun ein kleines Abenteuer wagen, den Übergang in die Baie Ternay. Auch in diese abgelegene, aber ungleich größere Bucht weiter im Südwesten führt ein markierter Fußpfad – fragt sich nur, in welchem Zustand er gerade ist. Da so ein Steig hier sehr schnell zuwächst und die Instandhaltung viel Aufwand erfordert, sollte man im Hotel oder beim

Tourist Office unbedingt eine verlässliche Auskunft einholen, bevor man sich auf den Weg macht. Oder, noch besser, man bucht gleich einen lokalen Wanderführer als Begleiter.

Auf jeden Fall gut zugänglich ist die als Baie Ternay Marine National Park unter strengem Naturschutz stehende Bucht von der Seeseite her. Hotelboote und Segelkreuzfahrtschiffe fahren ihre Gäste bis an den Eingang der äußerst flachen Korallenlagune. Zum Tauchen und Schnorcheln nahe dem Leuchtturm. Oder mit dem Dingi an die Anse du Riz, einen der malerischsten Strände, die man sich vorstellen kann. Hier unter Palmen und Takamaka-Bäumen zu liegen und die Blautöne des Wassers, das Licht über der Bucht und die Hunderte von Krabben am Strand zu erleben, lässt einen glatt die Zeit vergessen. – Was man natürlich nicht tun sollte, wenn man zu Fuß aus Danzil gekommen ist: Zurück sind es von hier gut zwei Stunden.

Infos und Adressen

INFORMATION
Alle aktuellen Auskünfte zum Zustand der Wanderpfade und Möglichkeiten für Bootsfahrten und Exkursionen erhält man in der Regel auch dort, wo man als Hotelgast oder Selbstversorger gebucht hat.

Tümpel an der Anse Duriz

Mahé – Der Norden

10 Les Trois Frères und weitere Wanderberge
Die schönsten Touren

Mit ihren bis zu 900 Meter hohen Gipfeln ist die Granitinsel Mahé eine wunderbare Wanderregion. Vor allem im größten Naturschutzgebiet des Landes, dem Morne Seychellois National Park, kann man kurze und lange, aber in jedem Fall interessante Bergtouren unternehmen. So etwa auf die Trois Frères, den Hausberg von Victoria. Der Aus- und Überblick von dort oben lohnt alle Mühen des Aufstiegs.

Es mag überraschend klingen, aber die Seychellen sind (auch) ein Bergwanderland. Ein ganz besonderes noch dazu: Wo sonst gibt es Gipfel, bis oben hin mit tropischem Regenwald bewachsen, die man aber recht gut besteigen kann und die einem dann solch grandiose Panoramen zu Füßen legen? Die meisten dieser Bergtouren bietet naturgemäß der gebirgige Mittelteil von Mahé, die reizvollsten werden im Folgenden kurz beschrieben.

Zum Gipfel der Trois Frères

Von Victoria und seiner Umgebung aus hat man »Die drei Brüder« jederzeit im Blick – schon das lockt zu dieser Tour auf den mit 699 Metern zweithöchsten Berg der Insel. Bester Startpunkt ist die Forestry Station an der Sans Souci Road oberhalb der Stadt, zu erreichen per Bus oder Mietwagen. Dort geht es zuerst eine kleine Forststraße bergan bis zum beschilderten Anfang des Wanderwegs.

Das erste, nur sanft ansteigende Stück führt durch dichten Wald und ist mit kopfgroßen Steinen be-

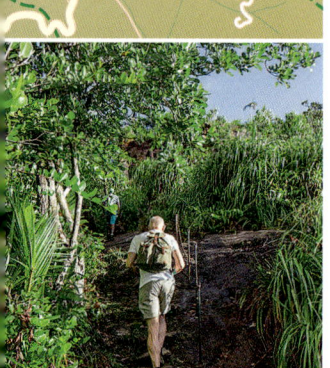

Mitte: Der Anstieg zu den Trois Frères beginnt gemächlich.
Unten: Der Tourguide Simon Dogley ist ganz in seinem Element.

Les Trois Frères

festigt. Bis vor ein paar Jahrzehnten war dies nämlich noch ein vielbenutzter Saumpfad von einer Inselseite auf die andere. Mit Eseln wurden hier Waren transportiert, Waldarbeiter brachten damit auch Zimtrinde zu Tal, ein wichtiges Produkt jener Zeit. Heute wird kein Holz mehr geschlagen, auch wenn die vielen Zimtbäume als invasive Art gelten, die der Naturschutz hier – das Gebiet gehört zum Morne Seychellois National Park – lieber nicht haben möchte.

Durch dichte tropische Natur, an der Botaniker die reine Freude hätten, geht es höher. Palmen, wie noch nie gesehen, seltene Bäume und Büsche. Zitronengras und als Attraktion die fleischfressende Kannenpflanze, hier gleich im Dutzend. Dann führt der Steig einen Hang entlang und auf glattem Granit zu einem Vorsprung, Glacis Trois Frères genannt. Die Rasthütte, die dort stand, riss vor Jahren ein Sturm in den Abgrund. Der Blick hinunter auf Victoria und die Ostseite von Mahé bis hin zum Flughafen ist ohne sie nur noch spektakulärer.

An dieser Stelle, wie manche Einheimische, schon kehrtzumachen wäre schade, auch wenn es nun über Wurzeln, Stufen und kleine Leitern richtig steil bergauf geht. Nach langem Steigen wird es flacher: Von dem kleinen Pass könnte man nun nach Le Niol weitergehen, dem Ausgangspunkt (oder Endpunkt) dieser Tour auf der westlichen Seite der Insel.

Aber zum Gipfel geht es nach rechts und noch mal höher, die letzten paar Meter als reine Kraxelei über riesige Granitklötze. Ohne Führer würde es für Unkundige spätestens hier eher eng werden. Verständlich also, warum vom Alleingang auf den Gipfel abgeraten wird. Wie weit da wohl die Katholiken von Victoria gehen? Sie machen seit eh

Geheimtipp

DIE WUNDERBARE *NEPENTHES PERVILLEI*

Lebt dieses kluge Geschöpf auf den Seychellen (und nur dort!), weil es in diesem feuchtwarmen Dauersommerland so viele Moskitos gibt? Man weiß es nicht. Jedenfalls wächst die hübsch und elegant aussehende Pflanze scheinbar anspruchslos auf hartem Granit – ernährt sich aber absolut menschenfreundlich. Von Insekten! Nepenthes ist eine sogenannte fleischfressende Kannenpflanze, ein »Cleverle« der Evolution. Sie hat nicht Blätter, sondern stattdessen eine Kanne. Gefüllt mit süßem Seim, der fliegende Plagegeister anlockt, ertränkt und verdaut. Sogar einen kleinen Deckel hat ihre Kanne. Aber nicht etwa, auf dass die Mahlzeit nicht entwischen kann, sondern um sich vom Regen nicht den Verdauungssaft verwässern zu lassen. Schade, dass Nepenthes nur so hoch oben in den Bergen lebt und nicht in Ferienhäusern und am Strand.

Les Trois Frères

und je am Karfreitag einen Bet- und Bittgang zum Kreuz auf dem Gipfel der Trois Frères. Schön ist der fantastische Rundumblick von dort oben ja schon, für manche sogar zum Niederknien schön.

Für den Aufstieg von der Sans-Souci-Seite auf den Gipfel sollte man mit 1,5 Stunden rechnen. Diese Bergtour ist auch von Westen her, von Le Niol aus, möglich. In beiden Fällen natürlich auch ohne Rückkehr zum Startpunkt, sondern als Übergang auf die jeweils andere Inselseite.

Nach Mare aux Cochons

Le Niol, mit dem Bus 32 von Victoria aus leicht erreichbar, dient auch als Ausgangspunkt für eine Wanderung in einen der ungewöhnlichsten Lebensräume der Insel. Der »Teich der Schweine« ist ein international bedeutsames Feuchtgebiet mitten im weitläufigen Morne Seychellois National Park und nicht nur für Naturfreunde ein besonderes Erlebnis. In etwa 450 Metern Höhe, umrahmt von hohen Bergen, liegen dort ein See und ein Süßwassersumpf im Regenwald, in dem seltene Tiere wie die Seychellen-Zwergohreule und der Seychellen-Baumfrosch ein perfektes Habitat haben.

Wie so oft ist auch in diesem Fall der Weg eines der Ziele. Daher sollte man für eine Erkundung dieser urtümlichen Welt am besten einen ganzen Tag einplanen. Der Mare aux Cochons Trail hat viele Verästelungen: Man kann eine romantisch gelegene Picknickhütte und einen Wasserfall besuchen oder auch die spektakuläre Aussicht vom Glacis d'Antin genießen. Nur ein Rundweg ist er nicht – daher geht es auf gleichem Pfad auch wieder zurück nach Le Niol. Es sei denn, man hat viel Pfadfindermut – oder doch einen Führer dabei, um über das weit entfernte Port Glaud im Süden den Heimweg anzutreten.

Oben: Das alte, von einem Sturm umgerissene Gipfelkreuz der Trois Frères dient nur noch zur Rast.
Mitte: Kein Adler und auch nicht Batman: ein Flughund mit gut einem Meter Flügelspannweite.
Unten: Blick von den Trois Frères nach Nordosten und auf Victoria

Mahé – Der Norden

Auf den Mount Copolia

Diese Tour startet wieder an der Sans Souci Road, und zwar bei Val Riche kurz vor der Passhöhe. Das Schild »Copolia Trail« weist den Weg zu einem etwa einstündigen Aufstieg auf den flachen Gipfel des 497 Meter hohen Granitberges. Durch dichten Regenwald und über nur wenige Steilstücke, die aber mit Leitern und Brücken gesichert sind, zieht sich der viel begangene und leicht begehbare Steig an der Flanke des Copolia nach oben.

Unterwegs bietet sich auch hier wieder das ganze Füllhorn der seychellischen Natur – mit einer ganz besonderen Ausprägung: Kurz vor dem Gipfel findet man die fleischfressende Kannenpflanze, die sich sehr clever auf die vielen Insekten spezialisiert hat. Das Plateau des Copolia ist wie geschaffen für ein Seychellenpanorama, bei gutem Wetter sieht man bis Praslin und La Digue. Auch hat man den besten Blick auf den Morne Seychellois, den höchsten Berg des Archipels.

Tour auf den Morne Blanc

Am besten frühmorgens losgehen und genug zu trinken mitnehmen – das ist das Wichtigste bei dieser Tour. Denn der Pfad, der nahe der Tea Factory von der Sans Souci Road nach links auf den

Oben: Auch die Wanderung auf den mit knapp 500 Metern Höhe eher niedrigen Mount Copolia bietet viele interessante Panoramen.
Mitte: Ein überraschender Farbtupfer in all dem üppigen Grün.
Unten: Tourguide Simon Dogley zeigt, welche Inseln zu sehen sind.

GUT ZU WISSEN

WANDERTIPPS NUR NOCH ONLINE
Vergeblich sucht man neuerdings in Victoria nach einem Exemplar der bewährten Wanderführerreihe »Nature Trails«. Wird nicht mehr aufgelegt, heißt es. Und: Gibt es künftig alles online! Das ist schön und gut, aber wer mag wohl bei 30 Grad im Schatten im Regenwald stehen und auf dem Handy nach einer Route stochern? Da hilft nur eins: beim Online-Antiquar eines der begehrten Exemplare ergattern!

Les Trois Frères

Diesmal kein Regen, sondern nur Nebel!

667 Meter hohen Morne Blanc abgeht, beginnt zwar als leichte Wanderung durch alte Teeplantagen, windet sich dann aber bald durch steilen, märchenhaften Nebelwald hinauf zum Gipfel. Nach etwa 40-minütigem Aufstieg hat man von der mittlerweile etwas in die Jahre gekommenen Aussichtsplattform einen herrlichen Blick über die gesamte Westküste und in die tropische Berglandschaft von Mahé.

Traumberg Morne Seychellois

Wie ein Lockruf steht der Morne Seychellois, mit 905 Metern der höchste Berg der Insel und auch der Seychellen, von überallher sichtbar am Horizont. Kann man ihn besteigen? In offiziellen Wanderbroschüren ist das nicht vorgesehen, andernorts werden schwierige sechs bis acht Stunden genannt, die nötig seien, um durch weglosen Regenwald den Gipfel zu erreichen. Mit kundigem lokalem Wanderführer, versteht sich.

Infos und Adressen

INFORMATION
Seychelles Tourist Office.
Auskünfte zu Wanderungen.
Auch Inselkarten erhältlich.
Mo–Fr 8–16.30 Uhr, Sa 9–12 Uhr,
Independence House, Victoria,
Tel. 461 08 00, info@seychelles.com
www.seychelles.com

Geschafft: Autor und Fotograf

Mahé – Der Norden

11 Sans Souci Road
Quer über die Insel

Völlig abseits von Sand und Strand lernt man Mahé auf einer Fahrt von Victoria an der Ostküste durch die tropische Berglandschaft im Inselinneren hinüber nach Port Glaud an der Westseite kennen. Am besten mit einem Leihwagen. Denn dies ist eine Panoramatour durch den größten Nationalpark der Seychellen, vorbei an interessanten Orten der Zeitgeschichte mit Stopps an grandiosen Aussichtspunkten.

Wer Mahé nicht nur als Ankunftsort nutzt, um auf eine andere Seychelleninsel weiterzureisen, wird vermutlich schon bald eine Rundfahrt auf der Insel machen. Als erste Etappe – oder noch besser: als eigene Tagestour! – empfiehlt sich die Sans Souci Road. Diesen Namen nehme man nicht etwa als Anleitung zur Sorglosigkeit. Lieber als dezente Mahnung: Die Strecke ist besonders kurvenreich, teilweise arg schmal und hat – sehr gewöhnungsbedürftig! – wie fast alle Straßen auf den Seychellen weder Seitenstreifen noch Leitplanken.

Luxusexil für den Erzbischof

Die Sans Souci Road ist benannt nach jenem wohlhabenden Vorort von Victoria, in den sie – über die Bel Air Road – als Erstes führt. Eine der Kolonialvillen des nahen Botschaftsviertels diente 1956/57 als Nobelgefängnis für den zypriotischen Erzbischof Makarios. Die Engländer hatten den erklärten Gegner ihrer Kolonialpolitik aus Zypern deportiert und hier 13 Monate lang in der eigens dafür renovierten Sans Souci Lodge festgesetzt. Aber nicht gerade bei Wasser und Brot, sondern

Eine Fächerpalme leuchtet aus wucherndem Regenwald.

Die »Viewing Lodge« an der Sans Souci Road

umhegt von Köchen, Gärtnern, Haus- und Wachpersonal. Heute heißt das ehemalige Luxusexil »Haus 1776« und steht als National Monument unter Denkmalschutz.

Von Sans Souci führt die Passstraße in weiten Schleifen und durch dichten Tropenwald bergan. Der Verkehr lässt nach, die Besiedlung wird spärlicher, man passiert nun nur noch einzelne Häuser und die Startpunkte zu den Bergtouren auf die Trois Frères und den Mount Copolia. Nach weiteren flachen Serpentinen erreicht man in einer Einkerbung des Gebirgsrückens den 500 Meter hoch gelegenen Pass.

Fahrt durch den Dschungel

Die Vegetation ist hier oben – mitten im mehr als 30 Quadratkilometer großen Morne Seychellois National Park – so üppig, dass man vor lauter Wald die Bäume kaum noch sieht. Mächtige einheimische Takamaka-Bäume und Zimtbäume, die erst durch die Kolonisation auf die Insel kamen. Eisenbäume und Mahagoni. Brotfruchtbäume und

Nicht verpassen

TOUR NACH CASSEDENT

Leicht, aber mit etwa drei Stunden pro Strecke ziemlich lang ist eine Wanderung, die nahe der Mission Lodge beginnt und dann zu Füßen des Morne-Seychellois-Massivs nach Nordwesten verläuft. Bergauf und wieder leicht bergab zieht sich der Pfad durch eine wilde und wasserreiche Landschaft. Man geht durch einen Wald mit Schraubenpinien und weiteren endemischen Bäumen. Auf hölzernen Laufstegen und Trittstufen umrundet man einen einzigartigen Palmensumpf: die beiden Besonderheiten, die dieses Ökosystem prägen. Kurz nach der Hälfte der Strecke öffnet sich ein fantastischer Blick über die Westküste von Mahé. Und zum Schluss bietet die Natur noch eine tolle Abkühlung: einen Wasserfall, an dem man sich für den Rückweg frisch und fit machen kann.

Mahé – Der Norden

bis zu 20 Meter hohe Exemplare eines Baumes, den die Einheimischen *Bwa Rouz* nennen. Und überall wuchern Schlingpflanzen und Lianen, Flechten und Riesenfarne, die an den Stämmen bis in die Kronen hochklettern.

Schule für Sklavenkinder

Hinter dem Pass ist es nicht mehr weit zu einem schmalen Fahrweg, der nach rechts zur schönsten Sehenswürdigkeit dieser Route abzweigt. Vom Parkplatz geht es durch eine kleine Allee riesiger Drachenblutbäume zu einem etwas höher gelegenen, wunderbaren Plateau mit ein paar alten, moosüberwucherten Mauerresten und einem neueren Aussichtspavillon. Diese heute uneinheitlich mal »Viewing Lodge«, mal »Mission Lodge« oder einfach nur »Mission« genannte historische Stätte bezeichnet die Ruinen einer englischen Missionssiedlung aus der Kolonialzeit.

Hier hatte die London Missionary Society 1875 als Wiedergutmachung für die Sklaverei zuerst eine Herberge, und bald darauf auch eine Schule für Kinder ehemaliger Sklaven gegründet. In dieser Schule – einer der ersten auf den Seychellen – wurde in nach Jungs und Mädchen getrennten Klassen Englisch sprechen, lesen und schreiben gelehrt. Der suggestive Ort inmitten tropischer Natur zog auch Künstler an, so unter anderen 1883 die Malerin und Botanikerin Marianne North (1830–1890). Einige der Bilder, die sie hier malte, hängen heute im State House zu Victoria.

Teatime für die Queen

Die Missionsstation hatte freilich bereits 1885 schließen müssen, aus Geldnot, aber vor allem wegen der seinerzeit nur äußerst mühsam zu bewältigenden Entfernung zu jeder nächsten Sied-

Oben: Von weit her zu sehen ist die alles überragende Ferienburg des Scheichs Khalifa von Abu Dhabi.
Mitte: Die Nachfahren der einstigen Sklaven haben heute einen erfreulich hohen Lebensstandard.
Unten: Schaubilder erzählen die Geschichte der Mission Lodge.

Sans Souci Road

lung. Schule und Herberge verfielen, und die Natur hielt wieder Einzug. Bis der Ort noch einmal allerhöchste Aufmerksamkeit genoss. Um Queen Elizabeth II. 1972 bei ihrer Staatsvisite auf den Seychellen die Schönheit dieses stillen Winkels des Empire zu zeigen, wurde ein schicker Besucherpavillon errichtet. Die Königin kam, trank Tee und lobte die phänomenale Aussicht. Heute ist dieser wahrlich majestätische Blick auf die West- und Südküste von Mahé eines der Highlights jeder Inselrundfahrt.

Ganz nah am Schwarzwald

Wieder zurück auf der Straße geht es nun in engen Serpentinen hinunter zur Westküste. Wenige Hundert Meter neben dem Eingang nach Mission zweigt rechter Hand der Wanderpfad nach Cassedent ab. In eine wildromantische Gegend des Na-tionalparks mit Flurnamen, die man gewiss nicht erwartet hätte: Dort grenzt doch tatsächlich der »Rote Congo« (*Congo Rouge*) an den »Schwarzwald« (*Forêt Noire*).

Sobald sich in einer der vielen Kurven auf der Strecke hinunter nach Port Glaud doch eine Stelle bietet, um kurz anzuhalten, sollte man das tun.

GUT ZU WISSEN

UND LINKS NUR NOCH DER STRASSENGRABEN
Wer auf einer Autotour mal einen dieser plötzlichen, heftigen, kübelmäßigen Regengüsse erlebt hat, versteht endlich, warum hier jede Straße von kanalartigen Betongräben gesäumt ist – oder eben auch von gar nichts. Hinzu kommt: Links der Abgrund, von rechts der lokale Millimetermaßpilot, da wird es eng für die reine Freude am Fahren. Nach solch einem Moment ist eine Pause sehr zu empfehlen – wenn man denn irgendwo anhalten kann.

Oben: So bunt wie das Haus ist auch die Wäsche seiner Bewohner.
Unten: Durch Grün geht man oft – durch so einen Tunnel nur selten.

Denn von hier oben hat man den besten Blick über die Westküste und die ihr vorgelagerten kleinen Inseln. Zuvorderst und winzig klein L'Îslette, das man bei Ebbe zu Fuß erreichen kann. Geradeaus das schon recht ansehnliche Thérèse Island mit einem einsamen Strand zum Baden und Schnorcheln. Hinten rechts die unbewohnte Insel Conception. Wenig später, in der Tea Factory, auf die man nun direkt zufährt, sollte man unbedingt einen Stopp einlegen (s. S. 86 f.).

Kurzstopp an der Westküste

Port Glaud und der rund 1,5 Kilometer weiter nördlich liegende Ort Port Launay mit seinem kleinen gleichnamigen Meeresnationalpark sind vor allem wegen ihrer Strände zum Baden und Schnorcheln beliebt. Seit dort vor sieben Jahren ein großmächtiges Luxusresort eröffnete, gilt auch diese abgelegene Ecke von Mahé als touristisches Hoffnungsgebiet.

Um die angefangene Inselrunde zu vollenden, bieten sich in Port Glaud zwei Möglichkeiten. Entweder man schließt nun einen kleinen Bogen und fährt nach Grand' Anse und von dort auf der La Misère Road über die Berge wieder Richtung Victoria. Oder doch noch tiefer in den Süden, um auf einer von drei weiteren Routen auf die Ostseite der Insel und zurück nach Victoria zu gelangen.

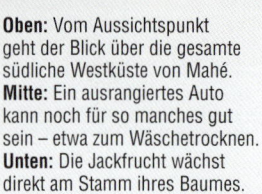

Oben: Vom Aussichtspunkt geht der Blick über die gesamte südliche Westküste von Mahé.
Mitte: Ein ausrangiertes Auto kann noch für so manches gut sein – etwa zum Wäschetrocknen.
Unten: Die Jackfrucht wächst direkt am Stamm ihres Baumes.

Infos und Adressen

SEHENSWÜRDIGKEIT
Mission Lodge. Ruine der ehemaligen Missionsstation auf einem Plateau in etwa 500 Metern Höhe nahe der Sans Souci Road. Pavillon mit grandioser Aussicht nach West- und Südmahé. Freier Zugang

ESSEN UND TRINKEN
Delplace Restaurant. Einfaches Lokal mit kreolischer Küche und Fischgerichten direkt am Meer. Mo–So 11–22 Uhr, Port Glaud, Tel. 281 41 11

ÜBERNACHTEN
Constance Ephélia Resort. Weitläufiges Luxushotel mit 277 Zimmern und Suiten, Spa-Village, Kids Club, Wassersportzentrum und mehreren Restaurants. Port Launay, Tel. 439 50 00, www.epheliaresort.com

Copolia Lodge. Stilvolles kleines Hotel in den Bergen an der Sans Souci Road. Bel Air, Tel. 422 53 72, www.copolialodge.com

Le Sans Souci Guesthouse. Einfaches Gästehaus mit drei Zimmern an der Sans Souci Road. Tel. 422 53 55, www.lesansouci.com

Villas de Jardin. Zwei luxuriöse Selbstversorgervillen an einem Hang über Port Glaud. Tel. 258 09 73, www.villasdejardin.com

INFORMATION
Seychelles Tourist Office. Auskünfte zu Bussen, Wanderungen etc. Auch Inselkarten erhältlich. Mo–Fr 8–16.30 Uhr, Sa 9–12 Uhr, Independence House, Victoria, Tel. 461 08 00, info@seychelles.com, www.seychelles.com

Auch »The Station« ist eine gute Adresse an der Sans Souci Road.

Mahé – Der Norden

12 Tea Factory
Tee mit Panoramablick

Keine britische Kolonie ohne Teeplantage! Also wurde in den 1960er-Jahren auch am Fuß des Morne Seychellois eine Pflanzung angelegt. Sie wird noch heute betrieben, der Standort in der Berggegend über der Westküste ist ideal für die Teeproduktion. Und auch, um einen Halt einzulegen, sich die Herstellung zeigen zu lassen und nach einer frisch gebrühten Tasse das grandiose Panorama zu genießen.

Ob man von der Bergseite her über die Sans Souci Road kommt oder vom Küstenort Port Glaud herauf – die Tea Factory liegt direkt an der Straße und ist nicht zu verfehlen. Inmitten dicht mit Teebüschen bepflanzter Bergflanken bilden Produktionshalle, Shop und Tea Tavern der einzigen Teefabrik der Seychellen ein markantes Ensemble. Auf Führungen, die aber nur zu festgelegten Zeiten oder nach Absprache möglich sind, kann man sich ihre Geschichte erzählen und die Teeherstellung zeigen lassen.

Setzlinge aus Kenia

Die Geschichte beginnt mit der Leidenschaft eines schottischen Teepflanzers namens Bill Henderson. 1961 kaufte er in Kenia, einem der klassischen Teeanbauländer Afrikas, 1000 Kilo Teesamen und gründete in Port Glaud eine eigene Gärtnerei für die Setzlinge. Wenig später wurde die Teefabrik gebaut und auf einer Fläche von 120 Hektar eine Plantage angelegt. Die kühle, regenreiche Lage in 300 bis 400 Metern Höhe war dafür wie geschaffen. Bereits 1966 konnte Hendersons Teefabrik nicht nur den Bedarf der Seychellen decken, son-

Mitte: Von der Teefabrik hat man eine großartige Fernsicht.
Unten: Nach dem Ernten müssen die Teeblätter erst einmal welken.

Tea Factory

dern ihre Produkte auch exportieren – nach Deutschland, Japan und Frankreich.

Einfach gut!

Etwas für jeden Geschmack

Seither kam es zu vielen, wenn auch nicht grundlegenden Veränderungen. Nach mehreren Besitzerwechseln gehört die Tea Factory heute der Seychelles Trading Company, einem 2008 gegründeten Staatsunternehmen. Die Plantage wurde aus Kostengründen auf 45 Hektar zurückgebaut. Da aber die jährliche Ernte von 50 000 bis 80 000 Kilo Schwarztee nicht ausreicht, um den Bedarf der Einheimischen und Touristen zu decken, wird Tee zugekauft, vor allem aus Sri Lanka. Als neue Anbauflächen kamen gut fünf Hektar hinzu, auf denen nun Zitronengras angebaut wird – die Ingredienz für den beliebten Citronelle-Aufguss.

Voll auf den heutigen Geschmack abgestimmt sind alle vor Ort gefertigten Mischungen. Unter dem Label »SeyTé« gibt es neben klassischem Schwarzem und Grünem Tee die aromatisierten Varianten Vanille, Zimt, Limone, Minze und Erdbeere. Dazu die im besten Sinn des Wortes handverlesene und um ein Vielfaches teurere edelste lokale Auswahl: einen Weißen Tee mit der Bezeichnung »The Silver Tips«.

Zwei Blätter und die Knospe

Geerntet und produziert wird auf traditionelle Art. In der Haupterntesaison – Dezember bis April – arbeiten mehr als 30 Pflückerinnen auf der Plantage; Männer sieht man bei dieser Arbeit selten. Gepflückt wird aber täglich, und immer nach der Regel »Two leaves and a bud« – die zwei obersten Blätter und die Blattknospe. An die 30 Kilo Teeblätter schafft eine flinke Pflückerin am Tag. Vom Strauch bis in die Teepackung braucht es

WIRKLICH SPITZE: DER SPITZEN-TEE

Schon die traditionelle Pflückerregel garantiert für Qualität. »Two leaves and a bud« – nur die zwei obersten Blätter und die neue Knospe, die sich noch nicht zum Blatt entrollt hat, werden gepflückt. Aber es gibt noch eine Steigerung. Nämlich nur diese Knospen zu pflücken, Stück für Stück, wie kostbare Perlen. Und genau das geschieht, um den erlesensten Tee herzustellen, den die Tea Factory zu bieten hat. Er durchläuft einen eigenen Trocknungsprozess, jeder Schritt wird von Hand ausgeführt, am Ende ergibt das Blätter, die ehrfürchtig Silbernadeln genannt werden. Sie machen einen weißen Tee, der nur nach einem feinen Dinner gereicht wird: »The Silver Tips«. Dieser Spitzentee hat natürlich seinen Preis: 70 Gramm im großen Glas kosten an die 70 Euro. Einfach zu merken – und unvergesslich für den Gaumen.

Auch Grüner Tee wird produziert.

Mahé – Der Norden

dann ungefähr zwei Tage. Wie das vonstatten geht, kann man sich in der Tea Factory bei einer Führung zeigen lassen. Es ist ein anschaulicher Prozess in fünf Schritten, ausgeführt mit Vorrichtungen und Maschinen, wie man sie freilich eher in einem Museum vermuten würde. Doch sie sind absolut *state of the art*.

Fünf Schritte zum Tee

Zuerst müssen die frischen Teeblätter welken. Auf eigenen Gestellen wird ihr Wasseranteil von rund 80 auf 60 Prozent gesenkt, je nach Belüftung dauert das 10 bis 20 Stunden. Dann werden die Blätter in einer Art Mühle 20 bis 60 Minuten lang gerieben (*gerollt*, wie es Experten nennen) – ein Vorgang, der viel Erfahrung erfordert, denn er legt fest, welche Farbe und welches Aroma der Tee bekommen wird. Als Nächstes folgt die Fermentation: etwa zwei Stunden lang oder länger, je nachdem, wie mild oder intensiv der Tee schmecken soll.

Schritt vier – das Trocknen – ist entscheidend. Im Heißlufttrockner mit fast 100 Grad wird die Gärung der Teeblätter gestoppt, ihre Feuchtigkeit auf etwa drei Prozent gesenkt. Die 20-minütige Prozedur verleiht dem Schwarzen Tee seinen Namen. Dann werden die Blätter über Rüttelsiebe in verschiedene Größen sortiert und verpackt. Von den Letzten einer Reihe von 18 Mitarbeitern, die diese herrliche Teemanufaktur am Laufen halten.

Oben: In der Tea Tavern kann man die verschiedenen Teesorten bei einem kleinen Snack verkosten.
Mitte: Die Teeproduktion erfolgt in fünf Arbeitsschritten.
Unten: Die kühle und regenreiche Lage in knapp 400 Metern Höhe ist ideal für den Anbau von Tee.

Der Grüne Tee, apropos, stammt von denselben Sträuchern, die Blätter werden ebenso gewelkt und gerieben, jedoch nicht fermentiert – und behalten so ihre dunkelgrüne Farbe. Wie diese Tees denn nun schmecken, das probiert man am besten gleich nebenan in der vor Kurzem renovierten Taverne. Als Mitbringsel gibt es sie in der Factory und in vielen Läden auf Mahé zu kaufen.

Tea Factory

Infos und Adressen

SEHENSWÜRDIGKEIT
Tea Factory. Die Teefabrik an der Sans Souci Road kann man Mo, Fr 8.30–16 Uhr besuchen, Führungen nur nach Voranmeldung, Tel. 437 82 21, www.stcl.sc

ESSEN UND TRINKEN
Tea Tavern. Gleich neben der Tea Factory gele-gen bietet das vor kurzem renovierte Café edle Tees, Erfrischungen und kleine Snacks an. Tel. 437 83 42

Die Arbeit in der Teemanufaktur erfordert viel Erfahrung.

Mahé – Der Norden

13 Der Sauzier-Wasserfall
Naturschauspiel auf Granit

Es gibt erstaunlich viele Wasserfälle auf Mahé. Der spektakulärste, aber am besten zu erreichende stürzt in einem kleinen Tal hinter Port Glaud über einen steilen Felsrücken und ergießt sich in eine wildromantische Gumpe. Jahrelang war dieser bezaubernde Ort ein Geheimtipp unter Naturliebhabern.

Eigentlich ist Port Glaud für seine Wasserseite und die herrlichen Sonnenuntergänge bekannt, seit einiger Zeit auch für ein riesiges Luxusresort am nördlichen Ortsrand. Mit einem Ausflugsziel kann der kleine Küstenort in seinem Hinterland aufwarten. Nahe der Kirche geht von der Hauptstraße ein schmaler Fahrweg ab, der nach wenigen Fahrminuten auf dem Parkplatz des letzten Hauses einer kleinen Siedlung endet. Dort wird man von einem Mann hinter einem Bauzaun begrüßt, der dann entscheidet, ob man den Sauzier-Wasserfall jetzt gerade besichtigen kann, oder ob es wegen der laufenden Bauarbeiten nicht möglich ist. Meistens macht er es möglich.

Kaskade im Palmenwald

Nach ein paar Minuten Fußweg über feuchte Granitfelsen und durch üppig wuchernden Regenwald öffnet sich das schluchtartige Tal zu einer zauberhaften Lichtung. Nein, es ist eine fast kreisrunde Gumpe, ein von riesigen Granitblöcken gerahmtes natürliches Wasserbecken von der Größe eines mittleren Hotelpools, in das sich über einen steilen, nach hinten abgestuften Felsrücken ein sprudelnder weißer Gebirgsbach ergießt.

Wenn es geregnet hat, wird dieses harmlos wirkende Rinnsal zur spektakulären Kaskade.

Der Sauzier-Wasserfall

Wenn es dort oben in den Bergtälern des Morne Seychellois wieder einmal heftig geregnet hat – und das ist in dieser niederschlagsreichen Gegend sehr oft der Fall –, dann schießt hier ein mächtiger Wasserfall herunter. Die Gumpe läuft sprudelnd und gischtend voll, und besonders Verwegene lassen es sich nicht nehmen, in diesen schäumenden Naturpool zu springen und zu baden. Erfrischend ist das sicher. Aber auch nicht ungefährlich, denn das nasse Gestein wird glitschig wie eine Rutschbahn. Daher sollte man nicht auf den Wasserfall klettern.

Bald ein Besuchermagnet?

Wanderer, Naturliebhaber und auch Künstler zog dieses Naturschauspiel von Sauzier schon immer an, ist es doch ein Wunder der Natur und ein wahrer Hingucker. Der englische Maler Michael Adams, der seit Jahrzehnten auf Mahé lebt, verbrachte dort skizzierend und pinselnd viele Stunden.

Die faszinierende Wildheit des Ortes beflügelte letzthin auch die Fantasien von Investoren, was bei dieser Kulisse nicht verwundert. Vor allem die eines russischen Geldgebers. Dieses großartige Naturwunder müsse man doch allen zugänglich machen und es einfach nur richtig »erschließen«. Mit großem Parkplatz und neuer Zufahrt. Mit einem Shuttledienst per Elektroauto für Besucher, die per Bus kommen. Mit Restaurant und Café für 80 Gäste, einer schicken Aussichtsplattform sowie einem Fotografen, der vor Ort Souvenirfotos macht, die man gleich auch auf T-Shirts drucken kann … Der Grundstein wurde jedenfalls schon feierlich gelegt, die Bauzäune errichtet, die Aussichtsplattform installiert. Man darf also gespannt sein, ob der Sauzier-Wasserfall vom kleinen Geheimtipp zur ganz großen Attraktion von Port Glaud wird.

Infos und Adressen

SEHENSWÜRDIGKEIT
Sauzier-Wasserfall. Der Wasserfall kurz hinter dem nördlichen Ortsrand von Port Glaud kann meistens frei besucht werden. »Führungen«, die einem Jugendliche dort aufdrängen, sollte man meiden.

Oben: Eine Gumpe im Granit
Unten: Häuser am Weg zum Wasserfall

Mahé – Der Norden

14 Grand' Anse bis Anse Louis
Die mittlere Westküste

Einfach nur schön und entspannt. So kann man diesen Teil der Westküste von Mahé am besten charakterisieren. Es ist eine Gegend mit so weitläufigen Stränden und idyllischen Buchten, dass man Tage und Wochen brauchen würde, um sie alle zu erkunden. Mit zwei Hotels, die zu den besten der Insel zählen. Mit Restaurants, wo der Fisch frisch vom Fischer kommt. Kurzum: mit der Lizenz zum Wohlfühlen.

Die im Folgenden skizzierte Strecke umfasst ziemlich genau jenen Teil der Westküste, den man sowohl von der Mission Lodge wie auch vom Aussichtspunkt der Tea Factory aus sehr eindrucksvoll überblicken kann. Man verlässt Port Glaud in Richtung Süden, es geht durch Wälder und oberhalb kleiner Strände entlang, dann erreicht man nach kurzer Fahrt den Ort mit einer majestätischen Bucht, die völlig zu Recht so heißt: Grand' Anse.

Groß, größer, Grand' Anse

Offenbar wird dieser Name auf den Seychellen immer wieder gern verwendet (je eine Grand' Anse findet man auch auf den Inseln Praslin, La Digue und Frégate!), und so gibt es auch hier erst einmal weit und breit keine größere. Ihr riesiger flacher Bogen blieb bisher völlig unbebaut, der weiße feinkörnige Strand und das türkisfarbene Meer liegen wie ein eleganter Teppich vor den im Hintergrund aufragenden Granitbergen.

Mitte: Der Blick von Norden über die mittlere Westküste
Unten: Als öffentliches Verkehrsmittel gibt es nur den Bus.

Meistens ist die Grand' Anse menschenleer – was damit zu tun haben mag, dass es an dieser Bucht,

Grand' Anse

die ausnahmsweise mal keinen vorgelagerten Riffsaum hat, oft zu starkem Wellengang kommt. Vor allem in den Monaten Juli bis September muss man damit rechnen. Gute Schwimmer können hier natürlich genau deswegen genussvoll baden, sollten aber unbedingt die Hinweise auf gefährliche ablandige Strömungen beachten.

Eine schöne Misere

Im Ortszentrum von Grand' Anse Village gibt es die erste Möglichkeit, auf die Ostseite von Mahé zu gelangen. Die Straße mit dem denkwürdigen, aber nicht weiter vorbelasteten Namen La Misère Road führt in unzähligen Serpentinen durch herrliche Berglandschaften mit tropischem Wald und Teeplantagen hinüber nach Victoria. Unterwegs liegt eine ganze Reihe von Aussichtspunkten mit spektakulären, abwechslungsreichen Panoramen.

Durch die Mangrovenau und in die Wälder

Wer sich in Grand' Anse abseits des Strandes mal kurz die Füße vertreten möchte, kann das 700 Meter südlich der Abzweigung nach La Misère auf einem etwa halbstündigen Spaziergang tun. Dort beginnt der Vacoa Nature Trail, eine kurze, aber lohnende Wanderung in die Mangrovenauen des Flusses Dauban.

Die Instandhaltung des Pfades ist der Leitung des nahe gelegenen Hotels zu verdanken, das nach einer gelungenen Renovierung nun als »Avani Seychelles Barbarons Resorts & Spa« firmiert. Dieses Traditionshotel liegt in einem herrlichen alten Palmengarten direkt am weißsandigen Barbarons Beach und ist wieder eine der Hauptattraktionen der mittleren Westküste von Mahé.

Nicht verpassen

DER VACOA NATURE TRAIL

Nach den Bergtouren im Morne Seychellois National Park bietet diese Wanderung einen interessanten Einblick in eine flache Landschaft am Meer. Vom gekennzeichneten Parkplatz in der Nähe des »Avani«-Hotels in Barbarons führt die 30-minütige Rundwanderung in die Flussauen des Dauban River. Sie beginnt dort, wo der Dauban in einen küstennahen Mangrovensumpf mündet. Bei Ebbe sind unzählige Winkerkrabben und Schlammspringer zu sehen. Weiter geht es – an Granitfelsen vorbei und über mehrere Brücken – in einen sehr besonderen Wald: Hier dominiert die endemische Schraubenpinie, und zwar mit außergewöhnlich hoch wachsenden Exemplaren. Der Baum, auf Kreolisch *Vacoa* genannt, wurde denn auch zum Namensgeber für diese kleine Exkursion, die eindrucksvoll erahnen lässt, wie hier wohl viele Gegenden ausgesehen haben, bevor der Mensch sie besiedelt hat.

Fußpfad zur Anse Boileau

Grand' Anse bis Anse Louis

Im Namen der Nachhaltigkeit

Landeinwärts des Straßendorfes Barbarons kann man neuerdings eine interessante botanische Sehenswürdigkeit besuchen: das Seychelles National Biodiversity Center. Nach gut 15 Jahren Anpflanzzeit wurde im Juli 2014 ein 19 Hektar großer Naturpark für Besucher geöffnet, der ausdrücklich dem Schutz und der Pflege der Artenvielfalt gewidmet ist. Das Projekt versteht sich als moderne Spielart eines Botanischen Gartens: Forschung und Umweltbildung sollen Hand in Hand gehen. Ein eigens angelegter Wald zeigt alle fünf endemischen Palmarten des Archipels. Ein anderes Segment die Pflanzenwelt des Aldabra-Atolls. Highlight ist ein Arboretum, in dem jeder prominente (politische) Gast der Seychellen gebeten wird, eine Meereskokosnusspalme zu pflanzen, den Symbolbaum des Landes.

Dass es um Umwelt und Nachhaltigkeit nicht immer so gut bestellt war, zeigt ein Blick aufs Meer. Dort liegt vor der Küste von Barbarons die kleine unbewohnte Île aux Vaches, die Insel der Seekühe. Nur der Name kündet noch davon, dass – wie auf vielen anderen Eilanden – einst auch dort diese Meeressäuger zu Hunderten lebten, bevor sie bedenkenlos abgeschlachtet und dadurch schließlich ausgerottet wurden. Heute sind die Gewässer vor allem bei Tauchern beliebt, denn dort gibt es nicht nur ganze Schulen bunter Rifffische zu sehen, sondern auch Rochen, Haie und Thunfische.

Fisch vom Feinsten

An Land geht es recht unspektakulär weiter. Mehrere hübsche kleine Buchten – Anse Cimitière, Anse Polite, Anse Lisette – liegen schwer zugänglich abseits der Straße. Auch der nächste Ort, das Fischerdorf Anse Boileau, ist weniger einen Halt wert, weil es einen riesigen, bei Ebbe trockenfallenden

Seite 94 oben: Die weite, flache Bucht der Anse Boileau
Seite 94 unten: Auf einem Landsporn liegt das Maia Luxury Resort.
Oben: Willkommen im »Maia«
Unten: Üppiger Regenwald säumt auch die Strände der Westküste.

Oben: Die Anse Louis bietet – je nach Jahreszeit – Badevergnügen oder spektakuläre Brandung.
Mitte: Fangfrischer Fisch gehört hier zu den Standardgerichten jedes Restaurants.
Unten: An der Anse Louis gibt es malerische kleine Badestellen.

Strand hat, sondern um dort fangfrischen, in köstlichen kreolischen Varianten zubereiteten Fisch zu essen. Das Restaurant »Chez Plume« gilt zu Recht als das beste der Gegend. Aber Achtung, es hat nur abends geöffnet, und man sollte reservieren. (Um auch mittags gut zu essen – mit frischen Säften und hausgemachten Desserts – sei das stilvolle Veranda Café in Barbarons empfohlen.)

In Anse Boileau bietet sich die zweite Möglichkeit, die Insel zu queren, um auf die Ostseite zu kommen. Die Montagne Posée Road schlängelt sich in vielen Schleifen über den gebirgigen Rücken hinüber nach Anse aux Pins, den zweitgrößten Ort von Mahé. Von dort führt die östliche Hauptstraße am Flughafen vorbei hinauf nach Victoria.

Das Reich der Maia

Doch davor lohnt es sich noch, die malerischste Stelle der mittleren Westküste zu besuchen, die Anse Louis. Es ist eine stille kleine Bucht mit cremeweißem Strand, an dem man bei ruhigem Meer genussvoll schwimmen oder schnorcheln kann. An ihrem oberen Ende ragt ein dicht bewaldeter Landsporn auf, der fast 60 Meter Höhe erreicht. Aus diesem grünen Hügel sprießen wie märchenhafte Pilze die palmblattgedeckten Dächer der 30 Villen des Maia Luxury Resort & Spa. Sehr viel besser kann ein Platz für ein seychellisches Hideaway nicht gewählt sein.

Grand' Anse bis Anse Louis

Infos und Adressen

SEHENSWÜRDIGKEIT
National Biodiversity Centre. Großer botanischer Park und Forschungseinrichtungen zum Schutz der heimischen Flora und Fauna. Mo–Sa, 7–15 Uhr, Eintritt 100 SCR, Barbarons, Tel. 4295300, admin@nbgf.sc

ESSEN UND TRINKEN
Chez Plume. Sehr gutes traditionelles Restaurant mit kreolischer und französischer Küche. Exquisite Fischgerichte. Auch neun Gästezimmer stehen zur Verfügung. Mo–Sa 19.15–23 Uhr, Juni geschlossen, Anse Boileau, Tel. 4355050, www.aubergeanseboileau.com

Veranda Café. Köstliche Currys, frische Säfte und gute Desserts, serviert auf der Terrasse eines schönen kreolischen Holzhauses. Do–Di 11–17 Uhr, Dinner 24 Stunden vorher reservieren, Barbarons, Tel. 2816063

Sonnenuntergang im Maia Luxury Resort

ÜBERNACHTEN
Avani Seychelles Barbarons Resort & Spa. 124 Zimmer und Suiten, Palmengarten und ein 600 Meter langer Strand. Das Traditionshotel wurde grundlegend renoviert und im Februar 2014 neu eröffnet. Barbarons, Tel. 467 30 00, www.avanihotels.com

Maia Luxury Resort & Spa. Die 2006 errichteten 30 Villen am Hang und am Strand einer kleinen Halbinsel bieten jeden nur erdenklichen Komfort. Anse Louis, Tel. 4390000, www.maia.com.sc

INFORMATION
Alle aktuellen Auskünfte über Exkursionen, Bootsfahrten, Wanderungen und sonstige Aktivitäten erhält man in der Regel dort, wo man sich als Hotelgast einquartiert hat.

Seychellen-Traum unter Palmen

MAHÉ – DER SÜDEN

15 Anse aux Pins bis Anse Royale
Die mittlere Südostküste — 102

16 Creole Institute und Vilaz Artisanal
Heimstätten der Kultur — 106

17 La Plaine St. André
Der Rum der Seychellen — 110

18 Le Jardin du Roi
Wandern und Gewürze schauen — 112

19 Um die Südspitze
Von Anse Royale bis Anse Intendance — 116

20 Buchten im Südwesten
Von Anse Takamaka bis Anse à la Mouche — 118

21 Küste der Künstler
Es begann mit Michael Adams — 124

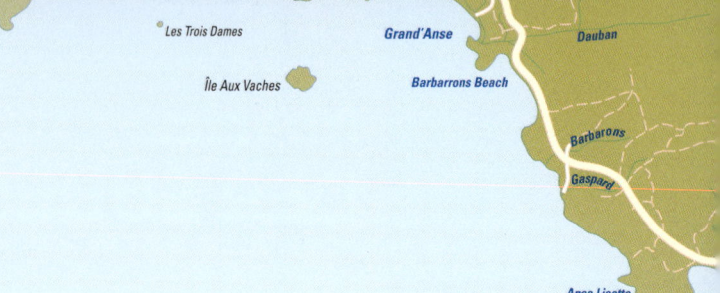

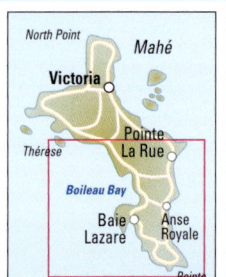

Mahé – Der Süden

15 Anse aux Pins bis Anse Royale
Die mittlere Südostküste

Der Flughafen von Victoria teilt die Insel deutlich in eine nördliche und eine südliche Hälfte. Südmahé beginnt etwa auf der Höhe von Anse aux Pins, dem zweitgrößten Ort der Seychellen. Danach wird die hier ziemlich eintönige Küste bald wieder reizvoller, unterwegs gibt es interessante Sehenswürdigkeiten und in Anse Royale schließlich einen besonders attraktiven Badestrand.

Diese Tour ließe sich von Victoria aus auch gut mit dem Bus machen. Aber um unterwegs selber entscheiden zu können, wie weit man fahren möchte und über welche Route zurück, empfiehlt sich ein Mietwagen. Wer die volle Südumrundung machen möchte, sollte am besten einen ganzen Tag einplanen.

Nachdem man den Providence Highway, die relative neue vierspurige Autobahn von Victoria zum Flughafen, hinter sich gelassen hat, geht es auf der alten Küstenstraße weiter, die nun bis wenige Kilometer vor der Südspitze meist direkt am Meer verläuft. Hier beginnt Anse aux Pins – wie so oft auf den Seychellen bezeichnet der Name sowohl den Ort als auch die Bucht. Etwa fünf Kilometer lang zieht sie sich bis zur Pointe au Sel, einem kleinen Granitsporn.

Seite 98/99: Blick vom Südende der weitläufigen Anse Royale auf die winzige Île Souris.
Mitte: Blick auf die St. Joseph's Church am Südende der Anse Royale

Reusen am Korallenriff

Charakteristisch für den gesamten Küstenabschnitt ist ein breites vorgelagertes Korallenriff. Der ohnehin schon schmale Strand fällt so flach

Anse aux Pins

zum Wasser hin ab, dass man bei Ebbe weit hinauslaufen kann. Was durchaus interessant ist, etwa um den Fischern bei ihrer Arbeit zuzusehen: Sie legen in offenbar genau bekannten Aushöhlungen des Riffsockels ihre Reusen aus, um allerlei Meerestiere zu fangen. Besonders hinterher sind sie den Tintenfischen, die es dann (auch im Restaurant!) als Oktopussalat oder Curry gibt. Zum Baden gibt es auf Mahé natürlich viel geeignetere Buchten, aber bei Flut kann man auch hier mal ein paar Züge schwimmen.

Golfen unter Kokospalmen

Der Ort Anse aux Pins ist eine weit verstreute Siedlung entlang der Küstenstraße. Dort sind in den letzten Jahren mehrere kleine Hotels und Gästehäuser gebaut worden. Älteren Datums ist der rechts an der Straße liegende Seychelles Golf Club. Der auch für Gastspieler zugängliche kleine Neun-Loch-Platz war einst der erste Golfplatz auf den Seychellen und blieb bis heute der einzige auf Mahé. Die schöne Anlage erstreckt sich teilweise unter Palmen, daher bekommt man einen aparten Hinweis mit auf den Parcours: Achtung – herabfallende Kokosnüsse!

Volkskultur und Handwerk

Weiter südlich liegen nur wenige Hundert Meter rechts der Straße zwei besondere kulturelle Sehenswürdigkeiten: das Creole Institute, eine Einrichtung zur Erforschung und Förderung der kreolischen Kultur, und das Kunsthandwerkerdorf Vilaz Artisanal (s. S. 108). Dazwischen zweigt nach rechts die Montagne Posée Road ab. Die kurvenreiche Bergstraße ist die erste Möglichkeit, auf die Westseite der Insel zu wechseln und führt nach Anse Boileau. (Die zweite folgt in Anse Royale und führt nach Anse à la Mouche.)

Nicht verpassen

DER BRULÉE NATURE TRAIL

Es ist auch auf dieser Inselseite wieder verführerisch: auf einen Berg zu steigen, um eine Wanderung in tropischer Natur und fabelhafte Panoramen zu genießen. Man fährt von Anse aux Pins (oder von Anse Boileau im Westen) auf der Montagne Posée Road bis zur Passhöhe. Dort beginnt der Montagne Brulée Nature Trail, ein Wanderpfad auf den mit 501 Metern höchsten Berg im Südteil von Mahé. Er führt durch abwechslungsreiche Landschaft mit Plantagen und ursprünglichem Regenwald bis an den Fuß mehrerer Granitformationen, die zu ersteigen einiges Geschick erfordern würde. Die kleine Aussichtsplattform, von der man aber auch schon einen schönen weiten Blick über den Ostteil der Insel hat, erreicht man bereits nach etwa 30-minütiger unanstrengender Wanderung.

Badespaß an der Pointe an Sel

Wenige Kilometer südlich von Anse aux Pins gibt es noch eine empfehlenswerte Adresse, die unbedingt einen Besuch lohnt: die Rumdestillerie in La Plaine St. André (s. S. 111). Dort brennen die Brüder Richard und Bernard d'Offay zusammen mit ihrem Team seit 2002 traditionellen seychellischen Rum – nach einem Originalrezept ihres Großvaters.

Baden und Schnorcheln gut

Der Felsrücken der Pointe au Sel bildet das Ende der Anse aux Pins und den Auftakt der Anse Royale. An seiner Südseite gibt es schöne kleine Badebuchten, geradeaus das Inselchen Souris, super zum Schnorcheln. Von der Anhöhe kann man schon Pointe Capucins sehen, ein kleines Kap kurz vor der Südspitze von Mahé.

Die Anse Royale selbst bietet die wohl besten Badestellen an dieser Inselseite, das Wasser wird hier schnell bis zu drei Meter tief. Auch deshalb ist diese Gegend mit dem gleichnamigen Ort und einigen guten Hotels und Gästehäusern vor allem bei Deutschen beliebt. Aber auch die Seychellois kommen ebenso gern an diesen Strand – zum fröhlichen Wochenendpicknick. Und überhaupt strebt Anse Royale nach vorn: Seit 2009 hat hier die University of Seychelles (UniSey) ihren Sitz, mit heute ca. tausend Studenten.

Oben: Fischer mit ihren Booten an der Anse Royale
Mitte: Durch Granitfelsen blickt auf das glasklare Wasser der Bucht.
Unten: Die Anse Royale zählt bei Einheimischen wie Touristen zu den beliebtesten Badeständen.

Anse aux Pins bis Anse Royale

Infos und Adressen

ÜBERNACHTEN

Au Fond de Mer View. Seychellisches Apartmenthaus für Selbstversorger mit schönem Meerblick. Anse Royale, Tel. 437 21 20, www.aufonddemerview.com

Fleur de Sel. Komfortable Apartments für Selbstversorger direkt am Strand. Anse Royale, Tel. 434 42 22

Hotel La Roussette. Das kleine Mittelklassehotel, fünf Kilometer vom Flughafen entfernt, eignet sich gut für eine Transferübernachtung. Anse aux Pins, Tel. 437 62 45, www.hotel-laroussette.com

La Désirade. Einfache, aber angenehme Apartments für Selbstversorger am Wasser. Pointe au Sel, Tel. 434 42 22

Le Relax Hotel & Restaurant. Schön gelegenes Gästehaus oberhalb der Bucht mit guter indischkreolischer Küche. Anse Royale, Tel. 438 29 00, www.lerelaxhotel.com

Petit Baie. Drei Chalets für Selbstversorger in einem schönen Garten über der Küste. Au Cap, Tel. 251 64 03

Der Tisch im Le Relax ist einladend gedeckt.

AUSGEHEN

Katiolo Nightclub. Alteingesessene kreolische Disco auf einer kleinen Halbinsel nahe des Flug-hafens. Mi, Fr, Sa ab 21 Uhr, Anse Faure, Tel. 437 54 53

AKTIVITÄTEN

Seychelles Golf Club. Der kleine Neun-Loch-Platz ist der einzige Golfplatz auf Mahé. Anse aux Pins, Tel. 278 19 02

INFORMATION

Alle aktuellen Auskünfte über Exkursionen, Bootsfahrten, Wanderungen und sonstige Aktivitäten erhält man in der Regel auch dort, wo man sich einquartiert hat.

Das Gästehaus Le Relax

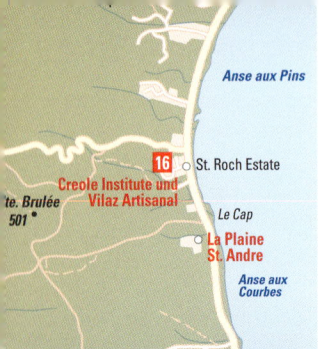

Mitte: Bronzeskulptur auf dem Gelände des Creole Institute
Unten: Der Sitzungssaal in der Beletage der Maison St. Joseph

Mahé – Der Süden

16 Creole Institute und Vilaz Artisanal
Heimstätten der Kultur

Auch wenn man sich als Tourist auf Englisch oder Französisch verständigt – die Seychellen sind eigentlich kreolisch. Die Förderung und Pflege der Sprache und Kultur des Kreol Seselwa besorgt eine Institution in einer sehenswerten Kolonialvilla: das Lenstiti Kreol in Anse aux Pins. Einblick in die Historie, neues Kunsthandwerk und traditionelle kreolische Küche gibt es in der Nähe: im Vilaz Artisanal.

Fast alle Seychellois sprechen Englisch und/oder Französisch. Aber die Mutter- und Alltagssprache von gut 90 Prozent der Bevölkerung ist Kreol: ein Idiom, entstanden aus dem Französisch der ersten Kolonialherren und vermischt mit Wörtern der aus diversen Teilen Afrikas stammenden Sklaven jener Zeit. Daraus hat sich – vom Wortschatz über Literatur, Musik und Lebensweise bis zur Kochkunst – eine kreolische Kultur entwickelt, die heute selbstbewusst gelebt wird.

Erste Landessprache: Kreol

Nachdem die Seychellen 1976 von England in die Unabhängigkeit entlassen worden waren, erhob der junge Staat das *Kreol Seselwa* im Jahr 1981 – noch vor Englisch und Französisch – zur ersten Amtssprache. Seither ist man dabei, dafür eine verbindliche Schriftform zu erarbeiten und fortzuschreiben. Die Kinder lernen Kreol in der Schule, als Tourist sieht man die wie lustiges Französisch wirkende Sprache auf Hinweisschildern und in der Zeitung, auf den Geldscheinen und Briefmarken des Landes.

Creole Institute

Mit der Erforschung, Förderung und Pflege der kreolischen Sprache und Kultur ist das Creole Institute (auf Kreol: *Lenstiti Kreol*) betraut. Es hat seinen Sitz im Maison St. Joseph, einem elegant-filigranen Kolonialhaus nahe der Küstenstraße in Anse aux Pins. Entworfen wurde die stilvolle Villa 1920 von einem deutschen Architekten für den französischen Plantagenbesitzer France Jumeau. Da es nach dessen Tod in dem Haus angeblich spukte, hatte es lange Zeit keinen Käufer gefunden – bis es schließlich der Staat erwarb, renovierte, unter Denkmalschutz stellte und zum Sitz des Creole Institute erkor.

Der »Duden der Seychellois«

Heute sind dort die Forschungsabteilungen des Instituts untergebracht, eine Bibliothek sowie die umfangreichen Materialien zur Geschichte und Entwicklung des *Kreol Seselwa*. Besonders gefragt ist die Abteilung, die Texte jeglicher Art – vom Regierungsbulletin bis zur Gebrauchsanleitung – aus dem Englischen und Französischen ins Kreolische übersetzt. Dass dies machbar ist, ist dem Wörterbuch »Diksioner Kreol-Franse« zu verdanken, das zwei einheimische Wissenschaftler in den 1980er-Jahren herausgebracht haben. Besondere Verdienste erwarb sich hierbei auch eine Deutsche: die Linguistin Annegret Bolée von der Universiät Bamberg. Sie besorgte 1999 die akribisch und liebevoll ergänzte und erweiterte Neuauflage des »Duden der Seychellois«.

Seinem Auftrag entsprechend dient das Creole Institute zudem als Veranstaltungsort für Ausstellungen, Musikauftritte, Lieder- und Literaturabende, Workshops und internationale wissenschaftliche Symposien. Denn heute sprechen weltweit zehn Millionen Menschen Varianten des Kreolischen: auf Mauritius und La Réunion, in der Kari-

---

Nicht verpassen

LEBENDIGE KREOLISCHE KULTUR

Wer in der dritten oder vierten Oktoberwoche die Hauptinsel der Seychellen besucht, kann mit allen Sinnen lebendige kreolische Kultur erleben. In diesen Tagen erreicht die sprichwörtliche seychellische Feierlust seit 1985 alljährlich ihren Höhepunkt. Das Festival Kreol auf Mahé bietet Highlife und Kultur fast rund um die Uhr sowie Musik und Tanz, kreolische Köstlichkeiten und viel Bier. Aber auch Ausstellungen, Lesungen, Liederabende mit Protagonisten aus aller Welt. Los geht es im Stad Popiler in Victoria, dann jagt ein Event das nächste. Auf den Straßen, in Stadien, Hotels und Schulen – und natürlich im Creole Institute. Der 30. Jahrestag der Veranstaltung fand im Jahr 2015 statt.

Festival Kreol. Jeweils fünf Tage im Oktober, Infos zum Veranstaltungskalender beim Tourismusbüro in Victoria unter Tel. 461 08 00 und beim Festival-Kreol-Komitee unter Tel. 422 54 77

bik (allein dort fünf Millionen!) und in den Südstaaten der USA. Die größte landesweit wichtige kreolische Kulturveranstaltung – das jährliche Festival Kreol im Oktober – läuft seit 1985 ebenfalls unter der Ägide des Creole Institute.

Ein Haus ganz aus Kokos

Sozusagen eine Dauerausstellung kreolischer Alltagskultur bietet das nahebei gelegene Vilaz Artisanal (oft auch als Le Domaine de Val des Près bezeichnet). Auf dem Gelände einer alten Plantage wurden in den 1980er-Jahren, finanziert von der US-Regierung, zwölf Bungalows für lokale Kunsthandwerker errichtet, in denen sie seither Textilien und Töpferware, Taschen und Körbe, Seifen und allerlei Souvenirs herstellen und verkaufen können.

Hauptzweck war (und ist) jedoch die originalgetreue museale Erhaltung der verschiedenen Gebäude der Domaine de Val des Près. Grand Kaz, das um 1870 errichtete riesige Pflanzerhaus der Plantage, ist heute ein Museum und bietet interessante Einblicke in den Alltag der reichen weißen Oberschicht. La Kaz Rosa war einst das Wohnhaus einer Arbeiterfamilie. Und die Maison de Coco stellt eine absolute Rarität dar: Das Haus ist vom Palmblätterdach bis zum Fußboden ganz aus Teilen der Kokospalme gefertigt – ohne anderes Holz und ohne Nagel!

Oben: In der Grand Kaz, einem um 1870 errichteten Kolonialgebäude, sind heute ein Museum und das Restaurant Vye Marmit untergebracht.
Mitte: Eine kreolische Maske
Unten: Die bunten Bungalows für lokale Kunsthandwerker

Creole Institute und Vilaz Artisanal

Infos und Adressen

SEHENSWÜRDIGKEITEN
International Creole Institute. Mo–Fr 8–16 Uhr, Eintritt frei, Au Cap, Tel. 437 63 51, kreol@intelvision.net, www.creoleinstitute.sc

Domaine de Val des Près (Vilaz Artisanal). Mo–Sa 8–16 Uhr (Village), 9–17 Uhr (Werkstatt), Eintritt frei, St. Roch Au Cap, Tel. 437 61 00, www.seyheritage.sc

INFORMATION
Seychelles Heritage Foundation. Diese Stiftung betreut vier Kulturerbestätten, unter anderem die Domaine de Val des Près. La Bastille, Tel. 422 52 40, www.seyheritage.sc

Büste des Dichters Antoine Abel (1934–2004)

Kraftvolle Farben sind ein Kennzeichen des Vilaz Artisanal.

Mahé – Der Süden

17 La Plaine St. André
Der Rum der Seychellen

Das flache Land der Südostküste war schon in den frühen Tagen der Besiedlung eine bevorzugte Gegend, um Plantagen anzulegen. Eine der schönsten, La Plaine St. André, wird heute als einzige Rumdestillerie der Seychellen betrieben. Und im stilvoll renovierten ehemaligen Pflanzerhaus residiert jetzt ein feines kreolisches Restaurant.

Auf halber Strecke zwischen Anse aux Pins und Pointe au Sel biegt man von der Küstenstraße in die Einfahrt dieser Sehenswürdigkeit. Alles sehr einfach. Doch jetzt ist es hilfreich, sich mit den vielen Namen vertraut zu machen. Dies ist die ehemalige Plantage La Plaine St. André – und so heißt auch das Restaurant im renovierten Pflanzerhaus. Die Rumdestillerie links in den Wirtschaftsgebäuden heißt Trois Frères Distillery. Der Rum heißt »Takamaka Bay Rum« (obwohl es hier keine Takamaka Bay gibt und die Anse Takamaka weitab auf der anderen Seite der Insel liegt).

Das koloniale Erbe

Die Geschichte dieses Orts zeigt besonders anschaulich den Wandel und die Traditionsverbundenheit der Seychellen. Die Plantage, vom französischen Aristokraten Jean François Marie Jorre de St. Jorre (ca. 1758–1795) angelegt, ist nach seinem Geburtsort St. André auf Réunion benannt. Ihr Herzstück war das 1792 errichtete imposante Pflanzerhaus.

Um dessen fortschreitenden Verfall zu stoppen, stellte der Staat La Plaine St. André 1982 unter

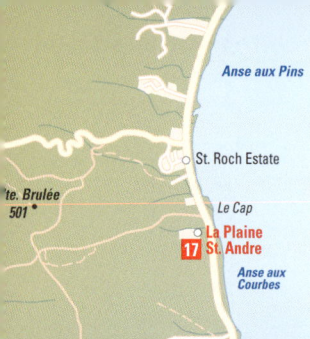

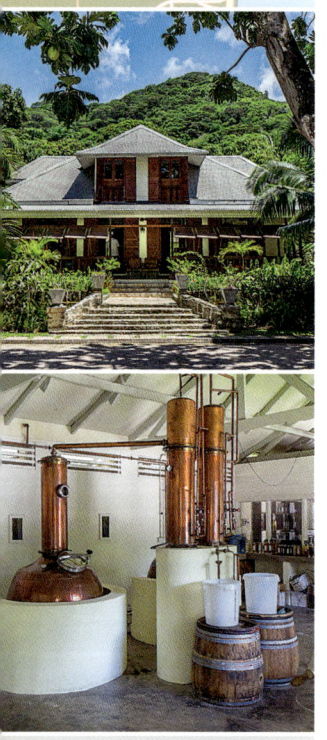

Mitte: Im restaurierten Pflanzenhaus residiert das Restaurant La Plaine St. André, das zu den besten Adressen von Mahé zählt.
Unten: In dieser Anlage wird der »Takamaka Bay Rum« destilliert.

La Plaine St. André

Denkmalschutz. Das historische Pflanzerhaus wurde erstmals renoviert und 1996 darin ein Ökomuseum eingerichtet – das erste und einzige der Seychellen. Erfolg war diesen engagierten Maßnahmen freilich nicht beschieden.

Darauf einen St. André!

Zur heutigen Lösung kam es 2007. Damals suchte die Seychelles Heritage Foundation einen neuen Betreiber für die Plantage. Den Zuschlag bekam die einheimische Trois Frères Distillery, ein junges Unternehmen zur traditionellen Rumherstellung aus Zuckerrohr. Gemeinsam steckten die Stiftung und die Rumproduzenten rund 22 Millionen Ru-pien in das Projekt. Und so wurde La Plaine St. André auf eine moderne und touristischen Er-war-tungen genügende Weise im April 2011 wieder in Betrieb genommen. Die Wirtschaftsgebäude als Rumdestillerie mit Gästeführungen und Verkaufsshop. Das alte Pflanzerhaus als ein bis ins Detail stilvoll veredeltes Architekturjuwel mit Restaurant, Bar, Veranda und Garten. Es gilt heute als eines der besterhaltenen Kolonialhäuser der Seychellen. Für Besucher besonders interessant ist eine Besichtigung der Rumherstellung. Sie beginnt mit der lautstarken Zerkleinerung der Zuckerrohrstangen in einem speziellen Häcksler. Produziert und an-geliefert werden sie von einer lokalen Kooperative. Der so gewonnene Saft, *Vesou* genannt, wird vier bis fünf Tage lang in Tanks fermentiert, dann mehrmals destilliert und die Essenz schließlich in unterschiedlich »getoasteten« amerikanischen Eichenfässern gelagert.

Am Ende haben Rumliebhaber die Wahl zwischen fünf Sorten: »White«, »Coco«, »Dark«, »Vesou« und »St. André«. Der »St. André«-Rum ist – nach acht Jahren im Fass – der teuerste und feinste. Er duftet nach Vanille, Eiche und Gewürzen.

Infos und Adressen

SEHENSWÜRDIGKEIT
La Plaine St. André. Die Destillerie, das Gelände der Plantage und die Gärten können besichtigt werden. Führungen mit Rumverkostung Mo–Fr 11.30 und 13.30 Uhr, Eintritt 250 SCR, Au Cap, Tel. 437 20 10, www.laplaine.sc

ESSEN UND TRINKEN
La Plaine St. André. Das stilvolle Restaurant serviert kreolische Gerichte in vielen Variationen, die Bar bietet die Rumspezialitäten der Destillerie und eigene Cocktails. Mo–Sa, 10–24 Uhr, Au Cap, Tel. 437 20 10, www.laplaine.sc

Zuerst: Zuckerrohr in den Häcksler!

Mahé – Der Süden

18 Le Jardin du Roi
Wandern und Gewürze schauen

An einem Berghang im Hinterland südlich von Anse Royale befindet sich eine kleine botanische Attraktion: der Jardin du Roi. Dort kann man auf reizvollen Spaziergängen (fast) alle Bäume, Büsche, Gewürze und Medizinpflanzen sehen, die auf den Seychellen angebaut werden. Zudem hat diese in ihrer Art einmalige Kulturlandschaft eine spannende Vorgeschichte aus der französischen Kolonialzeit.

Der Jardin du Roi ist nicht ganz leicht zu finden. Von Anse Royale nimmt man die Les Cannelles Road Richtung Westen. Nach einem Kilometer geht es links in die Sweet Escot Road und dort nach 200 Metern an dem sehr dezenten Hinweisschild auf einem schmalen, immer steiler werdenden Sträßchen zwei Kilometer bergauf. Die Geduld lohnt sich: In luftiger Höhe erreicht man die Gebäude eines offensichtlich bäuerlichen Anwesens, umgeben von hohen Bäumen und einem zum Hang hin ansteigenden Naturgelände. Auf den 25 Hektar der Domaine de l'Enfoncement hat hier die heutige engagierte Besitzerfamilie eine Natur- und Kulturlandschaft nach dem Beispiel des Jardin du Roi aus den 1770er-Jahren erstehen lassen.

Von Ananas bis Zitronengras

Den Besucher erwartet ein in dieser Art einmaliges Ensemble aus Botanischem Garten, Gewürzplantage und Naturschutzgebiet. Hier kann man auf abwechslungsreichen Rundwegen so gut wie jede Nutzpflanze sehen, die auf den Seychellen angebaut wurde (oder wird). Pfeffer und Muskat-

Auch Saft der Ananas kommt in den »Plantation Cocktail« (rechts).

Le Jardin du Roi

Die Plantage erfordert fachkundige Pflege.

nuss, Gewürznelken und Zimt, Vanille und Ingwer, Tee und Kaffee, Kakao und Zitronengras. Dazu an einem eigenen Pfad gleich mehrere Dutzend Arten von Medizinpflanzen. Vieles wird auf dem Anwesen zu Produkten verarbeitet und in einem Laden neben dem renovierten Kolonialhaus und dem kleinen Museum verkauft – oder kommt in dem gemütlichen kreolischen Gartenrestaurant frisch auf den Tisch.

Weiter oben findet man sämtliche Fruchtbäume des Landes: von so bekannten wie Ananas und Banane bis zu Jackfrucht, Goldapfel und Sauersack. Besonders sehenswert sind die auch hier wachsenden Meereskokosnusspalmen und einige Prachtexemplare des Brotfruchtbaums und des »Parfümbaums« Ylang-Ylang. Zum Rand hin verlaufen sich die Pfade dieses von Menschen gemachten Teils des Jardin du Roi schließlich in dichten, ursprünglichen Regenwald. Einer davon führt in einer Stunde sogar hinüber bis Baie Lazare an der Südwestküste der Insel.

Der erste Jardin du Roi

Vermutlich würde es diesen, den neuen Jardin du Roi gar nicht geben, wenn der erste dieses Namens

Einfach gut!

KÖNIGLICH RASTEN UND GENIESSEN

Nach dem Spaziergang durch die Gewürzwelt des Jardin du Roi ein Mittagessen im Restaurant »Spice Garden«. Man sitzt in einer offenen Veranda neben riesigen Bäumen, in denen wie Trauben die *golden apples* hängen. Flughunde kreisen, und der Blick geht über den grünen Wellenschlag des Dschungels bis zum Ozean. Zur Erfrischung kommt ein köstlicher »Plantation Cocktail« aus den besten Früchten, die hier wachsen. Dann ein kreolisches Menü: Papayasalat, Hähnchencurry, Fisch gegrillt und als Curry, Linsensoße, Brotfruchtchutney … Zuletzt ein Dessert wie direkt aus dem Paradies. Und zu allerletzt drei Kugeln Eis, wie man sie besser noch nie genossen hat. Zimt, Gewürznelke, Zitronengras. Einfach königlich.

Le Jardin du Roi Spice Garden.
Tgl. 12–16.30 Uhr, So Lunchbuffet, abends nur mit Reservierung, Domaine de l'Enfoncement, Anse Royale, Tel. 437 13 13, brymich@seychelles.net

113

Oben: Die birnenförmigen Früchte des Javaapfels bilden Bündel.
Unten: Die Jackfrucht wird auch »Gemüsefleisch« genannt. Ihr Fruchtfleisch lässt sich unreif verwenden wie Hähnchenbrustfilet.

nicht einem bizarren Missverständnis zum Opfer gefallen wäre. Nachdem sich im August 1770 die frühesten französischen Siedler auf der Insel Sainte Anne (s. S. 133) niedergelassen hatten, wurde von 1772 an auch die weitläufige Anse Royale (die königliche Bucht) besiedelt. Pierre Poivre (1719–1786), Gouverneur und Botaniker auf Mauritius mit dem sinnigen Namen Peter Pfeffer, expedierte 40 Kolonisten und ließ den Jardin du Roi anlegen. Auch hier sollten die aus Indien, Ceylon und von den Molukken eingeführten Spezereien angepflanzt werden, die in Europa so begehrt waren: Muskatnuss und Zimt, Vanille, Gewürznelken und Pfeffer.

Angst vor den Engländern

Das Projekt gedieh, doch eine große Sorge trieb die Franzosen um: dass diese wertvolle Plantage ihren Erzrivalen im Indischen Ozean, den Engländern, in die Hände fallen könnte. Als nun 1780 tatsächlich eine englisch beflaggte Fregatte vor Anse Royale aufkreuzte, ließ der französische Kommandant den Jardin du Roi sofort in Brand setzen. Ein fataler Fehler: Das Schiff war ein französischer Segler mit Sklaven aus Madagaskar – der Kapitän hatte nur vorsorglich die englische Flagge gehisst, da er nicht wusste, ob die Seychellen in jenen Tagen der Kämpfe um die Vormacht auf dem Archipel überhaupt noch in französischer Hand waren. Der Verlust der Plantage wog umso

Le Jardin du Roi

Die Terrasse des »Jardin du Roi Spice Garden«

schwerer, als in dem Feuer auch alle Pflanzensamen verbrannten. Die Anlage konnte nicht weiter bewirtschaftet werden und verfiel. Dort, wo sie einst lag, wuchert längst wieder wilder Urwald.

Dafür, wie der originale Jardin du Roi heute aussehen könnte, wenn die Geschichte anders verlaufen wäre, gibt es ein lebendes Beispiel: den Botanischen Garten von Pamplemousses auf Mauritius. Dies war 1770 die allererste Plantage, die der leidenschaftliche Botaniker Pierre Poivre anlegen ließ. Sie ist heute – als ältester Botanischer Garten der Südhalbkugel – eine weltberühmte Sehenswürdigkeit.

Infos und Adressen

SEHENSWÜRDIGKEIT
Le Jardin du Roi. Tgl. 10–17.30 Uhr, Eintritt ca. 10 Euro, Kinder frei, Domaine de l'Enfoncement, Anse Royale, Tel. 437 13 13, brymich@seychelles.net

Mahé – Der Süden

19 Um die Südspitze
Von Anse Royale bis Anse Intendance

Das Südende von Mahé ist der abgeschiedenste Teil der Insel. Die Südspitze erscheint so unzugänglich, dass auch die Straße nicht mehr dem Küstenverlauf zu folgen vermag und schon vorher nach Westen abbiegt. Die meisten der Buchten sind – wenn überhaupt – nur auf abenteuerlichen Trampelpfaden zu erreichen. Auch die Strände sind fantastisch – aber eher zum Schauen als zum Schwimmen.

Wenn man die hübsche und hübsch gelegene St. Joseph's Church am südlichen Ortsende von Anse Royale besichtigt hat, folgt nur noch Natur. Links der Ozean, rechts der Regenwald – so geht es auf der Küstenstraße hinunter in den wildesten Teil von Mahé. Anse Baleine, Anse Bougainville, Anse Parnel heißen die Buchten, die man nun passiert.

Einst Piraten, heute Surfer

Danach folgen die südlichsten noch zugänglichen Strände: Anse Forbans und Anse Marie Louise. Auf alten Karten ist diese Gegend als Pirate's Bay verzeichnet – da haben sich die Freibeuter schon den richtigen Küstenabschnitt ausgesucht, um anlanden zu können. Heute gibt es hier ein paar Gästehäuser, und in den Monaten September bis April kann man gut schwimmen und schnorcheln. Die Küstenstraße schwenkt in Anse Marie Louise nun nach rechts in das hügelige Inselinnere Richtung Quatre Bornes und Baie Lazare, um auf die Westseite von Mahé zu führen. Den äußersten Süden hingegen kann man nur zu Fuß erkunden. Da dies eine ziemliche Pfadfindertour wird, sollte man sich

Mitte: Blick über den Strand der Anse Intendance bis zur Police Bay
Unten: Das Banyan Tree Seychelles zählt zu den besten Hotels auf Mahé.

Um die Südspitze

vorher nach dem aktuellen Zustand des Zugangswegs erkundigen. Meistens kann man auf einem selten begangenen und daher oft schwer zu findenden Steig bis zur Pointe Capucins und hinunter in die Anse Capucins wandern. Ob man sich dort ins Wasser wagen mag, wird vom jeweiligen Monat abhängen. Von Juni bis Oktober krachen jedenfalls oft mächtige Wellen an den Strand, auch die Strömung sollte man nicht unterschätzen.

Da ist es sicher interessanter, sich in dieser absolut unberührten Küstenwildnis auch noch bis in die weiter westlich liegende Bucht Petite Boileau durchzuschlagen. Dort erlebt man nun wirklich das viel bemühte Robinson-Gefühl: Die äußerste Südspitze – nah, aber nicht zu Fuß erreichbar – heißt doch tatsächlich Cap Malheureux.

Police Bay und Anse Intendance

Nach dieser gut dreistündigen Extratour wieder zurück auf der Straße, geht es zunächst nach Qua-tre Bornes und dort links ab Richtung Anse Intendance. Kurz bevor man die Bucht erreicht, empfiehlt sich abermals ein Abstecher: nach links in die Grande Police Road und bis an ihr Ende. An kleinen Buchten vorbei erreicht man die spektakulären Strände Petite Police und Police Bay – und versteht sofort, warum hier arabische Investoren ein riesiges Luxusresort errichten möchten. Doch von dieser Art gibt es in der Gegend bereits ein besonders attraktives: das »Banyan Tree Seychelles« am Nordende der Anse Intendance. Dieser 800 Meter lange Strand gefiel schon in den 1970ern zwei prominenten Engländern – dem Schauspieler Peter Sellers (1925–1980) und dem Beatle George Harrison (1943–2001) – so sehr, dass sie hier Land kauften. Es war jenes Stück vom Paradies, auf dem 2002 die Hotelgruppe Banyan Tree aus Singapur ihren Seychellen-Ableger eröffnete.

Infos und Adressen

ESSEN UND TRINKEN
Surfer's. Preiswertes Strandrestaurant mit guten kreolischen und italienischen Gerichten. Auch sechs Apartments für Selbstversorger werden angeboten.
Anse Parnel, Tel. 27 83 70 3,
www.surfersbeach.net

ÜBERNACHTEN
Allamanda Resort & Spa Doubletree by Hilton. Angenehmes Boutiquehotel mit 30 Zimmern direkt am Strand, ideal für Familien.
Anse Forbans, Tel. 438 88 00,
www.placeshilton.com

Banyan Tree Seychelles. 60 luxuriöse Villen mit privaten Pools in Strand- und Hanglage, mehrere Restaurants, exklusiver Spa.
Anse Intendance, Tel. 438 35 00,
www.banyantree.com

Chalets Bougainville. Komfortable Apartments für Selbstversorger 50 Meter über dem Meer.
Anse Parnel, Tel. 437 20 21,
www.chaletsbougainville.com

Chalets d'Anse Forbans. Acht Bungalow-Apartments für Selbstversorger unter Palmen und in Strandnähe. Anse Forbans,
Tel. 436 61 11, www.forbans.com

INFORMATION
Aktuelle Auskünfte über Wanderungen, Wassersport und sonstige Aktivitäten erhält man in der Regel dort, wo man sich einquartiert hat.

Mahé – Der Süden

20 Buchten im Südwesten
Von Anse Takamaka bis Anse à la Mouche

Im Südwesten von Mahé bündeln sich noch einmal die landschaftliche Schönheit und der Abwechslungsreichtum dieser Insel. Nach dem malerischen Strand von Takamaka bildet die hufeisenförmige Baie Lazare den Auftakt zu einer großen Landzunge mit Buchten von geradezu mediterranem Flair. Kein Wunder, dass hier luxuriöse Resorts und besonders schöne Hotels und Gästehäuser zu finden sind.

Schon die Anse Intendance gehört wohl zu den tropischen Traumbuchten dieser Welt. An Größe und Länge wird sie auf Mahé nur vom majestätischen Sandstrand in Beau Vallon überboten, an einsamer Abgeschiedenheit ist sie (zumindest wochentags) ohnehin konkurrenzlos. Manche Kenner der Seychellen halten indessen die Nachbarbucht Anse Takamaka – nur einen kleinen Landvorsprung weiter westlich gelegen – für die noch reizvollere.

Traumstrand mit Granitrand

Wer zuvor die Anse Intendance besucht hat, muss nun aber erst einmal zurückfahren ins Landesinnere bis Quatre Bornes. Dort geht es nach links, und nach kurzer Fahrt erreicht man die kleine Stichstraße hinunter zur Anse Takamaka. Fast einen Kilometer lang streckt sich ihr schmales weißes Sandband, gesäumt von üppigen Palmen und Takamakas. Benannt ist sie nach diesen immergrünen Bäumen, die mit ihren breiten dichten Kronen an fast allen Stränden der Seychellen wachsen und wohltuenden Schatten spenden. Und so wie die meisten Buchten der Granitinseln

Mitte: Restaurant und Gästehaus des »Chez Batista's« haben Kultstatus.
Unten: Mal ruhig, mal wild, immer schön – die Anse Takamaka.

Buchten im Südwesten

wird auch diese an ihren Enden von imposanten, rund geschliffenen Felsformationen eingerahmt.

Dort wimmelt es meistens nur so von Fischen. Für Schnorchler und Schwimmer ist das ein Genuss – außer wenn an manchen Tagen in den Monaten des sommerlichen Südostmonsuns starke Brandung herrscht und hohe Wellen in die nicht durch vorgelagerte Korallenbänke geschützte Bucht donnern. Bei ruhigem Meer kann man hier aber fast ganzjährig gut baden, denn das Wasser erreicht schnell zwei, drei Meter Tiefe. Der Strand wird bei Flut freilich sehr schmal, und vor allem am Nordende sollte man auf ablandige Strömungen gefasst sein.

Dennoch ist die Anse Takamaka ideal, um ein paar Stunden in einer so herrlichen Bucht zu genießen, von denen selbst die Seychellen nicht so viele zu bieten haben. Zu ihren Vorzügen gehört, dass es hier ein Restaurant mit Bar direkt am Strand gibt, das »Chez Batista's«. Für den kleinen Snack zwischendurch bis zum kreolischen Mittagsbuffet am Sonntag, auch wenn das Essen an so einem Ort gelegentlich seinen Preis hat. Selbst übernachten könnte man: Hinter dem sehr landestypisch rustikalen Lokal liegen noch drei ebenso charmante Doppelbungalows.

Die Bucht des Entdeckers

Von der einsam gelegenen Anse Takamaka ist es nicht weit in den nächsten größeren Ort, Baie Lazare. Er liegt an der weiten gleichnamigen Bucht, die nach jenem französischen Kapitän Lazare Picault (ca. 1700–1748) benannt ist, der im Jahr 1742 Mahé entdeckte. Heute erinnert in dem Dorf ein einfaches Denkmal an den Mann, mit dem die jüngere Geschichte der Seychellen beginnt.

Nicht verpassen

SPAZIERGANG NACH BOUGAINVILLE

Berge wie im Norden von Mahé gibt es im Südwesten nicht. Aber zwischen den 200 bis 300 Meter hohen, dicht bewachsenen Hügeln verläuft manches interessante kleine Tal, das man auf einer Wanderung kennenlernen kann. Das Val d'Endor zum Beispiel, das von Anse Gaulette an der Baie Lazare über einen niedrigen Sattel hinüberführt in die Ortschaft Bougainville an der Ostküste. Los geht man in Anse Gaulette und folgt einfach dem Fahrweg – immer schön der Landwirtschaft nach, die hier das Bild prägt: Kokospalmen und Obstbäume, Gemüsefelder und Ackerfrüchte. Auf der Passhöhe öffnet sich dann ein wunderbarer Panoramablick auf beide Seiten der Insel. Leicht bergab erreicht man schließlich nach insgesamt etwa dreistündigem Spaziergang den kleinen Ort Bougainville. Und den Bus, nach Norden oder Süden …

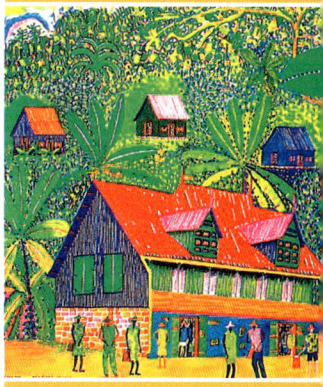

Mahé – Der Süden

Einfach gut!

SPEISEN WIE PIRATEN

Am wildromantischen Weg zur Anse Gouvernement haben Piraten ihr gestrandetes Schiff wieder zusammengezimmert und vor den Granitklippen verankert … Nein, der Bildhauer Antonio Filippin und seine Frau Maria Soubana erfüllten sich einen Kindertraum und nannten ihn »Maria's Rock Café«. Es ist ein Verhau aus seiner Kunstwerkstatt und ihrem Restaurant. Mitten im Dschungel, alles piratenmäßig cool. Das Essen – mehrere Sorten Fleisch, fangfrischer Fisch und Meeresfrüchte – wird roh serviert, dann gart man es selber auf dem heißen Stein. Dazu gibt es Knoblauch- und Safranbutter, Reis und Salat. Zum Trinken den süffigen Hauswein oder ein kühles Seybrew, für die Kleinen den besten Mangosaft der Welt. Und die Rechnung? Wird von Hand auf eine Postkarte geschrieben.

Maria's Rock Café.
Mi–Mo 9–21 Uhr, Anse Gouvernement, Baie Lazare, Tel. 4361812

Bertrand François Mahé de La Bourdonnais (1699–1753), der Gouverneur von Mauritius und La Réunion, hatte Picault zu den Inseln des Archipels gesandt, der zwar auf alten Karten verzeichnet war, über den man aber nichts weiter wusste. Vor allem sollte er herausfinden, ob man dort siedeln und eine Kolonie errichten könne.

Und so erreichte Picault mit seinem Schiff »Elisabeth« am 19. November 1742 die Insel, die später den Namen des Gouverneurs Mahé bekam. Er ging an Land, erkannte sofort, dass man auf dieser »Insel des Überflusses«, wie er sie nannte, sehr wohl eine Kolonie errichten könnte, und vermerkte diese Stelle als »Port St. Lazare« in seinem Logbuch. Seither trägt der Ort diesen Namen – obwohl Historiker mittlerweile ziemlich sicher sind, dass Picault nicht hier, sondern weiter nördlich, nämlich in Anse Boileau, als erster Europäer die Seychellen betreten hat.

Arkadien auf den Seychellen

Eine Art Südtor zu Mahé ist Baie Lazare bis heute geblieben. Von hier aus wurde in den letzten Jahren die landschaftlich besonders schöne, fast halbinselartige Landzunge, die sich nach Westen in den Ozean reckt, für den modernen hochwertigen Tourismus erschlossen. Das erste und besonders eindrucksvolle Beispiel findet man bereits in der Bucht selber: Dort ging der »Plantation Club« – eine der ältesten Ferienanlagen der Seychellen aus den 1970ern – im Jahr 2011 in einem so stilvoll wie einfühlsam modernisierten Resort der Kempinski-Gruppe auf. Das Ensemble aus gepflegter Gartenlandschaft und großzügiger Architektur auf dem Gelände einer alten Palmenplantage vermittelt eine einzigartige koloniale Atmosphäre. Zudem können die Gäste allen nur erdenklichen

Ferienfreuden frönen – vom Schnorcheln über dem nahen Korallenriff bis zum Tennisspielen und Kajakfahren, Tauchen und Hochseefischen.

Vom Sandstrand der Baie Lazare fährt man auf der Küstenstraße weiter Richtung Norden in den Ortsteil auf einem etwas höher gelegenen Sattel. Von dort wurde erst vor ein paar Jahren eine Zufahrt zu den reizvollen, fast mediterran wirkenden Buchten Anse Gouvernement, Petite Anse und Anse Soleil gebaut. Diese Straße, die Anse Soleil Road, windet sich über die gebirgige und dicht bewachsene Landzunge nach Westen und verzweigt sich bald in drei noch schmalere Pisten, die zu den jeweiligen Stränden führen. Und zu einigen Ferienadressen, die zu den feinsten der Seychellen zählen.

Am weitesten ist es von der Abzweigung hinunter zur Anse Gouvernement. Die kleine, verschwiegene Bucht ist völlig unverbaut und meistens menschenleer – ein Ort nur zum Dortsein und Schauen und Staunen. In der Petite Anse hat sich hingegen ein Hideaway der Reichen und Schönen angesiedelt, eine Art Nobelvorort am Ende der Welt, mit 67 am Strand und im hügeligen Regenwald verstreuten Luxusvillen, Privatpool und jeglichem Komfort: das Four Seasons Seychelles. Hier (irgendwo) erholt sich auch schon mal der König von Marokko von seinen Regierungsgeschäften – natürlich ohne dass andere Gäste das jemals mitkriegen würden.

Oben: Badespaß in den wilden Wellen der Anse Gouvernement
Mitte: Der Glockenturm der St. Francis-Kirche in Baie Lazare
Unten: Immer wieder bildschön – Wasser, Sand und Palme

Mahé – Der Süden

Am aufregendsten erlebt man die Anse Soleil. Auf einem schmalen Sträßchen geht es von der Abzweigung sehr steil hinunter in eine wunderbare kleine Bucht, in der alles wie im Prospekt versammelt ist: ein romantisches Gästehaus, ein Strandcafé mit Terrasse, 200 Meter feinsandiger Sandstrand mit fotogenem Granitrand. Fast unnötig zu sagen, dass man hier – wenn nicht gerade der Nordwestmonsun hohe Wellen schlägt – natürlich auch bestens schwimmen und schnorcheln kann.

Strände zum Genießen

Wieder zurück auf der West Coast Road, fährt man dort nach links weiter, Richtung Anse à la Mouche. Auf dem Weg dorthin passiert man – beim ersten Mal wohl ohne es wahrzunehmen – das versteckte Atelierhaus von Michael Adams, des bekanntesten der Künstler, die sich in dieser Gegend niedergelassen haben (s. S. 124). Vorbei an der Bucht mit dem lustigen Namen Anse aux Poules Bleues (Bucht der blauen Hühner), erreicht man nach kurzer Fahrt die mehrere Kilometer weite, halbmondförmige Bucht Anse à la Mouche. Baden wird wohl schwierig, wenn nicht gerade Flut ist. Aber auch diesen Strand kann man genießen: im Schatten unter einem der vielen Takamaka-Bäume.

GUT ZU WISSEN

FLUGHUND-CURRY?!
Vor allem im Südwesten gibt es einige Restaurants, die (meist nur auf Bestellung) die hiesige Spezialität Flughund-Curry anbieten. In Weinsoße, in Kokosmilch, mit Reis. Schmeckt lecker, ist aber eine endlose Knöchelchen-Pulerei – und man wird die Gedanken an die possierlichen Fledertiere einfach nicht los. Dann doch lieber gleich so ein richtig sämig-saftiges kreolisches Hähnchen-Curry bestellen.

Oben: Am Pool des Kempinski Seychelles Resort in Baie Lazare
Mitte: Café und Gästehaus des »Anse Soleil Beachcomber« liegen direkt am herrlichen Strand.
Unten: Das »Opéra« in La Mouche

Buchten im Südwesten

Infos und Adressen

ESSEN UND TRINKEN

Anchor Café. Nettes Gartenrestaurant mit Selbstbedienung. Mo–Sa 11–21 Uhr, Anse à la Mouche, Tel. 4371289

Cap Lazare. Kreolische Gerichte, serviert in einem weitläufigen Parkgelände oberhalb des Strandes. Telefonisch reservieren.
Mo–Fr 10–15 Uhr, Baie Lazare, Tel. 4297000, www.creoletravelservices.com

Chez Batista's. Kultiges Strandrestaurant mit kreolischen Gerichten, idealer Platz für einen Sundowner. Auch Zimmer in mehreren Bungalows vorhanden. Tgl. mittags und abends, Anse Takamaka, Tel. 4366300, www.chezbatista.com

Le Reduit. Gutes Restaurant auf einem Hügel oberhalb von Takamaka, beste Adresse für lokale Spezialitäten wie Flughund-Curry. Mo–Sa 11–22 Uhr, Anse Takamaka, Tel. 4366116

Opéra. Feines Restaurant und Takeaway mit kreolischen und italienischen Gerichten in der Mitte der Bucht. Mo–So 10–24 Uhr, Anse à la Mouche, Tel. 4371943, www.opera-mahe.com

ÜBERNACHTEN

Anse Soleil Beachcomber. Vier Apartments und mehrere Zimmer für Selbstversorger in zwei Chalets am Strand. Anse Soleil, Tel. 4361461, www.ansesoleilbeachcomber.com

Anse Takamaka View. Familiengeführte Selbstversorgeranlage mit mehreren Bungalows in spektakulärer Lage hoch über Takamaka.
Anse Takamaka, Tel. 2510007, www.atv.sc

Blue Lagoon Chalets. Vier kleine Villen mit Meerblick für Selbstversorger, 20 Meter vom Strand gelegen. Anse à la Mouche, Tel. 4371197, www.seychelles.net/bluelagoon

Four Seasons Resort Seychelles. Luxuriöse Anlage mit 67 Villen am Strand und auf den Hügeln an der Traumbucht. Petite Anse, Tel. 4393000, www.fourseasons.com

Kempinski Seychelles Resort. Elegante, 2011 neu eröffnete Luxushotelanlage mit 145 Zimmern in einem Palmengarten am schönsten Strandabschnitt. Baie Lazare, Tel. 4386666, www.kempinski.com/seychelles

Lazare Picault. Gepflegte kleine Bungalowanlage und gutes Restaurant oberhalb des Strandes. Baie Lazare, Tel. 4361111, www.lazarepicaulthotel.com

La Residence Villas & Studios. Angenehme Ferienanlage für Selbstversorger mit schönem Blick über die Bucht. Anse à la Mouche, Tel. 4371733, www.residence-seychelles.com

Le Jardin des Palmes. Fünf gepflegte Holzbun-galows, Restaurant und Pool mit herrlichem Meerblick. Anse à la Mouche, Tel. 4389100, www.jardindespalmes-seychelles.com

Li-al-do-Maison. Stilvolle italienische Architektenvilla für bis zu acht Personen in grandioser Lage oberhalb von Takamaka. Maravi, Anse Takamaka, Tel. 4366686, www.lialdomaison.com

Maison Soleil. Drei vom Maler Andrew Gee gestaltete Apartments für Selbstversorger. Anse Soleil, Tel. 2712677, www.maisonsoleil.info

Valmer Resort. 20 sehr gut ausgestattete Chalets in grandioser Panoramalage über der Bucht. Baie Lazare, Tel. 4381555, www.valmerresort.com

Villa Bambou. Kleines familiäres Gästehaus in einem tropischen Garten 20 Meter vom Strand. Anse à la Mouche, Tel. 4311177, www.trauminselreisen.de

INFORMATION

Aktuelle Auskünfte über Mietwagen, Wanderungen, Wassersport und sonstige Aktivitäten erhält man in der Regel dort, wo man sich einquartiert hat.

Mahé – Der Süden

21 Küste der Künstler
Es begann mit Michael Adams

Seit sich im Jahr 1972 der englische Ma-ler Michael Adams auf Mahé niederließ und in Anse aux Poules Bleues ein altes Kolonialhaus zu seinem Atelier machte, hat sich auf den Seychellen eine interessante Kunstszene entwickelt. Und – Zufall oder auch nicht – die meisten der Künstler leben und arbeiten im offenbar besonders inspirierenden Südwesten der Insel. Dort kann man sie reihum besuchen.

Auf Mahé, und dort allein in der Gegend um Baie Lazare und Anse à la Mouche, hat mehr als die Hälfte der namhaften Maler und Bildhauer der Seychellen ihre Ateliers. Nur die Insel La Digue kann da als beliebter Standort noch mithalten. Wegbereiter und Inspirator dieser Entwicklung ist zweifellos der englische Maler Michael Adams (2000 von der Queen zum »Sir« geadelt). Er war der erste ausländische Künstler, der sich hier ansiedelte. Heute gilt er als renommiertester Maler und Grafiker der Seychellen.

Das große Thema: die Natur

Die Chance, ihn bei der Arbeit anzutreffen, ist groß. Wenn man die leicht übersehbare Zufahrt direkt an der West Coast Road zwischen Baie Lazare und Anse aux Poules Bleues gefunden hat, steht man mitten in der Welt seiner Bilder. Ein altes, verwinkeltes Kolonialhaus, fast eingewachsen in die üppige Vegetation. Die Galerie mit all den Aquarellen, Siebdrucken und Kalendern, die wie ein wuchernder Urwald die Wände hochranken. In einem versteckten kleinen Zubau der Meister selber in seinem Atelier: mit Malerhemd, grauem Rausche-

Heather Denselow, die Ehefrau und Muse von Michael Adams

Sir Michael in seinem Atelier

bart und Palette, pinselnd und Klassische Musik hörend, eingesponnen in einen Kokon der farbenfrohen Variationen und Skizzen seines Phantastischen Naturalismus.

Karriere quer durch die Welt

Adams' Biografie ist so bunt wie die Bilder, die er malt. Geboren 1937 in Malaysia als Sohn eines englischen Kautschukpflanzers und einer Opernsängerin mit deutscher Mutter. Nach seiner Studienzeit in England lebte er in den 1960er-Jahren in Uganda. Dort wurde er vom Universitätsdozenten zum freien Künstler und Grafiker. In Nairobi, Kenia, lernte er Heather kennen, eine englische Lehrerin, und zog mit ihr 1972 nach Mahé. Das Paar heiratete, kaufte an der Westküste ein Haus samt Grundstück und gründete dort ein Mal- und Grafikatelier.

Der Zeitpunkt hätte nicht besser gewählt sein können. In diesen Jahren wurden die Seychellen zum Tourismusland, und Adams' Leib- und Magenthema – die tropische Natur und Lebenswelt dieser Inseln – brachte ihm nicht nur künstlerischen, sondern auch finanziellen Erfolg. Seither waren viele seiner Bilder weltweit auf Ausstellungen zu sehen. Er entwarf Hunderte Dinge –

Geheimtipp

BESUCH BEI SIR MICHAEL

Hinter jedem großen Mann steht eine starke Frau. In diesem Fall nicht hinter, sondern weit vor ihm. Strahlend öffnet Heather Adams dem Besucher die Tür – und eine eigene Welt. Altenglisch wirkt dieses liebevoll instand gehaltene Haus, eine Mischung aus Galerie, Trödelladen und Wohnung. Heather und Hund und Tochter und Enkelin machen die Honneurs, Wände voll bunter Bilder geben den farbigen Rahmen. Der Schritt in den Garten führt dann tief in die Seychellen. Dichter Dschungel, vieles selbst gepflanzt in 40 Jahren, bevölkert von Hühnern und Enten, Fischen und Schildkröten. Tropische Natur, tropfnass und hautnah. Genau das, was Michael Adams – gleich nebenan im Atelier – immer wieder malt.

Michael Adams Art Gallery. Anse aux Poules Bleues. Mo–Fr 10–16 Uhr, Sa 10–12 Uhr, Tel. 4 36 10 06, adams@seychelles.net, www.michaeladamsart.com

Mahé – Der Süden

Taschen und Schals, Buchcover und Postkarten, ja sogar die Uniform von Air Seychelles. Auch viele Hotels gaben Werke in Auftrag, so etwa das Frégate Island Resort und das 2009 eröffnete Four Seasons in der nahe gelegenen Petite Anse.

Sir Michael macht Schule

Nur ein paar Hundert Meter weiter, ebenfalls zur Seeseite hin, hat sich Pineapple Studio angesiedelt, eine Manufaktur für einheimisches Kunsthandwerk. Ein paar Kilometer weiter, in Santa Maria an der Les Cannelles Road Richtung Anse Royale, fertigt der aus London stammende Ex-Werbefachmann Tom Bowers Plastiken zu lokalen Themen. Seit Mai 2014 ersetzt sein »Liberty Monument« – zwei Bronzefiguren zum Gedenken an die Unabhängigkeit von England – die Statue »Zonm Lib« (Befreiter Mensch), die fast 40 Jahre lang an der 5th June Avenue in Victoria stand.

Zum regelrechten Künstlerdorf wurde Baie Lazare. Neben dem Valmer Resort (das er mitgestaltet hat) betreibt der lokale Maler Gerard Devoud seine Galerie. Donald Adelaide hat ein Atelier im Ort und malt seit 30 Jahren Landschaften und Menschen. Am Weg zur Anse Gouvernement macht der aus Italien gebürtige Bildhauer Antonio Filippin eigenwillige Objekte aus Holz und Korallen. Ganz in der Nähe betreibt der englische Künstler Andrew Gee seit 2000 sein Atelier und neuerdings auch ein selbst designtes Gästehaus.

Zu sehen (und zu kaufen) gibt es die Werke der Künstler in ihren Galerien. Die meiste lokale Kunst an einem Ort findet man im Carrefour des Arts in Victoria. Dort residiert seit Oktober 2014 auch der neue Kunstförderverein Noular Sesel – geleitet von Colbert Nourrice, einem der weltbekannten jüngeren Maler der Seychellen.

Oben: Blick in die gut bestückte Galerie von Michael Adams
Mitte: Gerard Devouds Bilder sind von den leuchtenden Farben und grandiosen Landschaften der Seychellen inspiriert.
Unten: Ein Porträt des einheimischen Künstlers Donald Adelaide

Küste der Künstler

Infos und Adressen

SEHENSWÜRDIGKEITEN

Andrew Gee Art Studio. Di–Sa 11–17.30 Uhr, Anse Soleil Road, Baie Lazare, Tel. 436 16 49, seygee@gmail.com, www.andrewgee.weebly.com

Donald Adelaide Studio. Mo–Sa 9–18 Uhr, Dame Le Roi Road, Baie Lazare, Tel. 257 48 53, www.seychelles-art.com

Gérard Devoud Gallery. Mo–Sa 8–19 Uhr, Valmer Resort, Baie Lazare, Tel. 438 15 55, www.seychelles-art.com

Tom Bowers' Sculpture Studio. Mo–Sa 10–16.40 Uhr, Santa Maria, Anse à la Mouche, Tel. 437 15 18, artworks@seychelles.net

Yellow Gallery & Sculpture Studio – Antonio Filippin. Anse Gouvernement, Baie Lazare, Tel. 251 09 77

Carrefour des Arts. Die beste Adresse für einen Überblick über die Kunst der Seychellen. Mo–Fr 9–16 Uhr, Sa 9–12 Uhr, National Arts Council, Victoria, Tel. 429 52 00

Michael Adams »Straßenansicht auf den Seychellen«

STE. ANNE MARINE NP

22 Sainte Anne
Einst Plantage, heute Resort — **132**

23 Moyenne Island
Lebenstraum eines Engländers — **136**

24 Round Island und Long Island
Hideaway unter Palmen — **138**

25 Cerf Island
Gute Currys und lange Strände — **140**

Ste. Anne Marine NP

22 Sainte Anne
Einst Plantage, heute Resort

Gerade mal vier Kilometer östlich von Mahé liegt in sehr flachem Wasser ein halbes Dutzend Inseln, die von Victoria aus gut und schnell zu erreichen sind. Sainte Anne, Moyenne, Round und Long Island, südlich davon Cerf und die winzige Île Cachée. Zusammen mit der sie umgebenden Lagune bilden sie das älteste Meeresschutzgebiet der Seychellen: den Sainte Anne Marine National Park, benannt nach dem größten Eiland.

Die 2,1 Kilometer lange und 1,7 Kilometer breite Insel Sainte Anne spielt eine besonders interessante und beispielhafte Rolle in der wechselvollen Geschichte der Seychellen, vor allem in deren touristischer Entwicklung. So wie viele weitere Feriendestinationen ist auch Sainte Anne heute in privater Hand – und Standort einer einzigen, weitläufigen Hotelanlage, die den Charakter und die Nutzung der Insel prägt. Seit 2002 betreibt hier die Hotelgruppe Beachcomber aus Mauritius das Fünf-Sterne-Feriendomizil Ste. Anne Island Resort & Spa.

Seite 128/129: Das Meeresschutzgebiet Ste. Anne
Seite 131: Die Luxusyacht Kalizma bei Ste. Anne
Mitte: Die erste Siedlung der Seychellen
Unten: Frachter vor Sainte Anne

Hotelgäste finden auf der Insel eine Oase der Ruhe, aber auch viele Möglichkeiten, herrliche tropische Natur zu erleben. An Land vier feinsandige weiße Strände (darunter die Anse Manon, wo Karettschildkröten hinkommen!) sowie drei Wanderwege und mehrere Mountainbike-Strecken ins bergige Inselinnere. Zu Wasser einige der schönsten Schnorchelreviere der Seychellen. Und all das nur zehn Minuten Bootsfahrt oder einen kurzen Helikopterflug von der Seychellenhauptstadt Victoria entfernt …

Sainte Anne

Die erste Siedlung

Manche dieser Vorzüge – die Ebenen und sanften Hänge am Fuß des 246 Meter hohen Hauptbergs sowie die Nähe zu Mahé – erklären wohl auch, warum Sainte Anne zum ersten von Menschen besiedelten Ort der Seychellen wurde. Als die Franzosen von 1735 an nach der Okkupation von Mauritius und La Réunion weitere Brückenköpfe für die Sicherung des Seewegs nach Indien suchten, »entdeckte« der Kommandant Lazare Picault (ca.1700–1748) mit seinen Schiffen »Elisabeth« und »Charles« im November 1742 zwar zuerst Mahé – ging aber bald auch auf der einladenden, offenbar krokodilfreien Insel vor Mahés Nordostküste an Land.

Nachdem die Franzosen den Archipel am 1. November 1756 offiziell ihrem Kolonialreich einverleibt hatten, begannen sie 1770 auch mit dessen wirtschaftlicher Nutzung: Im August jenes Jahres ließen sich 28 Männer und Frauen auf Sainte Anne nieder. Sie benannten das Eiland nach dem Tag der heiligen Anna (26. Juli), errichteten ein paar Häuser, rodeten Regenwald und bauten Feldfrüchte an: Mais und Reis, Maniok und Bananen, Gemüse und Gewürze. Die kleine Kolonie florierte, und bald gründeten die Franzosen auch auf der gegenüberliegenden Hauptinsel Mahé Siedlungen und Plantagen für die örtliche Versorgung.

Langer Weg zum Tourismus

Doch die Anpflanzungen auf Sainte Anne wurden schon nach kurzer Zeit wieder aufgegeben. Auch der Umstand, dass 1778 in Sichtweite die ersten Häuser jenes Ortes entstanden, der später zur Hauptstadt Victoria werden sollte, konnten den Niedergang nicht aufhalten. Die Lage prädestinierte Sainte Anne jedoch auch fortan für wichtige Projekte. Von 1832 bis 1915 war die Insel

---

Nicht verpassen

SCHNORCHELN VOR DER HOTELTÜR

Der Sainte Anne Channel führt zwischen den Saumriffen der Inselgruppe reichlich Frischwasser in die Lagune. Seine Riffe, die Sandbänke und Seegrasfelder, Granitblöcke und Korallenstöcke bilden ein fantastisches natürliches Aquarium. Nach dem verheerenden Korallensterben von 1998 hat sich auch diese Meeresregion wieder erholt, heute wimmelt das Wasser nur so von Hunderterlei Fischen. Auch seltene Rochen und Muränen, Seenadeln und Meeresschildkröten kann man antreffen. Hier – gern gleich vom Resort aus! – zu schnorcheln oder zu tauchen wird zum unvergesslichen Erlebnis, am besten in der Zeit des Nordwestmonsuns von Oktober bis Mai. Solchen Meeresgenuss bieten auch die Tagestouren mit Glasbodenbooten von Victoria aus. Auf diese Weise können selbst Wasserscheue ein türkisblaues Wunder erleben. Das Resort wird derzeit renoviert und öffnet wieder Mitte Februar 2018.

Sainte Anne Resort & Spa.
Tel. 4292000,
www.sainteanne-resort.com

Oben: Die Inseln des Sainte Anne Marine National Park von Süd-Osten gesehen. Links hinten Mahé
Mitte und unten: Die Restaurants des Sainte Anne Resorts liegen direkt am Strand oder mit einem herrlichen Blick auf die Bucht.

Standort einer Fabrik für die Verarbeitung von Walfleisch und -fett, später für ein riesiges Treibstoffdepot.

Unrühmliche Geschichte

Heute erinnert nur noch ein uriger Schmelzofen für Walfett an die industrielle Nutzung, die Hoteldesigner haben ihn als Rarität auf dem Gelände des Resorts stehen gelassen. Gänzlich getilgt wurden die Spuren einer Einrichtung aus den 1980er-Jahren, als auf den Seychellen die linke Einheitspartei SPPF regierte. Damals betrieb hier der National Youth Service eine Art sozialistisches Schullandheim, um Jugendliche ideologisch zu unterweisen.

Schutz für all diese Schönheit

Mit einem – diesmal zukunftsweisenden – Superlativ ging Sainte Anne 1973 in die Annalen der Seychellen ein: In jenem Jahr stellte die englische Kolonialregierung die Inselgruppe und die sie umgebenden Gewässer unter Naturschutz. Der Sainte Anne Marine National Park, der erste seiner Art im Indischen Ozean, umfasst insgesamt 14,43 Quadratkilometer. Heute ist diese besondere Wasserwelt ein Refugium für mehr als 150 Arten von Fischen und Meerestieren – und mit jährlich gut 40 000 Besuchern eines der beliebtesten Ausflugsziele des Archipels.

Sainte Anne

Infos und Adressen

ESSEN UND TRINKEN

Sainte Anne Resort & Spa. Die weitläufige Ferienanlage bietet unter anderem auch vier Restaurants: »L'Abondance« in Strandnähe, »Le Mont Fleuri« (mediterran), »L'Ocean« (kreolisch) und direkt am Strand »Le Robinson« mit Überraschungsmenüs (Reservierung erwünscht). Snacks und Getränke gibt es an der »Sans Soucis Bar« und an der »Takamaka Beach Bar«. Bis zum 15. Februar 2018 auf Grund von Renovierungsarbeiten geschlossen. Ste. Anne, Tel. 4292000, www.sainteanne-resort.com

AKTIVITÄTEN

Angel Fish Dive Center. Zentrum für Bootsfahrten zum Schnorcheln und Tauchen. Roche Caiman, Victoria, Tel. 4344644, www.seychelles-charter.com

Sainte Anne Resort & Spa. Bootsfahrten für Schnorchler und Taucher. Meeresschildkröten-Beobachtung am Strand Anse Manon. Geführte Wander- und Mountainbiketouren. Bis zum 15. Februar 2018 auf Grund von Renovierungsarbeiten geschlossen.
Ste. Anne, Tel. 4292000,
www.sainteanne-resort.com

Creole Travel Services. Bootsexkursionen aller Art, auch mit Glasbodenbooten. Orion Building, Victoria, Tel. 4297000, www.creoletravelservices.com

INFORMATION

Ste. Anne Marine National Park Headquarters. Laurier Ave., Victoria, Tel. 4225115, info@scmrtmpa.sc

Die Villen des Sainte Anne Resort liegen an einer Palmplantage.

Ste. Anne Marine NP

23 Moyenne Island
Lebenstraum eines Engländers

Île Moyenne – wie ihr französischer Name schon sagt, »die Mittelgroße« der Inseln des Sainte Anne Marine National Park – war Seeräubernest, Urwald zum Abholzen, verwunschene Wildnis. Bis 1962 ein englischer Aussteiger kam, die Insel kaufte und sie als moderner Robinson mit einem einheimischen »Freitag« zur einzigartigen Attraktion machte …

Das kleine, unbewohnte Eiland ist (hoffentlich noch lange!) keine abgeschirmte Hotelinsel, dafür aber ein umso lohnenderes Ziel für Tagestouren. Per Boot von Victoria aus erreicht man Moyenne in 20, von der Nachbarinsel Cerf in knapp drei Minuten.

Moyenne ist nur 480 Meter lang und 300 Meter breit: eine malerische Anhäufung von Granit, dichtgrün und mit so gut wie jeder heimischen Baumart bewachsen. Mit dem Ausflugsboot kommt man am Moyenne Beach an – zu Fuß. Die See ist hier bei Ebbe so flach, dass die letzten 50 Meter zum Hauptstrand der Westseite watend zurückzulegen sind.

Granit und Piratengräber

Auf Moyenne kann man eine tropische Inselwelt erkunden, wie es sie in dieser Kombination nirgendwo sonst auf der Erde gibt: Festland aus zum Teil turmhohen, von Regen, Wind und Wasser rund geschliffenen Granitblöcken, ringsum gesäumt von flachen Lagunen mit weitläufigen Korallenbänken. Zuerst führt ein Fußpfad steil hinauf zum kleinen Restaurant Jolly Roger. Wer Ausflug plus Lunch

Mitte: Dank ihrer ehemaligen Besitzer steht Moyenne voller Bäume.
Unten: Auch Hunderte Riesenlandschildkröten wurden angesiedelt.

Moyenne Island

gebucht hat, bekommt dort ein leckeres kreolisches Mittagsmahl. Weiter geht es auf angelegten Wanderwegen, vorbei an seltenen, mit ihren Artnamen beschrifteten Bäumen. Dann an den Sarkophagen mehrerer Piratengräber, »unhappily unknown« (leider unbekannt) lautet eine Inschrift. In den Ästen hängen Flughunde, am Boden kriechen Schildkröten. In einer Stunde hat man – mit guten Schuhen! – die ganze Insel umrundet.

Aber was heißt hier Insel? Es ist ein Paradies – und seine Schöpfungsgeschichte geht so: Moyenne war wüst und leer, Kolonisten der frühen Jahre hatten den einstigen Piratenunterschlupf komplett abgeholzt. Von 1899 bis 1911 hauste hier nur eine gewisse Miss Emma Best samt ihren Hunden. Danach niemand mehr. 1962 kaufte ein englischer Aussteiger – der Journalist Brendon Grimshaw – für 8000 Pfund die Insel. 1973 zog er als ein moderner Robinson hierher und begann mit dem Seychellois René Antoine Lafortune, seinem »Freitag«, die Insel zu renaturieren. Die beiden pflanzten 16 000 Bäume, darunter mehr als 700 Mahagonibäume und 13 Coco-de-Mer-Palmen. Sie legten 4,8 Kilometer Naturpfade an, zogen 120 Riesenlandschildkröten groß und schufen ein Refugium für Tausende Vögel.

Der kleinste Nationalpark

Grimshaws größter Wunsch erfüllte sich 2008: Moyenne wurde ein eigener Nationalpark – der kleinste der Welt. »Diese Insel soll kein Ferienziel für Millionäre werden, sondern etwas für jedermann«, hatte Grimshaw gesagt und damit 40 Jahre lang jedes noch so lukrative Kaufangebot abgewehrt. Seit er im Juli 2012 mit 87 Jahren starb, hütet nun die Moyenne Island Foundation sein einzigartiges Erbe. Kenner taxieren es auf einen aktuellen Marktwert von 35 Millionen Euro.

Infos und Adressen

ESSEN UND TRINKEN
Jolly Roger Restaurant. Köstliche kreolische Küche und grandioses Inselpanorama. Mittagessen ist optional Teil der Bootstagestour von Mason's Travel. Moyenne, Kontakt über Tel. 25 11 25

AKTIVITÄTEN
Angel Fish Dive Center. Tauchbasis für Bootsfahrten zum Schnorcheln und Tauchen. Roche Caiman, Victoria, Tel. 434 46 44, www.seychelles-charter.com

Mason's Travel. Bootsfahrten und Ausflüge zu den Inseln. Tagestour ca. 50 Euro, für Kinder 25 Euro, Revolution Ave., Victoria, Tel. 428 88 88, www.masonstravel.com

Creole Travel Services. Bootsexkursionen aller Art, auch mit Glasbodenbooten. Orion Building, Victoria, Tel. 429 70 70, www.creoletravelservices.com

INFORMATION
Ste. Anne Marine National Park Headquarters. Laurier Ave., Victoria, Tel. 422 51 15, info@scmrtmpa.sc

Moyenne – mitten in der Lagune

Ste. Anne Marine NP

24 Round Island und Long Island
Hideaway unter Palmen

Auch die beiden kleinen Inseln der Sainte-Anne-Gruppe wurden schon von den französischen Kolonisatoren benannt. Und zwar nach ihrer Form: Île Ronde und Île Longue. Da sie abgeschieden, aber nahe an der Hauptstadt Victoria liegen, waren sie lange Zeit staatlich genutzt: Round Island erst als Leprastation, dann als Gefängnis, Long Island ebenso als Gefängnisinsel. Heute macht ihre Lage diese Eilande zu begehrten Standorten für Ferienresorts.

Wie ein tropisches Nobelviertel präsentiert sich Round Island. Die Insel, nur 100 mal 200 Meter groß und am höchsten Punkt 26 Meter hoch, ist üppig mit Palmen und anderen neu gepflanzten Bäumen bewachsen. Auf dem sanft ansteigenden grünen Hügel inmitten einer flachen Lagune sind malerisch die zehn kleinen Villen des Enchanted Island Resort hingewürfelt. Die Ende 2013 nach fünf Jahren und Baukosten von neun Millionen Dollar eröffnete Ferienanlage ist eine der neuen Top-Adressen der Seychellen.

Wer hier nach kurzer Autofahrt vom Flughafen und weiteren 15 Minuten im hoteleigenen Motorboot von Victoria anlandet, betritt eine Art blitzblankes Seychellendörfchen. Überall viel edles Holz, Mobiliar im Stil der 1930er- und 1940er-Jahre, jedes Privatchalet mit großer Terrasse, eigenem Infinity-Pool und Garten. Ans Wasser sind es nur ein paar Schritte: zum Baden, Schnorcheln, Kajakfahren und dergleichen sanften Sportarten mehr, die hier im Meeresnationalpark erlaubt sind. Auf dem höchsten Punkt der Insel liegt ein Spa

Mitte: Ausflügler können die kleine Insel nur vorbeifahrend bestaunen.
Unten: Round Island, ein exklusives Idyll mit Blick auf Victoria.

Round Island und Long Island

mit grandiosem Rundblick. Gespeist wird im »Bounty Restaurant«, zum Sundowner geht man in die »Castaway Bar«. Dort dürfte man gelegentlich dem einen oder anderen Zeitgenossen der Happy Few begegnen. Gästen wie dem Rolling-Stones-Gitarristen Ronnie Wood. Er logierte im April 2014 mit seiner neuen Ehefrau Sally Humphreys drei Wochen im Enchanted Island Resort – und aquarellierte brav und altersweise das Bilderbuchpanorama, Wasser, Luft und Licht.

Mit der Umgestaltung von Round Island zum »Piece of Paradise« (so die Eigenwerbung) endete eine lange, triste Inselhistorie. Noch 1942 gab es auf dem unbewohnten Eiland nur die Quarantänestation für leprakranke Frauen. Sie diente später als Gefängnis, in dessen Gemäuer zuletzt die kreolische Kneipe »Chez Gaby« Currys servierte. Bis dann Sunil Shah, ein reicher Steuerberater aus Victoria, die Insel vom Staat pachten konnte, um sie zu einem feinen Hideaway zu machen. Der Enkel eines indischen Händlers verwirklicht mit dem Enchanted Island Resort nun einen lang gehegten Wunsch der Familie: nobles Seychellen-Flair der 1930er-Jahre wieder aufleben zu lassen.

Das unvollendete Paradies

Gleich nebenan, auf dem bis 2006 als Jugendstrafanstalt genutzten Long Island, ist es um die noch hochfliegendere Variante einer Hotelinsel wieder still geworden. Das 800 Meter lange und 300 Meter breite Eiland ohne besondere Flora oder Fauna sollte zum Seychellen-Juwel der asiatischen Luxushotelkette Shangri-La werden. Mit 55 Villen, Tauchbasis, Spa und – als Krone des Ganzen – einer Seilbahn auf die 90 Meter hohe höchste Erhebung der Insel. Aber vielleicht wird es Investoren im Sainte Anne Marine National Park doch einfach allmählich zu eng.

Infos und Adressen

ÜBERNACHTEN

Enchanted Island Resort. Exklusive, die gesamte winzige Insel umfassende Ferienanlage mit zehn kleinen Villen, großem Spa, Restaurant und Bar und allem Komfort. Ideal für Paare und Honeymooner. Kinder ab zwölf Jahren willkommen. Sainte Anne Marine National Park, Round Island, Tel. 467 27 27, www.jaresortshotels.com

Das Enchanted Island Resort will mit seinen stilvollen Privatchalets das Seychellen-Flair der 1930er-Jahre wieder aufleben lassen.

Ste. Anne Marine NP

25 Cerf Island
Gute Currys und lange Strände

Die zweitgrößte Insel der Sainte-Anne-Gruppe liegt am nächsten zu Mahé. Von dort fahren Tagesbesucher mit Ausflugsbooten, aber auch einheimische Wochenendgäste gern mal hinüber nach Cerf. Denn einsame Strände und fischreiche Korallenriffe, viel wilde Natur und ein paar empfehlenswerte Adressen zum Übernachten und Essen machen diese Insel zum erholsamen Kontrastprogramm der Hauptstadt Victoria.

Etwa alle anderthalb Stunden (so genau nimmt man es hier nicht!) am Tag bedient ein Motorboot des Hotels L'Habitation die Passage von der Marina in Eden Island nach Cerf. Die Überfahrt mit dem Lagunentaxi ist kostenlos, und nach 15 Minuten macht es an einem Steg fest, der weit ins Wasser gebaut werden musste, so flach ist der Meeresarm zwischen Cerf und Mahé. Ebenso beschaulich kann man auch am anderen, nördlichen Ende des Takamaka Beach ankommen: am Anleger des Cerf Island Resort. Oder spektakulär, auf dem Heli-Landeplatz dieser weitläufigen Hotelanlage.

Kreolisch genießen

Auf Cerf wird schnell klar, warum man gern hierher kommt. Alles läuft ein paar Gänge langsamer. Die einheimischen Ausflügler verziehen sich zum Picknick unter die schattigen Bäume am schmalen, feinsandigen Strand. Im seichten Wasser schwimmen Schnorchler, weiter draußen paddeln Kanufahrer. Naherholung pur, auch wenn man – ein rares Bild auf den Seychellen! – die Fabriken und Windräder der Seeseite von Victoria im Blick hat.

Cerf Island ist ein beliebtes Picknick-Ziel der Einheimischen.

Nur einen Steinwurf hinter dem Anleger dann ein ländliches Idyll vor dichtem Regenwald: Häuser im Kolonialstil, das Restaurant und die Gartenpavillons des Hotels L'Habitation. Hier muss man es einfach den Einheimischen nachtun, die ihr Wochenende mit einem kreolischen Barbecue krönen. Palmherzensalat. Hähnchen-Curry. Ein, zwei kühle Seybrew. Als Dessert ein Nougat Coco. Unwiderstehlich! Dazu nur Meeresrauschen. Nirgends Straßen, Autos oder Geschäfte.

Der Hirsch war ein Schiff

Die Île au Cerf – so benannt nach dem Schiff »Le Cerf« (der Hirsch), mit dem 1756 die Franzosen hier anlandeten – hat heute etwa 100 Einwohner, die meisten pendeln zur Arbeit nach Mahé. Früher war die 1,7 Kilometer lange und 1,1 Kilometer breite Insel lange ein Zentrum des Kokosnussanbaus. Ihre höchste Erhebung erreicht 108 Meter, einen nennenswerten Ort gibt es nicht, die wenigen Häuser stehen locker verstreut auf den ebenen Flecken der West- und Nordküste. Nach den drei »großen« Inseln Mahé, Praslin und La Digue ist das die einzige kleine, auf der sich nicht nur ein einziges Hotel angesiedelt hat.

Oben: Supersüß, aber köstlich: Nougat Coco, das beste Dessert!
Unten: Das ruhige, flache Wasser ist ideal zum Stand-up-Paddeln.

Seinen Gästen – darunter viele Honeymooner – bietet Cerf ein schönes Ferienresort und ein paar Hotels mit guten Restaurants, neuerdings auch einige Unterkünfte für Selbstversorger. Und jeden

Abend um sieben das Gratis-Highlight: den Sonnenuntergang. Einen Besuch lohnen vor allem die endlosen weißen Strände. Sie säumen fast die gesamte Insel, die man zur richtigen Zeit – bei Ebbe! – sogar zu Fuß umrunden kann. Baden wird spätestens dann eher mühselig. Oder unmöglich, etwa wenn starker Wind im Sommer auf der Südwestseite viel Seegras anspült. Dann heißt es an die Nordküste ausweichen: eine halbe Stunde quer über die Insel, auf einem Dschungelpfad, der nicht immer leicht zu finden ist.

Versteckt und anonym

Ganz sicher schafft man es aber von Cerf Island auf die nächste Insel: Die winzige unbewohnte Île Cachée (die versteckte Insel) liegt nur 60 Meter vor der Südküste. Bei Ebbe kann man dorthin einen netten kleinen Spaziergang machen. Und vom anderen Ende erblickt man dann ein weiteres kleines Eiland. Es trägt den geheimnisvoll klingenden Namen Île Anonyme und ist in Privatbesitz.

Bis 2010 gab es auf der zehn Hektar großen, dicht bewaldeten Granitklippe unmittelbar vor der Landebahn des Flughafens von Victoria noch ein kleines Luxusresort mit Restaurant, das Gäste aus Mahé gern besuchten. Da die Île Anonyme sehr schöne Südoststrände hat, fahren natürlich auch heute noch Wochenendausflügler gern hinüber, um dort zu picknicken und zu baden.

Oben: Auch von Cerf aus zu sehen: der Pothala-mäßige Palast von Scheich Khalifa auf dem höchsten bebaubaren Bergrücken von Mahé.
Mitte: Zimmer im L'Habitation
Unten: Blick über den Pool des Hotels L'Habitation nach Mahé

Cerf Island

Infos und Adressen

ESSEN UND TRINKEN

1756 Restaurant. Kreolische und internationale Küche im Panoramarestaurant des Cerf Island Resort. Auch Tagesbesucher und Gäste von Bootsausflügen sind willkommen. Tgl. 7.30–10, 12.30–15, 19–21.30 Uhr, Cerf Island, Tel. 429 45 00, www.cerf-resort.com

L'Habitation Cerf Island. Das Restaurant im gleichnamigen Hotel bietet gute kreolische Küche, entspanntes Ambiente und Meerblick. Cerf Island, Tel. 278 13 11, habicerf@seychelles.net, www.lhabitationcerf.net76

ÜBERNACHTEN

Cerf Island Resort. Großzügige Ferienanlage mit 24 kleinen Villen, Spa und Pools an einem Berghang direkt am Meer. Der Helipad am höchsten Punkt ist ein begehrter Spot für Sundowner und Hochzeitsfotos. Cerf Island, Tel. 429 45 00, www.cerf-resort.com

L'Habitation Cerf. Charmantes kleines Hotel in Strandnähe mit 14 Zimmern im Kolonialstil. Bekannt für sein gutes Preis-Leistungs-Verhältnis. Cerf Island, Tel. 278 13 11, habicerf@seychelles.net, www.lhabitationcerf.net76

Villa de Cerf. Luxuriöses Small Hotel im Kolonialstil am Strand. Vier Schlafzimmer, nur Frühstück. Cerf Island, Tel. 252 31 61, www.villadecerf.com

Tropical Sanctuary. Schönes Villenhotel unter Palmen am Strand. Fünf Schlafzimmer, Frühstück/Halbpension im Hotel L'Habitation. Cerf Island, Tel. 252 10 60, www.cerfsanctuary.com

South Point Villas. Drei feine kleine Villen in grandioser Lage am Südzipfel der Insel. Für Selbstversorger, Einkaufsservice gegen Gebühr. Cerf Island, Tel. 120 93 93 5, www.southpointvillas.com

AKTIVITÄTEN

Manta Divers. Anbieter von Tauchtouren vor Cerf Island und anderen Inseln des Archipels. Eden Island Plaza, Roche Caiman, Mahé. Tel. 256 16 29, info@mantadiversseychelles.com

Bootsausflüge zu den Nachbarinseln des Sainte Anne Marine National Park werden auf Wunsch auch von den Hotels vermittelt.

Mit Restaurants und Gästehäusern zieht Cerf auch Ausflügler an.

PRASLIN UND NAHE INSELN

26 Baie Sainte Anne und Südküste
Logenplätze über dem Meer — **148**

27 Vallée de Mai
Wunderwelt der Palmen — **154**

28 Praslin, die Nordostküste
Von einfach bis exklusiv — **162**

29 Anse Lazio
Paradies mit Hainetz — **168**

30 Praslin, die Nordwestküste
Zum Golfen und Wandern — **172**

31 Île St. Pierre
Das Bilderbuchmotiv — **176**

32 Curieuse
Im Reich der Riesenschildkröten — **178**

33 Aride
Heimat der Seevögel — **182**

34 Cousin Island
Refugium der Landvögel — **184**

35 Cousine Island
Für Ferien vom Feinsten — **186**

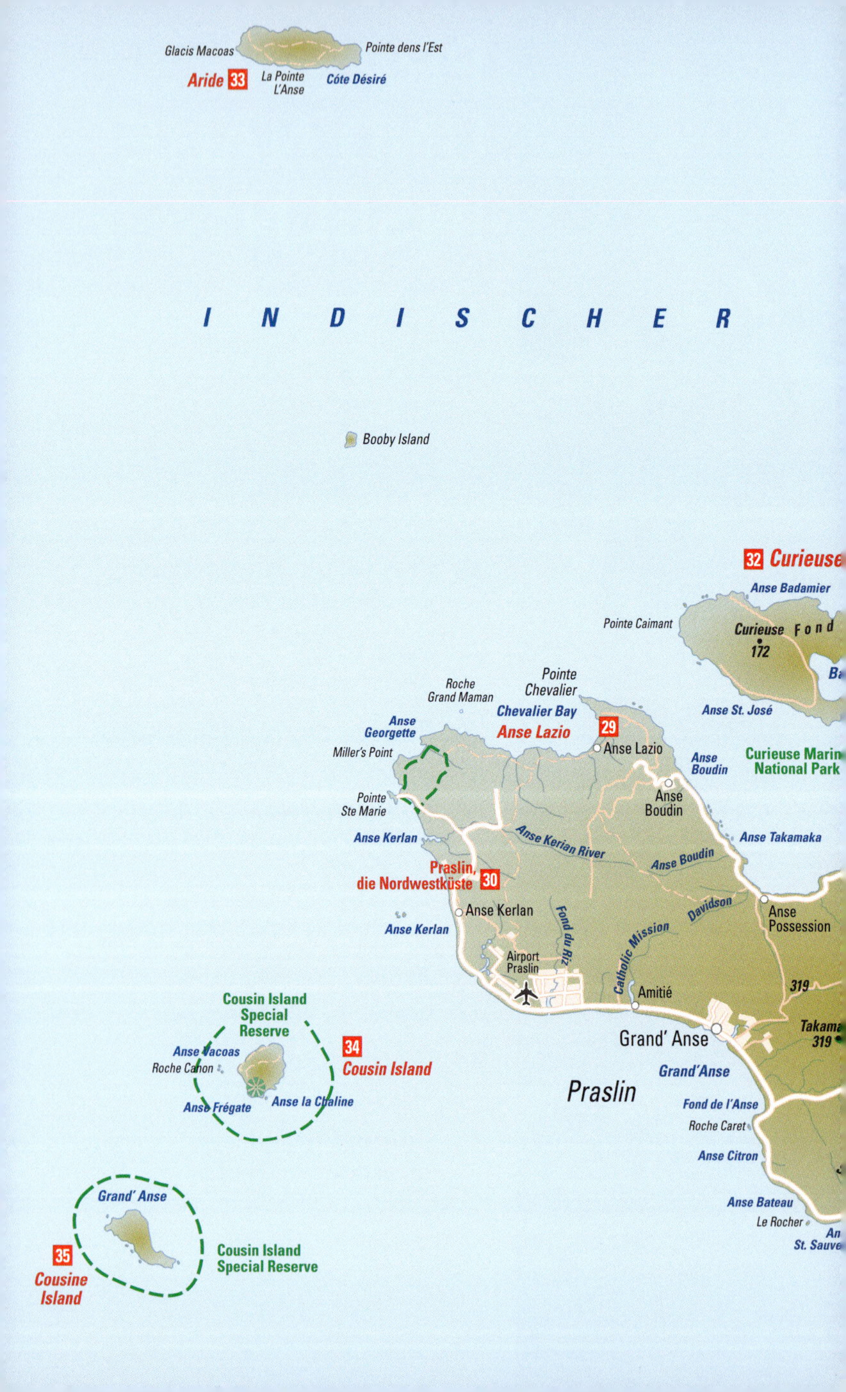

Glacis Macoas Pointe dens l'Est
Aride 33 La Pointe Côte Désiré
L'Anse

INDISCHER

Booby Island

32 **Curieuse**

Anse Badamier

Pointe Caimant Curieuse Fond
172

Anse St. José

Roche Pointe
Grand Maman Chevalier
Anse Chevalier Bay
Georgette **Anse Lazio** 29
Miller's Point Anse Lazio Anse Curieuse Marin
Boudin National Park
Pointe Anse
Ste Marie Boudin
Anse Kerlan Anse Takamaka
Praslin, Anse Boudin
die Nordwestküste 30
Anse Kerlan Anse
Anse Kerlan Possession
Airport 319
Praslin Amitié Takama
319
Grand' Anse
Cousin Island Grand'Anse
Special Reserve
Anse Macoas 34 **Cousin Island** Fond de l'Anse
Roche Canon Roche Caret
Anse Frégate Anse la Chaline Anse Citron
Praslin
Anse Bateau
Le Rocher
Grand' Anse An
35 **Cousine Island** St. Sauve
Cousine **Special Reserve**
Island

Praslin und nahe Inseln

26 Baie Sainte Anne und Südküste
Logenplätze über dem Meer

Die weite, flache Baie Sainte Anne mit dem gleichnamigen Ort ist das natürliche Tor zu Praslin, der zweitgrößten Insel der Inneren Seychellen. Der hier angelegte kleine Hafen bedient den Fährverkehr von und nach Mahé und La Digue. An den Hügelketten rund um die Bucht und auf dem vorgelagerten Inselchen Round Island bieten Hotels, Gästehäuser und ein Wanderweg spektakuläre Ausblicke auf den Indischen Ozean.

Wer mit dem neuen schnellen Katamaran der Fährlinie Cat Cocos vom Inner Island Quay auf Mahé nach Praslin prescht, braucht für die rund 45 Kilometer nur knapp eine Stunde. Und dennoch wird man die Überfahrt ähnlich erleben wie im fernen Jahr 1744 der französische Kapitän Lazare Picault (ca. 1700–1748), als er auf seiner zweiten Expedition zu den Seychellen als wohl erster Europäer diese Insel zu sehen bekam. Eine lang gestreckte, hügelige Landmasse am Horizont schält sich immer deutlicher aus dem Blau von Himmel und Meer. Dann geht es an der nur durch einige kleine Strände gegliederten Südküste entlang, bis sich schließlich eine überraschend weite natürliche Bucht auftut.

Seite 144/145: Auf Curieuse Island können sich die Besucher unter Hunderte Riesenlandschildkröten mischen, die frei herumtapsen.
Mitte: Das Colibri Guesthouse und die Chalets Coté Mer haben herrliche Logenplätze über dem Ozean.
Unten: Bei Ebbe wird es soo flach!

Seit jeher die »Insel der Palmen«

Hier wird Picault einst vor Anker gegangen sein, um mit seinen Leuten nunmehr nach Mahé auch diese Seychelleninsel zu erkunden. Sie muss damals noch voll mit Palmen bewachsen gewesen sein, denn anders wäre es nicht zu erklären, wa-

Baie Sainte Anne

rum er ihr spontan den schönen Namen »Île des Palmes« gab. Heute strömen hier am kleinen Bootsanleger von Baie Sainte Anne jeden Tag Hunderte von Touristen an Land, die entweder auf Ausflugstour sind oder ohnehin schon gleich diese Insel als ihr Seychellenziel gebucht haben.

Gute Gründe dafür gibt es genug. Praslin – so heißt sie seit 1768 zu Ehren von César Gabriel de Choiseul, Duc de Praslin (1712–1785), dem damaligen französischen Marineminister – ist ländlicher und gemächlicher als Mahé und gerade mal ein Viertel so groß. Vor allem aber gibt es auf dieser Insel ein paar wirklich spektakuläre Natursehenswürdigkeiten: Der Kokospalmendschungel des Vallée de Mai ist einzigartig, und einige der vielen Sandstrände zählen zu den schönsten der Welt. Dem Fremdenverkehr dient Praslin außerdem als Drehscheibe zu mehreren unterschiedlich großen Nachbarinseln, die rundum in Sichtweite einen regelrechten eigenen Archipel bilden.

Korallenriffe und grüne Berge

Praslin, die weitaus größte Insel dieser Gruppe, ist etwa zwölf Kilometer lang und nirgends mehr als fünf Kilometer breit. Wie alle Inseln der Inneren Seychellen besteht sie aus Granit, aber anders als auf Mahé gibt es hier keine hoch aufragenden Gipfel, sondern nur mittelhohe Hügel und sanfte grüne Bergrücken. Die höchste Erhebung, der Fond Azore auf einer bewaldeten Granitkuppe im Südteil der Insel, erreicht 367 Meter Höhe.

An den unregelmäßig und abwechslungsreich geformten Küsten erstrecken sich lange feinsandige Strände, an vielen Stellen gesäumt von Kokospalmen und immergrünen Takamaka-Bäumen. Fast rundherum ist Pralin von weitläufigen Korallenrif-

Geheimtipp

DER HIMMEL ÜBER PRASLIN

Zu den Vorzügen des Hotels Chateau de Feuilles zählt gewiss, dass man von diesem reizvollen Logenplatz einen grandiosen Blick auf die umliegenden Inseln genießen kann – oder eben gleich bis zu den Sternen: Der kreisrunde Whirlpool am höchsten Punkt des Resorts hat nämlich rund um die Uhr geöffnet. Somit bietet er eine wunderbare Gelegenheit zu entspanntem Sternegucken de luxe! Der Nachthimmel erstrahlt hell, denn Lichtverschmutzung gibt es hier mitten im Indischen Ozean nicht. Die Milchstraße leuchtet – und da: mittendrin das Kreuz des Südens, das »Navi« der frühen Seefahrer. Ja klar, es heißt so, weil es nur auf der südlichen Halbkugel zu sehen ist. Und noch mal staunt man: Der Große Wagen hängt hier doch tatsächlich kopfüber am Firmament!

Le Chateau de Feuilles.
Baie Ste. Anne, Tel. 4290000,
www.chateaudefeuilles.com

Praslin und nahe Inseln

Einfach gut!

EIN SANDSTRAND SO WEISS WIE MEHL

Auf den Seychellen gibt es wunderbare Strände buchstäblich wie Sand am Meer, viele mit klingenden Namen. Einer davon ist sicher die Anse La Farine – frei aus dem Französischen: der Mehlstrand. Und tatsächlich: Auf der sanft geschwungenen Sandzunge am untersten Südsporn von Praslin läuft man wie auf weißem, weichem Maismehl. Die Gezeiten haben den Korallenabrieb der hier sehr flachen Baie Sainte Anne als feinste Brösel ans Ufer gemahlen, alles gleißt und leuchtet, die Luft über dem seichten Wasser flirrt wie eine Fata Morgana. Bei Flut kann man hier schön baden, bei Ebbe lustvoll chillen. Wie man da hinkommt? Als Gast des Hotels New Emerald Cove jederzeit, es liegt nämlich direkt an der Anse La Farine. Sonst nur mit einem Boot – das aber klein genug sein muss, um nicht auf den Korallenstöcken aufzusetzen.

Anse La Farine. Am Ostufer der Baie Ste. Anne gegenüber von Round Island

fen umgeben – mit der Folge, dass das Wasser bei Ebbe zum Beispiel auch in der Baie Sainte Anne zu flach ist, um die mehrere Kilometer breite Bucht mit größeren Schiffen zu passieren. Nur an wenigen Stellen, etwa an den äußersten Landspitzen im Norden und am südöstlichen Sporn, gibt es keine Riffe.

Hauptort des Tourismus

Mit gut 8000 Einwohnern hat Praslin auch die zweitgrößte Bevölkerung der Seychellen und – folgerichtig – nach Mahé die größte Dichte an Touristenunterkünften. Viele Einheimische leben heute vom Fremdenverkehr und der darauf ausgerichteten Infrastruktur. Die lokale Landwirtschaft und selbst die Fischerei haben hingegen längst nicht mehr die wirtschaftliche Bedeutung, die ihnen noch vor ein paar Jahrzehnten zukam.

Besonders eindrucksvoll zeigt sich diese Entwicklung unter anderem in Baie Sainte Anne. Im Inselhauptort, der etwa zwei Kilometer nördlich der Schiffsanlegestelle liegt, findet man nicht nur die traditionelle Ansammlung von Schule, Kirche und Krankenhaus, Banken, Post und Tankstelle, sondern auch Mini-Märkte und Autovermieter, die für die zunehmenden Selbstversorger unter den Touristen eine wichtige Rolle spielen. Auch ein paar Cafés und einen Nachtklub gibt es.

Ein interessantes, aber nicht eben schönes Projekt sieht man nahebei in der Bucht: Eve Island, eine künstlich aufgeschüttete Insel, die über eine Brücke mit dem Ort verbunden ist. So wie an der Küste vor Victoria auf Mahé setzt man auch hier auf Landgewinnung. Um empfindlichere Gegenden der Insel vor weiterer Bebauung zu verschonen, wie es gelegentlich heißt. Doch geht es wohl auch in diesem Fall darum, Platz zu schaffen für Büros,

Geschäfte und lukrative Apartments. Badestrände, die diesen Namen verdienen, oder auch gute Unterkunftsmöglichkeiten wird man im eigentlichen Ort Baie Sainte Anne vergeblich suchen. Doch schon die Hügelketten links und rechts der Bucht sind reizvolle und gefragte Standorte einiger Hotels und Gästehäuser, die zu den feinsten Adressen von Praslin, wenn nicht der Seychellen zählen. Die meisten liegen an der kurvenreichen Straße, die durch üppig-grünen Regenwald vom Fähranleger hinüber nach Grand' Anse im Westen der Insel führt.

Zum Strand? Per Mietauto!

Bereits an dem noch der Bucht zugewandten Hang haben das Hotel Coté Mer und das Colibri Guesthouse grandiose Logenplätze. Etwas weiter, auf der Pointe Cabris genannten Südwestspitze von Praslin, thront das »Chateau de Feuilles«: Wer hier Ferientage verbringt, kann sich als König der Seychellen fühlen. Selbst die wichtige Frage, wie man eigentlich aus der im wahrsten Sinne des Wortes *splendid isolation* an den nächsten Ort oder Strand kommt, wurde elegant gelöst: Ein Mietwagen ist inklusive! Am besten einen Mietwagen haben sollte man auch, um in dieser Gegend an den Startpunkt der noch wenig bekannten, aber lohnenden Tour in das Fond Ferdinand Nature Reser-ve zu gelangen. Die von eigenen Guides geführte zwei- bis dreistündige Wanderung geht von der Anse Marie-Louise durch artenreichen Pal-

Oben: Blick nach Round Island
Mitte: Kein Falschfahrer! Auf den Seychellen herrscht Linksverkehr.
Unten: In der besonders flachen Baie Sainte Anne wurde die künstliche Insel Eve Island (links) aufgeschüttet.

Praslin und nahe Inseln

menwald mit vielen Coco-de-Mer-Bäumen hinauf zu einer Anhöhe, von wo man einen großartigen 360-Grad-Inselüberblick hat: von Aride über La Digue und Frégate bis hin nach Mahé und Silhouette.

Lohnende Ziele am Südsporn

Nicht so weit abgelegen wie die besonders malerische Südwestküste von Praslin ist die Halbinsel Au Morne im Südosten. Kurz hinter dem Ortsende von Baie Sainte Anne führt zwar eine Straße hinüber an den Sandstrand der Anse La Blague, wo sich letzthin einige hübsche Hotels angesiedelt haben. Aber schon das Bungalowhotel New Emerald Cove an der weiß-sandigen Anse Farine ist nur quer über die Bucht per Boot zu erreichen.

Und vollends als kleine Welt für sich muss die winzige vorgelagerte Insel Round Island gelten. Sie ist doch tatsächlich noch exklusiver als ihre gleichnamige Schwester im Sainte Anne Marine National Park: vier kleine Luxusvillen für bis zu 16 Gäste, ein Robinson-Idyll samt Helipad, Granitberg und Korallenriff. Buchen kann man es nur als Ganzes – für 10 150 Euro am Tag.

Oben: Nach Mahé ist Praslin die zweite Insel mit regulären Straßen.
Mitte: Im weitläufigen Hotelgarten des New Emerald Cove
Unten: Am flachen Traumstrand des Resort Round Island

GUT ZU WISSEN

BUS, LEIHRAD ODER MIETWAGEN?
Auf Praslin hat man alle drei Möglichkeiten, die Insel abzufahren – theoretisch. Aber dafür den öffentlichen Bus zu nutzen, kann ein nervenzehrendes Abenteuer von Hoffen und Bangen werden. Zum Radfahren ist vor allem der Süden der Insel letztlich doch zu hügelig. Daher empfiehlt es sich, zumindest tageweise einen Mietwagen zu nehmen. Beim Organisieren sind die meisten Hotels gern behilflich, manche haben hauseigene Sondertarife mit einem örtlichen Vermieter.

Baie Sainte Anne und Südküste

Infos und Adressen

ESSEN UND TRINKEN

Le Chateau de Feuilles. Restaurant und großartiger Panoramablick, nur abends geöffnet. Kreative kreolische und französische Küche, Spezialität: gegrillter Crayfish. Pointe Cabris, Baie Ste. Anne, Tel. 4290000, www.chateaudefeuilles.com

Coco Rouge. Einfaches kreolisches Straßenrestaurant mit Cafeteria und Take-away. Mo–Sa 11–21 Uhr, Tel. 258 10 14, www.cocorougesey.com

Ogani Bar & Takeaway. Kultiges Straßencafé mit origineller kreolischer Küche. Mo, Di, Do–So 12–14.30, 19–21.30 Uhr, Baie Ste. Anne, Tel. 256 57 99

Port Side Café. Kreolische Snacks direkt am Fähranleger. Tgl. 7.30–18 Uhr, Baie Ste. Anne, Tel. 277 35 18

ÜBERNACHTEN

Bonnen Care. Charmante kleine Strandvilla an der Südwestküste mit vier Zimmern für Selbstversorger. Anse Consolation, Tel. 432 24 57, www.bonnenkare.com

Chalets Coté Mer. Kleines Hotel in einem tropischen Garten am Hang neben dem Fähranleger. Gutes französisch-kreolisches Restaurant, toller Meerblick. Baie Ste. Anne, Tel. 429 42 00, www.chaletscotemer.com

Colibri Guesthouse. Apartments und Zimmer für Selbstversorger. Das Gästehaus gehört zum Hotel Coté Mer nebenan, dessen Pool, Badesteg und Restaurant genutzt werden können. Baie Ste. Anne, Tel. 429 42 00, www.colibrihotel-praslin.com

Coco de Mer & Black Parrot Suites. Wird nach Renovierung am 1. Feb. 2018 wieder eröffnet. Anse Bois de Rose, Tel. 429 05 55, www.cocodemer.com

Elize's Villa. Zwei kleine Villen für Selbstversorger an der Südostspitze. Anse la Blague, Tel. 251 03 42, www.elizesvilla.com

Le Chateau de Feuilles. Neun Chalets und Villen der Kette Relais & Chateaux in großartiger Lage an der Pointe Cabris. Hervorragendes Restaurant. Kinder ab acht Jahren willkommen. Baie Ste. Anne, Tel. 429 00 00, www.chateaudefeuilles.com

New Emerald Cove. Weitläufiges, etwas in die Jahre gekommenes Bungalow-Hotel. Nur per Boot erreichbar. Anse La Farine, Tel. 423 23 23, www.emerald.sc

Resort Round Island. Vier charmante Luxusvillen auf einer winzigen Insel vor der Südostspitze von Praslin, erreichbar nur per Boot und Helikopter. Platz für 16 Personen, es kann nur die komplette Insel gebucht werden. Round Island, Tel. 467 16 00, www.luxurydreamhotels.com; buchbar beim deutschen Anbieter seyvillas, Tel. 0521/44 81 86 10, www.seyvillas.com

Villa Anse la Blague. Kleines Bed & Breakfast an der gleichnamigen Bucht der Südostseite von Praslin. Anse la Blague, Tel. 251 37 14, www.villaanselablague.com

AUSGEHEN

Oxygen Nightclub. Die einzige Disco auf Praslin. Partytime ist von 22 Uhr bis vier Uhr früh für Gäste über 18. Nur in gediegener Kleidung. Baie Ste. Anne, Tel. 251 23 00

AKTIVITÄTEN

Edelweiss Tours. Geführte Wanderungen des Schweizer Guides Mario Gisiger. Praslin, Tel. 251 57 39, www.edelweisstours.co

INFORMATION

Tourist Information Office Praslin. Mo–Fr 8–16 Uhr, Sa 8–12 Uhr, direkt am Fähranleger, Baie Ste. Anne, Tel. 423 26 69, stbpraslin@seychelles.net, www.seychelles.travel

Im schönsten begehbaren Palmendschungel der Welt

Praslin und nahe Inseln

27 Vallée de Mai
Wunderwelt der Palmen

Das Herzstück von Praslin ist weltberühmt und einzigartig. In der Mitte der Insel verläuft ein urtümliches Dschungeltal, in dem alle sechs endemischen Palmenarten der Seychellen vorkommen. Dazu ein so seltener Vogel wie der Schwarze Papagei. Und zu Hunderten eine mythische Frucht: die Nüsse der Meereskokospalme. Ihr verdankt der Nationalpark Vallée de Mai seinen Schutz als UNESCO-Weltnaturerbe.

Keine Seychellenreise ohne einen Besuch des Vallée de Mai! Diese Hauptsehenswürdigkeit haben Tagesausflügler von Mahé und den anderen Inseln genauso auf dem Programm wie Bootsrundfahrt-Touristen und Gäste, die direkt auf Praslin Urlaub machen. Die meisten von ihnen kommen also per Mietwagen, Bus oder mit dem Shuttle eines Reiseveranstalters auf die dicht bewaldete Passhöhe oberhalb der Ortschaft Baie Sainte Anne, wo der Zugang zu diesem botanischen Weltwunder liegt.

Ein Wald wie einst auf Gondwana

Hier beginnt ein Hochtal, nur knapp 20 Hektar groß, das zu den faszinierenden Raritäten der Erde zählt: Es steht dicht an dicht voller Palmen wie zu den Zeiten – Hunderte Millionen Jahre ist es her! –, als die Seychellen noch Teil des Urkontinents Gondwana waren, bevor er sich in die heute existierenden Erdteile, darunter auch Afrika sowie Madagaskar und weitere Inseln des Indischen Ozeans, aufsplitterte. In dieser geografischen Isolation hat sich eine besonders seltene und artenreiche Pflanzen- und Tierwelt erhalten.

Ein Guide des Vallée de Mai

Die Regierung der Seychellen erkannte das frühzeitig und stellte das bereits 1945 von einem privaten Besitzer auf den Staat übergegangene Gebiet 1966 als Nationalpark unter Naturschutz. Ziel dieser Maßnahme ist es bis heute, invasive oder auch bewusst vom Menschen eingeführte Pflanzen und Bäume wieder zu entfernen und die ursprüngliche Besonderheit des Tals als Heimat der Meereskokosnuss zu erhalten. 1983 fanden die Bemühungen internationale Anerkennung: das Vallée de Mai wurde als »hervorragendes Beispiel eines charakteristischen Palmenwalds der Seychellen« in die Weltnaturerbeliste der UNESCO aufgenommen. Wissenschaftlich erforscht und engagiert verwaltet wird das Vallée de Mai von der Seychelles Island Foundation (SIF), einer Stiftung, an deren Spitze seit vielen Jahren eine eingeheiratete Deutsche steht: die aus Erfurt stammende Biologin Frauke Fleischer-Dogley.

Man sieht nur, was man weiß!

Besucher finden heute eine gut aufbereitete Touristenattraktion vor. Am Eingang gibt es ein Café, einen Shop mit den üblichen Souvenirs, aber auch hilfreiches Informationsmaterial. Die 300 Rupien Eintritt (knapp 20 Euro) sind happig – wohl zu

Nicht verpassen

EIN GUTER GUIDE IST DAS HALBE ERLEBNIS

Eine Palme ist eine Palme ist eine Palme! Zu dieser wenig erhebenden Erkenntnis könnte schnell kommen, wer entweder aus Eile oder botanischer Selbstüberschätzung darauf verzichtet, im Vallée de Mai eine Führung mitzumachen. Die nüchternen Wanderwege – teils rollstuhlgerecht – durch das Palmental tun ein Übriges, dass man eben nicht durch einen exotischen Zauberwald wandelt, sondern bei schwüler Hitze durch gleichförmige grüne Wildnis. Erst ein guter Guide kann einem da die Augen und Ohren öffnen: Für die Unterschiede der sechs Palmenarten, die hier wachsen. Für die seltenen Geckos, Schnecken, Süßwasserkrabben und was da sonst noch kreucht und fleucht. Für den richtigen Moment zum Innehalten, um einem Dickschnabel-Bülbül zuzu-hören – oder um tatsächlich einen Schwarzen Papagei zu erspähen.

Praslin und nahe Inseln

DAS ANDERE NATURRESERVAT

Geheimtipp

Natürlich ist und bleibt das Vallée de Mai der Besuchermagnet von Praslin. Aber es gibt eine sehr interessante Alternative: das im Januar 2013 eröffnete, aber noch wenig bekannte Naturreservat Fond Ferdinand. Es liegt weiter südlich, ist mit 122 Hektar gut sechsmal so groß wie das Weltnaturerbetal und noch reicher an endemischen Pflanzen und Tieren. Hier stehen fast ebenso viele Coco-de-Mer-Palmen wie im Vallée de Mai, darunter jene mit den größten Nüssen. Lohnend und abwechslungsvoll ist die zwei- bis dreistündige geführte Palmenwaldwanderung hinauf zum Aussichtspunkt. Dort öffnet sich ein grandioser Panoramablick über Praslin und die umliegenden Inseln.

Fond Ferdinand Nature Reserve. Ausganspunkt ist der Parkplatz an der Anse Marie-Louise, der mit dem Mietwagen oder Bus zu erreichen ist.

verstehen als ein Obolus für die Nachhaltigkeit. Für einen lohnenden Rundgang durch das »Maital« sollte man mindestens zwei Stunden einkalkulieren. Zu bestimmten Zeiten machen Mitarbeiter des Parks kostenlose Führungen auf Englisch. Sie dauern 45 Minuten, danach fällt es leichter, diese fremde Welt auch selber noch eingehender zu erkunden.

Jedenfalls sollte man einen guten Guide haben (nicht einen der »lokalen«, die sich vor dem Eingang anbieten). Denn sonst könnte es passieren, dass man vor lauter Wald die Bäume nicht mehr sieht. Die eigens angelegten Pfade sind zwar mit mehrsprachigen Lehrtafeln auch auf Deutsch bestückt, doch sie führen in eine ungewohnte, fast sonnenlichtlose grüne Wildnis, die schnell wie eine Art Monokultur wirken kann.

Imposante Königin dieses Waldes ist *Lodoicea maldivica*, die Seychellenpalme, auch Meereskokospalme, Coco de Mer und auf Kreolisch *Koko Dmer* genannt – der mit gezählten 1440 Exemplaren häufigste Baum. Zu finden sind – und zwar nur hier – auch alle fünf weiteren Palmenarten, die wie die Coco de Mer nur auf den Seychellen wachsen. An Tieren kommen der ebenso endemische Schwarze Papagei und andere seltene Vögel hinzu. Oder der Tenrek, der ausschaut, als hätten sich Igel und Ratte gekreuzt. Außerdem mehrere Gecko- und Froscharten, die Praslin-Schnecke und in den vielen kleinen Rinnsalen des Hochtals sogar diverse Garnelen und Krabben. Ob man sie denn zu Gesicht bekommt oder gar vor die Kamera, ist freilich reine Glückssache.

Geheimnisvolle Coco de Mer

Alle Aufmerksamkeit ziehen naturgemäß die Meereskokospalmen auf sich. Wer nicht schon anders-

Praslin und nahe Inseln

WANDERUNG AUF DEN GLACIS NOIR

Geheimtipp

Dieser wenig bekannte Wanderweg ist leider mehr schlecht als leicht zu finden, aber sehr empfehlenswert. Etwa 200 Meter vom Haupteingang des Weltnaturerbes Vallée de Mai an der Straße Richtung Baie Sainte Anne geht es rechts bergauf, mal steil, dann auch wieder flacher, bis nach anderthalb Kilometern ein alter Feuerturm mit 360-Grad-Rundumsicht erreicht ist. Wer – vielleicht nach einem Besuch des Vallée de Mai – mit der Flora und Fauna der Gegend einigermaßen vertraut ist, kann auch entlang dieses Weges alle sechs endemischen Palmenarten der Seychellen bewundern. Dazu grellgrüne Taggeckos, bunt leuchtende Warzenfruchttauben, kreischende Dickschnabel-Bülbüls, blau schillernde Libellen, neugierige Seychellen-Skinke ... Lauter Erlebnisse, die man fast immer für sich allein genießen kann.

wo auf den Seychellen gelernt hat, weibliche und männliche Bäume zu unterscheiden (etwa im Botanischen Garten auf Mahé), findet auf dem Rundgang durch das Vallée de Mai reichlich Gelegenheit dazu. Die weiblichen werden bis zu 30 Meter hoch und tragen riesige herzförmige Nüsse. Diese Samen – die größten der Welt – können bis zu 25 Kilo schwer werden. Nach sieben Jahren sind sie reif, fallen zu Boden und ihre Fruchtschalen geben ein lasziv gespaltenes, bis zu einem halben Meter großes braunes Samengehäuse frei. »Cul de négresse« nannten die französischen Kolonialherren diese Nuss, die frappierend einem Frauenschoß gleicht.

Die männlichen Bäume wirken nicht minder erotisch: Sie tragen meterlange Blütenstände, die wie allzeit bereite Penisse aus den Blattkronen ragen. Kein Wunder, dass sich die Volksfantasie genüsslich ausmalte, wie es die Meeresnusspalmen in windigen Nächten miteinander treiben. Doch wer dabei zusehe, sei rettungslos verloren ...

Wie die Fortpflanzung dieser Bäume tatsächlich abläuft, erforscht nun ein Darmstädter Ökologe. Und zwar mithilfe von Fotofallen, um so die Bestäubung – vermutlich durch Echsen – wissenschaftlich zu dokumentieren. Eine erstaunliche Erkenntnis hat er bereits gewonnen: Über ihre Blätter leitet die Coco de Mer so viele Nährstoffe an den Fuß des Stammes, dass die dort hinfallenden Samen auskeimen und aufwachsen können – ein im Pflanzenreich einzigartiger Fall von Brutpflege.

Gefährdung des Bestandes

Gleichwohl steht die Meereskokospalme heute als »endangered« (stark gefährdet) auf der Roten Liste der IUCN. Allein in den letzten 50 Jahren sind ihre Bestände auf etwa 30 Prozent geschrumpft.

Seite 157: Die Königin des Waldes: hier eine weibliche Coco de Mer

Vallée de Mai

Durch Holzeinschlag, Parasiten, Brände, vor allem aber durch den lukrativen Handel mit ihren Nüssen. Legal werden die sinnlichen Objekte (naturbelassen, poliert, gebeizt oder lackiert) für 200 bis 500 Euro als Souvenir verkauft – offiziell etwa 1000 Stück pro Jahr. Illegal für bis zu 750 Dollar pro ausgewachsene Nuss, schon der essbare Kern bringt auf dem asiatischen Markt 250 Dollar – pro Kilo! Denn Zubereitungen aus dem Fleisch der Coco de Mer gelten dort als Aphrodisiakum.

Und so haben selbst die Parkranger des Weltnaturerbes Vallée de Mai immer wieder Fälle von Wilderei und Diebstahl zu ahnden. Im Oktober 2014 wurden dort 18 Nüsse gestohlen, die Zahl war anhand der zurückgelassenen Fruchtschalen leicht zu eruieren.

Kostbares Objekt der Begierde

Die Gier auf die Früchte der Meeresnusspalme zieht sich wie ein roter Faden durch die neuere Geschichte der Seychellen. Lazare Picault (ca. 1700–1748), der Entdecker von Praslin, hatte 1744 erst mal nur gestaunt über die üppige Wildnis der »Île des Palmes«. Doch schon sein Lands-

GUT ZU WISSEN

WIE VIELE COCO DE MER SIND ES DENN NUN?

Im Vallée de Mai, so liest man es oft, stehen bis zu 7000 Coco-de-Mer-Palmen, manche sind 1000 Jahre alt und 40 Meter hoch. Die Realität ist (laut Weltnaturschutzunion IUCN) ein paar Nummern kleiner: 8282 »erwachsene« Exemplare gibt es auf den Seychellen, davon 1440 im Vallée de Mai, 1380 im Fond Ferdinand, 1750 auf Curieuse. Die größte Palme im Vallée de Mai misst 27 Meter, die älteste ist etwa 300 Jahre alt. – Naturwunder können offenbar nie groß genug sein.

Oben: Mit etwas Glück kann man auch einen Bülbül erspähen.
Mitte: Eine männliche Coco de Mer ist unschwer an ihrer Form zu erkennen.
Unten: Die weibliche Meereskokosnuss beflügelt seit jeher die Fantasie.

Praslin und nahe Inseln

mann Henri Brayer du Barré (gest. 1777), der 1768 ins Inselinnere vordrang, fand bald die ersten Cocos de Mer – und damit die Lösung eines uralten Rätsels. Von hier stammten also die sagenhaften Nüsse, von denen schon Ferdinand Magellan (1480–1521) bei der ersten Weltumsegelung gehört hatte! Sie wurden offenbar seit jeher an die Küsten Indiens, Ceylons und vor allem der Malediven geschwemmt und galten als große Kostbarkeit.

Da sie aber nie jemand irgendwo an einem Baum gesehen hatte, hielt man sie für die Früchte einer mythischen Unterwasserpalme. Die exotisch-erotische Rarität war jedenfalls weltweit gefragt. Kaiser Rudolf II. (1552–1612) in Prag soll 4000 Goldflorin für ein besonders ansehnliches Exemplar hingelegt haben, das der Sultan von Bantam einem holländischen Admiral geschenkt hatte.

Brayer du Barré witterte das Geschäft seines Lebens und ließ 30 der Riesennüsse an Bord bringen. Ein Jahr darauf, 1769, kehrte er mit einem größeren Schiff, der »L'Heureuse Marie«, zurück, lud es bis oben hin voll und segelte mit der gewinnversprechenden Fracht hinauf nach Indien. Damit war die Coco de Mer endgültig Handelsgut und Sammlerware geworden.

Berühmt, aber unter »falschem« Namen

Frühzeitig interessierte sich auch die Wissenschaft für diese Palme, von der man seit jeher annahm, dass ihr »besondere Heilkräfte« zukämen. 1791 benannte sie der deutsche Botaniker Karl Christian Gmelin (1762–1837) als *Lodoicea maldivica*. Verständlicherweise nach dem französischen König Ludwig XV. (1710–1774), aber falsch nach den Malediven. Da ein späterer Anlauf, ihr den korrekten Artennamen *sechellarum* zu geben, fehlschlug,

Oben: Im Vallée de Mai ist es selbst bei schönstem Wetter schattig.
Unten: Schaubild zu einer der vielen Arten von Schraubenpalmen.

Vallée de Mai

Coco-de-Mer-Nüsse werden bis zu 25 Kilo schwer.

trägt sie auch heute noch ihren eigentlich irreführenden lateinischen Namen.

Ihre einzige und natürliche Heimat sind aber die Seychellen, und auch hier nur Praslin und Curieuse. Wie sehr die majestätische Palme die bergige Landschaft dieser Inseln prägt, ist besonders gut von der am höchsten Punkt des Vallée de Mai platzierten Aussichtshütte zu sehen. Hier bietet sich auch ein guter Blick auf die Anhöhen, zu denen lohnende Wanderungen (siehe Autorentipps, S. 156, S. 158) auf den Glacis Noir und durch die Fond Ferdinand Nature Reserve führen.

Infos und Adressen

INFORMATION
Der Nationalpark Vallée de Mai mit seinem einzigartigen Meereskokospalmenwald ist weltweit eines der kleinsten Naturerbe-Areale. Tgl. 8–17.30 Uhr, Eintritt 20 Euro bzw. 300 Rupien, Seychelles Island Foundation, www.sif.sc

Praslin und nahe Inseln

28 Praslin, die Nordostküste
Von einfach bis exklusiv

Zum touristischen Zentrum von Praslin hat sich in den letzten Jahren immer stärker die Nordostküste entwickelt. Daher ist dieser Teil der Insel heute vor allem unter dem vielversprechenden Namen Côte d'Or bekannt. Und so findet man an dieser abwechslungsreichen Küste neben vielen klassischen und einigen neueren Luxushotels und -resorts auch die meisten Gästehäuser und Apartments für Selbstversorger.

Von Baie Sainte Anne, dem östlichen Hauptort von Praslin, sind es nur ein paar Kilometer »an den Strand«, an die Côte d'Or. Unter diesem populären Begriff verstehen die Seychellois die herrliche lang gestreckte Badebucht an der Ostseite der Insel und die parallel dazu verlaufenden Ansiedlungen, die sich in der Ortschaft Anse Volbert Village zu einem kleinen Zentrum verdichten. Côte d'Or heißt zwar streng genommen nur einer der Strandabschnitte, aber die Bezeichnung klingt gut – und ist als Attribut durchaus zutreffend.

Nizza auf kreolisch

Praslins »goldene Küste« bietet – nach der Beau Vallon Bay auf der Westseite der Hauptinsel Mahé – die vielfältigste und umfangreichste touristische Infrastruktur der Seychellen. Hier gibt es die meisten Unterkünfte auf Praslin und auch die größte Bandbreite: vom einfachen Apartment über verschiedene Gästehäuser bis hin zum exklusiven Fünf-Sterne-Resort. Zudem Restaurants, Cafés und eine Lounge Bar. Eine italienische *gelateria*,

Mitte: Gästehäuser im Grünen oberhalb der Anse Volbert
Unten: Das Eis der Gelateria da Luca lieben Einheimische und Gäste.

Die auffälligste Palme an der Anse Volbert

ein paar Läden, Boutiquen und Galerien. Tauchbasen, Auto- und Fahrradvermieter. Ja, sogar eine Spielhölle namens »Casino des Îles« (die letzthin aber nicht den Eindruck machte, als würde sie jemals wieder aufmachen). Einkaufsmöglichkeiten für Selbstversorger (vom Mini-Markt bis zum Fischstand). Ausflugsmöglichkeiten zu den Nachbareilanden und ins Inselinnere. Und den besten Ausgangspunkt, um auch mal mit dem Bus eine Tour zu Sehenswürdigkeiten oder anderen Stränden zu machen.

Ideale Strände zum Baden

Dass gerade diese Küste heute so umfassend erschlossen ist, hat ein paar wichtige natürliche Gründe. Sie bietet den weitaus größten Badestrand der Insel – und eigentlich das ganze Jahr über ideale Bedingungen. Die im Südosten wie ein Querriegel liegende Halbinsel Au Morne schützt die Nordostseite von Praslin sehr gut vor dem Südostmonsun, der andernorts von Mai bis Oktober starken Wellengang und viel Seegras mit sich bringen kann. Dass hier mal Ostwind den Badespaß trübt, kommt sehr selten vor. Und ein weiteres Plus: Der gut vier Kilometer lange, breite

Einfach gut!

BESTES EIS DER SEYCHELLEN

Der Archipel am Äquator scheint es den Italienern besonders angetan zu haben. Sie stellen nicht nur das drittstärkste Touristenkontingent auf den Seychellen (nach Deutschen und Franzosen), sondern man begegnet ihnen vielerorts auch auf der Gastgeberseite: als Hotelmanager, Restaurantbetreiber, Pizzabäcker – und Eismacher. Auf Praslin residiert in einem architektonisch etwas kühl geratenen Gebäude an der Hauptstraße von Anse Volbert das »Ristorante Pizzeria Gelateria da Luca«. Was das Essen betrifft, scheiden sich durchaus die Geister. Über das hausgemachte Eis herrscht hingegen übernationale Einigkeit: Es ist das beste der Seychellen! Wo, wenn nicht hier, könnten Vanille, Guava oder Coco denn auch so gut schmecken?

Da Luca. Tgl. 11–21 Uhr, Anse Volbert, Tel. 423 27 06

Oben: Direkt am Strand liegt das luxuriöse L'Archipel Hotel.
Mitte: Früchtearrangement im Hotel Village du Pecheur
Unten: Die Pirogue Lodge bietet auch ein beliebtes Restaurant.

Praslin und nahe Inseln

Sandstrand, der sich in sanftem Bogen vom Hotel L'Archipel im Süden bis zum »Paradise Sun« am Nordende erstreckt, ist für jedermann bestens geeignet zum Schwimmen und Baden. Denn hier gibt es keine strandnahen Korallenbänke und auch keine Felsklippen.

Der Laufsteg von Praslin

Doch es mangelt keineswegs an landschaftlicher Abwechslung und vielen Möglichkeiten, sie zu erkunden. Gleich hinter dem suggestiven Hotel L'Archipel (dort drehte Roman Polanski 1984 Szenen für seinen Abenteuerfilm *Piraten*) beginnt ein versteckter kleiner Pfad, der in 15 Minuten durch dichten Wald in die einsame Badebucht Anse Matelot führt. Wendet man sich nach Norden, kann man an pittoresken Palmen und Takamaka-Bäumen entlang herrliche vier Kilometer schönsten Sandstrand ablaufen: Anse Gouvernement, Côte d'Or und Anse Volbert. Eine Augenweide wie aus dem Seychellenprospekt: rechts das türkisblaue Meer und die Inselchen Chauvre Souris und St. Pierre, links die Ferienanlagen vor üppig-grünen Hügeln.

Von Anse zu Anse

Über eine kleine Bergkuppe geht es – hier nun per Bus, Auto oder Fahrrad – weiter in die Anse Petite Cour, eine Bucht zum Schnorcheln. Dann folgt die Anse Possession, benannt nach dem *Pierre de Possession,* jenem Stein, den der Marineoffizier Marc-Joseph Marion du Fresne (1727–1774) hier 1768 feierlich setzte, um Praslin offiziell für Frankreich in Besitz zu nehmen. Zuletzt gelangt man – vorbei an der Anse Takamaka und dem dahinter reizvoll an den Berghang gebauten luxuriösen Raffles-Villenresort – zum langen schmalen Strand der Anse Boudin. Es ist der ideale Ort, um sich bei einem er-

Praslin, die Nordostküste

frischenden Bad einzustimmen auf die besondere Attraktion, die von hier nur einen kurzen Spaziergang entfernt hinter dem Hügel liegt: Anse Lazio, die Traumbucht von Praslin.

GUT ZU WISSEN

SCHWIMMER VERSENKEN, ODER WAS?
Ein Boot zu haben, dazu gleich ein kraftvoll motorisiertes, bringt in einem Inselreich wie den Seychellen viele Annehmlichkeiten mit sich. Man ist beweglich, kann nach Lust und Laune anlanden und ablegen, wo es gerade sein soll. Aber was, wenn das alle machen? Am meistbesuchten Strand von Praslin! Zwischen Schwimmern, die erschrocken ihre Köpfe recken müssen, um nicht plattgefahren zu werden. Regeln wären gut, ein Bootssteg noch besser.

Oben: Die Seychellen – künstlerisch auf den Punkt gebracht.
Unten: Jeden Morgen kann man am Strand fangfrischen Fisch kaufen.

Praslin und nahe Inseln

Infos und Adressen

Im Garten des Paradise Sun Hotel

SEHENSWÜRDIGKEIT

Musée de Praslin. Originelles Privatmuseum zum Erleben seychellischer Natur und Kultur. Die Besitzer haben auch sieben sehr einfache Gästezimmer. Tgl. 9–18 Uhr, Eintritt 180 SCR, Côte d'Or, Tel. 52 46 18,
www.praslinmuseum.29sud.com

ESSEN UND TRINKEN

Café des Arts. Das trendige Restaurant mit Lounge Bar und Galerie direkt am Strand gehört zum nahen Hotel Le Duc de Praslin. Di–So 12–22 Uhr, Anse Volbert, Tel. 423 21 70, www.cafe.sc

La Goulue. Kleines Restaurant mit guten kreolischen Currys. Mo–Sa 8–22.30 Uhr, Anse Volbert, Tel. 423 22 23

Les Lauriers. Gutes kreolisches BBQ und Buffet im hübschen Restaurant des gleichnamigen Hotels. Mo, Di, Do–So 19–22.30 Uhr, Côte d'Or, Tel. 423 22 41, www.laurier-seychelles.com

Pirogue Restaurant & Bar. Leckere regionale Gerichte im Hotel Pirogue Lodge, das auch sechs Zimmer mit Meerblick hat. Tgl. 8.30–23 Uhr, Côte d'Or, Tel. 423 66 77, www.piroguelodge.com

PK's @ Pasquiere Restaurant & Gastropub. Köstliche Currys, netter englischer Wirt, großartige Aussicht. Mo–Sa 10.30–20.30 Uhr, Pasquiere Rd., Anse Boudin, Tel. 423 62 42, pk61@seychelles.net

ÜBERNACHTEN

Acajou Beach Resort. Schöne renovierte Anlage direkt am Strand mit 46 Zimmern und sechs Apartments für Selbstversorger. Côte d'Or, Tel. 438 53 00, www.acajouseychelles.com

Berjaya Praslin Beach Resort. Familienfreundliche Dreisternehotel-Anlage in Strandnähe. Anse Volbert, Tel. 428 62 86, www.berjayahotel.com

Chauve Souris Relais. Stilvolle, romantische fünf Zimmer auf der winzigen Felseninsel vor der Côte d'Or. Chauve Souris Island, Tel. 423 22 00, www.igrandiviaggi.it

Côte d'Or Chalets. Ansprechende elf Bungalows und Apartments für Selbstversorger direkt am Strand. Côte d'Or, Tel. 423 24 24, www.cotedorchalets.com

Hideaway. Komfortable vier Apartments für Selbstversorger an der Anse Possession. Tel. 217 61 81, www.hideaway-seychelles.com

L'Archipel Hotel. Luxuriöse Anlage im Kolonialstil mit 30 Zimmern und zwei suggestiven Restaurants direkt am ruhigen Strand. Route des Cocotiers, Anse Gouvernement, Tel. 428 47 00, www.larchipel.com

La Reserve Hotel. Stilvolle Bungalows mit 40 Zimmern und originellem Restaurant auf dem Landungssteg einer stillen Bucht. Anse Petite Cour, Tel. 429 80 00, www.lareserve.sc

Le Duc de Praslin. Gepflegtes 28-Zimmer-Hotel in Strandnähe, am Pool das empfehlenswerte Restaurant Le Dauphin. Anse Volbert, Tel. 423 22 52, www.leduc-seychelles.com

Les Villas d'Or. Anlage mit zwölf Bungalows für

Praslin, die Nordostküste

Selbstversorger in einem Palmengarten am Strand. Côte d'Or, Tel. 423 27 27, www.seychelles.net/villador

L'Hirondelle. Elf Apartments für Selbstversorger in einer großen Villa an der Anse Volbert. Tel. 423 22 43, www.hirondelle-seychelles.com

Paradise Sun Hotel. Stimmungsvolle Anlage mit 80 Zimmern in einem Palmengarten am Strand. Anse Volbert, Tel. 429 32 93, www.paradisesunhotel.com

Raffles Seychelles. Luxuriöse neue Ferienanlage, oberhalb der Anse Takamaka an einen grünen Hang gebaut. 86 Villen, jede mit eigenem Infinity-Pool. Anse Takamaka, Tel. 429 60 00, www.raffles.com

Village du Pecheur. Ansprechendes kleines Boutiquehotel mit gutem Restaurant direkt am Strand. Kinder dürfen erst ab 12 Jahren das Hotel besuchen. Côte d'Or, Tel. 429 03 00, www.thesunsethotelgroup.com

Villa Mille Étoiles. Luxuriöse 120-Quadratmeter-Villa in grandioser Panoramalage oberhalb des Hotels L'Achipel. Zur Selbstversorgung für bis zu sechs Personen. Anse Gouvernement, www.milleetoiles.com

AKTIVITÄTEN

Austral. Autovermietung, auch 4x4-Antrieb. Côte d'Or, Tel. 232 20 15, www.australcarhire.com

Corsaire Boat Charter. Bootsexkursionen zu den Nachbarinseln, auch Tagestouren zum Hochseefischen. Anse Boudin, Tel. 251 69 98, www.fishingpraslin.com

Whitetip Divers. Tauchbasis direkt vor dem Paradise Sun Hotel. Für Anfänger und Profis, Schnorchler wie Taucher. Anse Volbert, Tel. 432 22 82, www.whitetipdivers.com

Octopus Diving Center. Kleine Tauchbasis mit zwei Booten vor dem Berjaya Praslin Beach Hotel. Anse Volbert, Tel. 423 26 02, www.octopusdiver.com

INFORMATION

Tourist Information Office Praslin. Mo–Fr 8–16 Uhr, Sa 8–12 Uhr, direkt am Fähranleger, Baie Ste. Anne, Tel. 423 26 69, stbpraslin@seychelles.net, www.seychelles.travel

Eine Galerie und eine trendige Lounge Bar bietet das Café des Arts.

Praslin und nahe Inseln

29 Anse Lazio
Paradies mit Hainetz

Herrliche Strände gibt es viele auf Praslin, aber einer erscheint doch den meisten Besuchern als der allerschönste: Anse Lazio. Denn diese Bucht an der Nordseite der Insel bietet Südseefeeling pur: Schwimmen und Schnorcheln in blitzblauem Wasser, Chillen unter Palmen, Genießen wie die Kreolen. Und dennoch herrscht hier auch die unabsehbare Wildheit der Natur.

Die Überraschung könnte größer nicht sein: Nach den letzten Kilometern an der geraden, relativ eintönigen Küste Richtung Norden schwenkt man über eine kleine Anhöhe leicht nach Westen – und kommt an im Paradies. Eine weit auslaufende, unverbaute Sandbucht vor unwirklich türkisfarbenem Wasser tut sich auf, gesäumt von rötlich leuchtenden Granitfelsen und einem Kranz von Palmen, Takamaka-Bäumen und üppig-grünem Urwald.

Der Preis der Bekanntheit

Erst auf den zweiten Blick wird man gewahr, dass es in dieser scheinbar unberührten Bucht doch auch einen gar nicht so kleinen Parkplatz gibt. Und zwei zum Glück sehr stimmig und unaufdringlich in die Landschaft eingepasste Strandrestaurants, in die zu Mittag jede Menge Besucher eintrudeln. Von Land her – und neuerdings oft sogar reisebusweise – über die erst vor wenigen Jahren gebaute Straße. Von See her mit den Ausflugsbooten und Jachten der Hotels und Exkursionsanbieter. Wer also die Schönheit dieser Bucht erleben und einen Schattenplatz unter Bäumen finden will, sollte am Morgen hierherkommen.

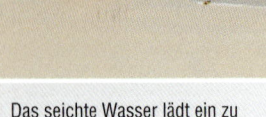

Das seichte Wasser lädt ein zu einem Kopfstand am Strand.

Alan Elvis Brioche, der Chef des »Bonbon Plume«

Einfach gut!

Die Anse Lazio ist nach dem Vallée de Mai *das* populäre Highlight von Praslin. Wohl kein Gast der Insel wird es versäumen, einmal in diese Bucht zu fahren, die Kenner zu den schönsten Stränden der Welt zählen. Auch Einheimische machen das oft und gern – und so kann es am Wochenende und in der sommerlichen Hochsaison schon mal gelegentlich etwas eng werden, um auf der palmblattüberdachten Holzterrasse des Restaurants Bonbon Plume eines der einfachen, aber köstlichen kreolischen Gerichte und die entspannte Füße-im-Sand-Atmosphäre zu genießen.

Trügerische Schönheit?

Dass sich in dieser großartigen Bucht nicht schon längst Hotels oder Resorts ansiedeln durften, ist auch ein Verdienst der Regierung. So wurde die Anse Lazio ein Beispiel für die erklärte Politik, nicht jedes Naturwunder zur Luxuserschließung freizugeben. Dabei gäbe es hier gute Voraussetzungen dafür. An dieser Bucht kann man fast das ganze Jahr über gut schwimmen, denn sie hat keinen vorgelagerten Riffsaum, der wie an manchen anderen Küsten bei Ebbe nahezu trockenfällt. Und gefährlich hohe Wellen mit ablandigen Strömungen gibt es in der Anse Lazio nur zur Zeit des

GERN AUCH BIS SONNENUNTERGANG

Es hat alles mit einer simplen Frage begonnen: »Gibt es hier ein Restaurant?« Es gab keines, und so kam der Gefragte Richelieu Verlaque darauf, das Strandrestaurant Bonbon Plume aufzumachen. Heute ist es nach wie vor ein Renner, und der Koch des Hauses – ja, er heißt tatsächlich Alan Elvis Brioche – zaubert jeden Mittag alles auf den Tisch, was die kreolische Küche so unwiderstehlich macht. Frische Kokosnuss zum Auftakt. Oktopussalat, superzart. Fische aller Art. Currys von Huhn und Fisch. Garnelen und Langusten. Früchtecocktails als Dessert. Doch um 16 Uhr ist dann schnell Schluss mit lecker. Aus, fini. Kein Sundowner, kein kleiner Snack. Nur draußen schon wieder die Ersten, die fragen: »Wann hat das Restaurant denn auf?«

Bonbon Plume Restaurant. Tgl. 12.30–15 Uhr, im Juni geschlossen, Anse Lazio, Tel. 423 21 36

Praslin und nahe Inseln

Oben: Auch die Anse Lazio ist von Granitfelsen gesäumt.
Mitte: Hinter dem Strand steht das Chevalier Bay Guesthouse.
Unten: Morgendliche Meditation am noch menschenleeren Strand

Nordwestmonsuns in den Monaten November bis März. Anse Lazio – ein Badetraum an der Traumbucht also.

Gewaltig war daher der Schock, als im August 2011 etwas bis dahin nie Geschehenes passierte. Innerhalb von zwei Wochen wurden ein Franzose und ein Engländer von vermutlich demselben Bullenhai angefallen und getötet – bei ruhiger See, keine 50 Meter vom Strand. Seither ist ein Schwimmbereich mitten in der Bucht mit einem Hainetz gesichert, und es gab keine weiteren Vorfälle.

Zu Fuß in die Anse Georgette

Vom Westende der Anse Lazio können Mutige auf einem Dschungelpfad zur Nachbarbucht Anse Georgette wandern. Gute Tipps dafür erfragt man in der Bar mit dem skurrilen deutschen Namen »Bar des Vertrauens«, die abenteuerliche Tour dauert dann knapp zwei Stunden. Kenner halten diese einsame, nur zu Fuß oder per Boot zugängliche Bucht für die definitiv schönste von Praslin. Anstatt zurück geht man von dort am besten noch weiter: durch den Golfplatz des Lémuria Resort zur Bushaltestelle direkt vor dem Hotel.

… und dann nach Zimbabwe

Wer von der Anse Lazio am Abend Richtung Côte d'Or zurückfährt, sollte sich einen besonderen Abschluss dieses Ausflugs nicht entgehen lassen. In Anse Boudin zweigt ein Fahrweg nach rechts ab, zu einem Ziel namens Zimbabwe. So heißt der Berg mit der Sendestation (nicht zugänglich), von dessen Anhöhe man ein grandioses Panorama genießt. Nordöstlich leuchten Aride und Curieuse, im Süden La Digue, im Westen Cousin und Cousine, während hinter Mahé, Silhouette und North Island die rote Sonne im Meer versinkt.

Anse Lazio

Infos und Adressen

ESSEN UND TRINKEN
Le Chevalier Bay Restaurant. Das zweite Restaurant am Ort, etwas zurückgesetzt hinter dem Strand, serviert auch Frühstück und Sandwiches. Tgl. 8–16 Uhr, Anse Lazio, Tel. 423 23 22, www.chevalierbay.wix.com/praslin

ÜBERNACHTEN
Le Chevalier Bay Guesthouse. Einfache B&B-Pension in kreolischem Stil mit zehn Zimmern neben dem gleichnamigen Restaurant. Anse Lazio, Tel. 423 23 22, www.chevalierbay.wix.com/praslin

In der Chevalier Bay bilden die Granitfelsen einen wunderbaren Kontrast zu Meer und Strand.

Praslin und nahe Inseln

30 Praslin, die Nordwestküste
Zum Golfen und Wandern

Diese Gegend hat einen deutlichen touristischen Aufschwung genommen, nachdem 2001 der alte kleine Flughafen modernisiert und wiedereröffnet wurde. Im Hauptort Grand' Anse gibt es viele Hotels und Gästehäuser, Restaurants, Geschäfte und Ausflugsagenturen. Ein nahes Golfresort ist das Highlight, zu empfehlen sind auch die Wanderwege, die von hier in den Norden und zur anderen Seite der Insel führen.

Praslin gehört zu jenen Inseln der Inneren Seychellen, die von Mahé aus auch mit dem Flugzeug zu erreichen sind. Air Seychelles bedient die Strecke in Stoßzeiten sogar im Viertelstundentakt, geflogen wird mit einer 20-Sitzer Twin Otter und einer 36-Sitzer Shorts 360. Der Flug selber dauert 15 Minuten und kostet (one way) 65 Euro, also gerade mal zehn Euro mehr als ein Business-Class-Ticket der Schnellfähre Cat Cocos von Victoria nach Baie Sainte Anne.

Sightseeing aus der Luft

Nach Praslin zu fliegen bedeutet für Gäste, die eine Unterkunft auf dieser Inselseite gebucht haben, einen nicht zu unterschätzenden Zeit- und Komfortgewinn (im Flieger wird niemand seekrank!). Ein erstes unvergessliches Seychellen-Erlebnis bringt der Flug aber auch für jene, die Praslin erst mal nur als Sprungbrett zur Erkundung der Nachbarinseln im Osten nutzen wollen: Aus der Luft zeigt sich besonders eindrucksvoll, wie malerisch all diese grünen Eilande des Archipels im Blau des Indischen Ozeans verstreut liegen.

Mitte: Hoch über dem Meer liegt der Golfplatz des Lémuria Resort.
Unten: Nach Praslin gelangt man – von Mahé aus – auch per Flugzeug.

Praslin, die Nordwestküste

Wandern auf Praslin

Die Insel ist wie geschaffen, um sie auch zu Fuß zu erkunden. Besonders gute Ausgangspunkte für längere Wanderungen sind die Orte Anse Kerlan und Grand' Anse an der Nordwestküste.

🅐 Von Anse Kerlan nach Anse Lazio. Los geht es beim Castello Beach Hotel auf der Straße nach Osten ins Landesinnere. Sie mündet in einen Pfad, der durch das Tal des Anse Kerlan River führt und ihn weiter oben über eine Brücke quert. Dann schwenkt der Weg nach links, zuerst auf einen waldigen Höhenzug und schließlich steil bergab in die Chevalier Bay und zur Traumbucht Anse Lazio. Gehzeit pro Strecke: 2–3 Stunden.

Alternativ: Über das Gelände des Lémuria Resort (vorher telefonisch Erlaubnis einholen!) in die Anse Georgette und von dort auf einem teils beschwerlichen Pfad weiter zur Anse Lazio.

🅑 Von Grand' Anse auf dem Salazie Track nach Baie Sainte Anne. Los geht es nördlich der Kirche auf steilem Weg Richtung Osten bis zur Passhöhe (schöner Blick!). Dort zweigt nach rechts der Salazie Track ab, führt durch das Tal des Salazie River hinunter und dann rechts ab Baie Sainte Anne. Gehzeit: 1,5–2 Stunden; Rückfahrt per Bus (etwa jede halbe Stunde) nach Grand' Anse.

🅒 Von Grand' Anse auf dem Pasquière Track zur Anse Possession. Auch diese Tour beginnt an der Kirche von Grand' Anse und führt steil hinauf zur Passhöhe. Dort schwenkt der Weg leicht nach rechts, dann geht es zwei Kilometer lang und weniger steil hinunter in die Anse Possession. Gehzeit: 2 Stunden.

Zurück nach Grand' Anse: per Bus von Anse Possession oder zu Fuß von dort nach Côte d'Or und auf dem Salazie Track (Variante) über den Pass. Von da an ist es die gleiche Strecke wie auf dem Hinweg.

Hinweis: Es wird empfohlen, sich im Hotel oder Gästehaus über den aktuellen Zustand der jeweiligen Route zu informieren. Trinkwasser und Sonnenschutz sollten im Gepäck sein. Alle Touren sind auch in entgegengesetzter Richtung machbar.

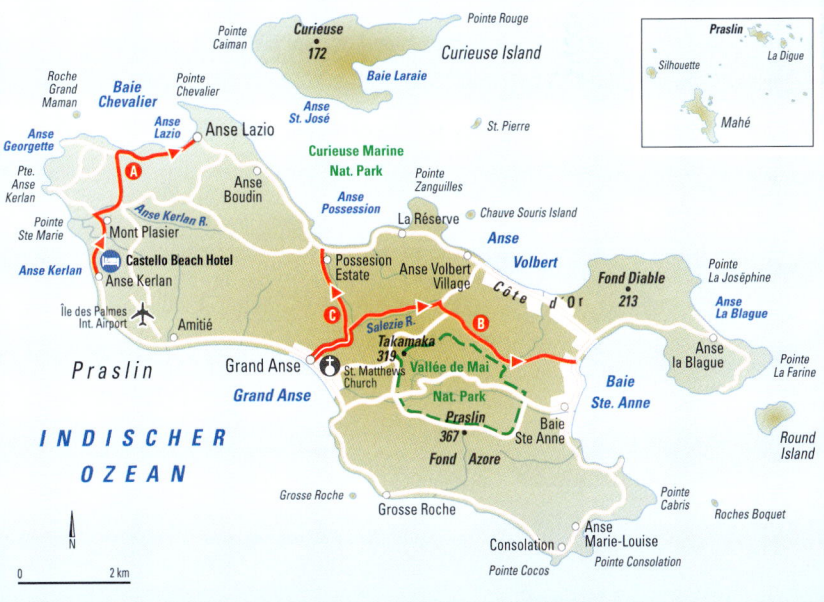

Praslin und nahe Inseln

SCHWARZE PERLEN DER SEYCHELLEN

Selten ist ein Abstecher so naheliegend. Gleich an der Straße, die zum Flughafen von Praslin führt, kann man ein sehr spezielles Unternehmen besuchen: In der Black Pearl Ocean Farm werden Muscheln der Art *Pinctada margaritifera* zu Schmuck veredelt. Die Schwarzlippige Perlmuschel liebt exakt die hiesigen Wassertemperaturen (24–27 Grad). Und so begann vor 20 Jahren eine norwegische Familie, die wertvollen Weichtiere in den strömungsreichen Gewässern zwischen Praslin und Curieuse zu züchten. An die 40 000 Stück! Kleopatra soll Ohrringe dieser Muschelart getragen haben. Fünfstellig (aber nicht in Rupien!) wäre man heute für solche Klunker auch in der Boutique von Black Pearl dabei – oder man belässt es beim Staunen.

Black Pearl Seychelles. Mo–Fr 9–16 Uhr, Sa 9–12 Uhr, Amitié, Tel. 423 31 50, www.blackpearlseychelles.com

Nicht verpassen

Putten vor filmreifer Kulisse

Der Flughafen, ein kreolisch hübsch gestalteter geschäftiger Tummelplatz mit kolonialem Flair, verbindet wie ein Scharnier die recht unterschiedlichen Landschaften von Praslins Nordwestseite. An der bergigen Küste Richtung Norden reihen sich herrlich einsame Buchten mit weißen Sandstränden auf: Anse Kerlan, Petite Anse Kerlan und Anse Georgette. Alle drei gehören heute zu dem mehr als 100 Hektar umfassenden Areal des im Jahr 2000 eröffneten Luxusresorts Lémuria.

Grandioses Highlight der in eine ehemalige Kokosplantage gebauten Anlage ist ein traumhafter 18-Loch-Golfplatz – der einzige dieser Größe auf den Seychellen. Auch anderweitig trifft das Attribut »exklusiv« hier tatsächlich mal zu: In die völlig naturbelassene Anse Georgette darf man von dieser Seite nur mit Genehmigung des Resorts Lémuria. Filmreif ist die Ecke ohnehin: 1986 drehte Nicolas Roeg an der Anse Kerlan seine moderne Robinsonade *Castaway – Die Insel*.

Wenn der Südostmonsun weht

Südlich des Flughafens erstreckt sich in einem weiten Bogen Praslins längster Strand, die Grand' Anse. Dort liegt auf etwa halber Höhe die gleichnamige Ortschaft, die in vielem ein Pendant zur Côte d'Or auf der anderen Inselseite darstellt. Mit wichtigen Unterschieden freilich: Durch das vorgelagerte Korallenriff ist hier bei Ebbe das Wasser zu flach zum Schwimmen, und von Mai bis Oktober schwemmt der Südostmonsun oft gewaltige Mengen Seegras an. Daher fahren viele Hotels ihre Gäste zum Baden an die Strände der Nordostküste. Doch diese Zeit kann man bestens zum Inselwandern nutzen. Grand' Anse ist dafür ein idealer Startpunkt (siehe Karte, S. 173).

Praslin, die Nordwestküste

Infos und Adressen

ESSEN UND TRINKEN
Capricorn Restaurant. Kreolische Spezialitäten im Restaurant der hübschen Apartmentanlage »Islander Guest House«. Mo–Sa 8–23 Uhr, Anse Kerlan, Tel. 4233224, www.islander-seychelles.com

ÜBERNACHTEN
Beach Villa. Einfaches Gästehaus eines deutsch-seychellischen Ehepaars direkt am Strand. Grand' Anse, Tel. 4233445, www.beachvilla.sc

Britannia's. Kleines Hotel mit zwölf Zimmern und gutem kreolischem Restaurant. Grand' Anse, Tel. 4233215, www.anthurium.com

Castello Beach Hotel. Schönes Boutique-hotel unter Palmen am Strand. Anse Kerlan, Tel. 4298900, www.castellobeachhotel.com

Dhevatara Beach Hotel. Feines kleines Hotel mit zehn Zimmern und sehr gutem Restaurant. Grand' Anse, Tel. 4237331, www.dhevatara-seychelles.com

Indian Ocean Lodge. Schönes kleines Traditionshotel am Strand. Grand Anse, Tel. 4283838, www.indianoceanlodge.com

Lémuria Resort. Beliebte Luxushotelanlage mit 104 Zimmern verschiedener Kategorien. Riesiges Gelände mit Zugang zu drei herrlichen Stränden, darunter die Anse Georgette. Hauptattraktion ist der spektakulär gelegene 18-Loch-Championship-Golfplatz. Anse Kerlan, Tel. 4281281, www.lemuriaresort.com

Ocean Villa. Drei kleine Villen für Selbstversorger. Grand' Anse, Tel. 2511879, www.oceanvilla.sc

Palm Beach Hotel. Charmantes, zentral gelegenes Hotel in Strandnähe. Grand' Anse, Tel. 4292020, www.seychelles-palmbeachhotel.com

Villas du Voyageur. Gemütliche Apartments für Selbstversorger in zwei charmanten kleinen Villen

Im Lémuria Resort verführt nicht nur der Golfplatz.

deutscher Besitzer. Anse Kerlan, Tel. 4233161, www.villasduvoyageur.sc

AKTIVITÄTEN
Creole Travel Services. Amitié, Tel. 4294294, www.creoletravelservices.com

Grand Bleu. Mietwagenverleih. Anse Kerlan, Tel. 4233660

Mason's Travel. Exkursionen jeder Art. Grand' Anse, Tel. 4288750, www.masonstravel.com

Makaira Boat Charter. Tel. 4233098 oder 2513098, www.beach-villa-sport fishing.com, makaira@email.sc

Sunbike. Fahrradverleih. Tel. 4233033

INFORMATION
Tourist Information Office. Alle Auskünfte zu Bussen, Mietwagen, Bootsausflügen, Wanderungen etc. Auch Inselkarten sind hier erhältlich. Mo–Fr 8–16 Uhr, Sa 8–12 Uhr, Îles des Palmes Airport, Grand' Anse, Tel.4233346, stbpraslin@seychelles.sc, www.seychelles.travel

Praslin und nahe Inseln

31 Île St. Pierre
Das Bilderbuchmotiv

Wohl jeder hat es schon irgendwo einmal gesehen, bewusst oder nur als symbolisches Sehnsuchtsmotiv für die Seychellen: das winzige Graniteiland Île St. Pierre. Wie in einer Nussschale kommt hier alles zusammen: blauer Himmel und türkisfarbenes Wasser, malerische Granitklötze über weißem Sand und grüne Palmen – fast zu schön, um wahr zu sein …

… und doch ist diese wunderbar kitschige Kombination nicht etwa das mit Photoshop am Computer geschönte Siegerbild einer Werbekampagne, die wohliges Südseegefühl vermitteln soll. Nein, diese Insel existiert wirklich. Sie trägt einen hochheiligen Namen, der aber ganz und gar ihrer Beschaffenheit entspricht: Île St. Pierre (Stein). Und sie liegt nur etwa anderthalb Kilometer vom Sandstrand der Anse Volbert entfernt vor der Nordostseite von Praslin. Am Rand des Korallenriffs, das auch hier die Küste umgibt, ragt wie eine zerborstene Steinskulptur dieser Granithaufen aus dem Wasser; neckisch danebengestreut noch eine Handvoll namenloser Klippen.

Diese Insel gehört der Natur

Die Île St. Pierre ist keine Insel, auf deren Felsen man jemals etwas hätte bauen können. Sie hat die Ausmaße eines Gartengrundstücks: knapp 5000 Quadratmeter – aber eben alles aus gewachsenem Granit. Das Dutzend Palmen, die sich dort in der steten Brise wiegen, kann man nur bewundern: Wie können die überhaupt wachsen? Dass hier noch vor ein paar Jahrzehnten auch Meereskokosnusspalmen gestanden haben sollen, klingt

Mitte: Von der Côte d'Or aus hat man die Insel immer im Blick.
Unten: Schnorchler finden hier ein tolles Unterwasserrevier.

Île St. Pierre

Die Île St. Pierre vor Praslin

wie ein fernes, wehmütiges Märchen. Ein Sandstrand, der breit genug wäre, um ihn so zu nennen, kommt nur auf Fotos zum Vorschein, die bei Niedrigwasser aufgenommen wurden.

Nein, hier regieren nur die Natur, der Wind und die Wellen, die Vögel und Fische. Seit 1979 gehört die Île St. Pierre zum Meeresschutzgebiet Curieuse Marine National Park. Hier anzulanden ist daher verboten, wegen des Seegangs wäre es meistens ohnehin zu gefährlich oder gar nicht möglich.

Doch Schnorchler und mutige Schwimmer, die sich eigens zur Île St. Pierre schippern lassen, können dort ein herrliches tropisches Unterwasserrevier erkunden, mit Fischen wie im tollsten Aquarium. So gut wie alle Hotels auf Praslin und La Digue haben solche Stippvisiten in ihren Angeboten.

Infos und Adressen

INFORMATION
Tourist Information Office.
Mo–Fr 8–16 Uhr, Sa 8–12 Uhr, direkt am Fähranleger, Baie Ste. Anne, Tel. 423 26 69, stbpraslin@seychelles.net, www.seychelles.travel

Alle aktuellen Auskünfte über Bootsfahrten, Ausflüge und Schnorcheltouren, die auch zur Île St. Pierre führen, erhält man in aller Regel auch dort, wo man sich als Hotelgast oder Selbstversorger einquartiert hat.

Praslin und nahe Inseln

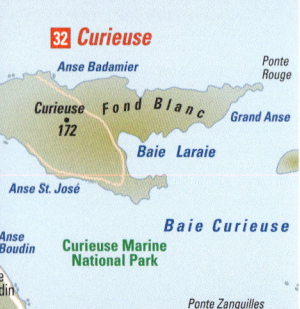

32 Curieuse
Im Reich der Riesenschildkröten

Die unbewohnte und unter Naturschutz stehende Insel nordöstlich von Praslin ist ein beliebtes Ziel von Ausflugsfahrten und Tagestouren. Auf Curieuse wandert man durch Mangrovenwald zum Baden, sieht seltene Vögel und Kriechtiere, erlebt unberührte Wildnis. Und zum Anfassen die urigsten Viecher, die es auf den Seychellen gibt: Hunderte von Aldabra-Riesenschildkröten, die hier frei herumlaufen.

Die fünftgrößte Insel der Inneren Seychellen liegt nur gut einen Kilometer – also in idealer Reichweite – vor der Nordostküste von Praslin. Curieuse ist knapp drei Quadratkilometer groß, bergig, und hat einen fast kahlen, rötlichen Rücken, am höchsten Punkt 172 Meter hoch. Diese Besonderheit – Laterit-Erde, die bei der Verwitterung von Granit entsteht – hat der Insel 1744, zur Zeit der Entdeckung durch Lazare Picault (ca. 1700–1748), zuerst den Namen Île Rouge eingebracht. Doch schon sein Landsmann Marc-Joseph Marion du Fresne (1724–1772), der 1768 in Praslin anlandete und es für die französische Krone in Besitz nahm, benannte die Insel neu: nach »La Curieuse«, einem seiner Schiffe.

Jagd auf die Coco de Mer

Die Franzosen der Kolonialzeit hinterließen noch weitere Spuren. Als sie gewahr wurden, dass es auch auf dieser Insel jede Menge der Bäume mit den kostbaren Coco-de-Mer-Nüssen gab, legten sie 1771 Feuer, um leichter an die begehrten Früchte zu kommen. Ökologen erkennen noch heute die Folgen für die Vegetation der Insel.

Die Riesenschildkröten werden von den Touristen reichlich versorgt.

Curieuse

Die bizarren Granitfelsen der Baie Laraie

Doch nicht genug: 1967 brannte es auf Curieuse abermals. Diesem Brand fielen auch rund 150 der endemischen Meereskokosnusspalmen zum Opfer. Ein schwerer Schlag, denn außer auf Praslin wachsen die Coco de Mer von Natur aus nur hier.

Wenige Jahre später wurde die Regierung der Seychellen aktiv. 1979 stellte sie die Insel und das umliegende Meer bis zur Nordspitze von Praslin und nach Süden bis St. Pierre und Chauve Souris als Curieuse Marine National Park unter Naturschutz. Und so blieb das Eiland bis auf eine minimale touristische Infrastruktur und eine Schildkrötenzuchtstation unbesiedelt. Als einzige temporäre Bewohner leben hier nur ein paar Parkranger.

300 Riesenschildkröten!

An Betrieb mangelt es aber nicht, denn nach Curieuse kommen täglich Hunderte von Ausflüglern. Die meisten nutzen Angebote der Hotels und Gästehäuser auf Praslin, andere sind Teilnehmer kombinierter Bootstouren oder mehrtägiger Inseltörns. Die Besucher gehen – die letzten Meter watend – zumeist in der Baie Laraie an Land. Fotoge-

Geheimtipp: ALLEIN IN DER ANSE BADAMIER

Die Wanderung in die Anse José ist wunderbar – also machen sie auch alle. Doch da lockt ja noch ein Schild: »Anse Badamier, 1,5 km« – und schon beim Losgehen ist man allein unterwegs. Zuerst steigt der Pfad ordentlich den Berghang hoch, in dieser struppigen, schattenlosen Landschaft ist das selbst am frühen Vormittag eine heiße Sache. Der eigentliche Berg, 172 Meter hoch, bleibt einem erspart, es geht rechts daran vorbei auf einen fast ebenso hohen Pass. Und jetzt kommt der Lohn für den Schweiß schon in Sicht. Vorn am Horizont eine Insel, das muss Aride sein! Unten das wogende Blau und Weiß einer Bucht. Dann nur noch steil hinunter, zuletzt durch ein Spalier aus Palmen zum Strand. Anse Badamier. Niemand da. Brandung, die wie wild mit Granitkugeln spielt. Schwimmen, hier? Nein, aber schauen und staunen.

Praslin und nahe Inseln

Oben: Das vormalige Haus des Inselarztes beherbergt heute ein kleines Museum mit Besuchertreff.
Mitte: Die Anse José bietet einen feinsandigen Badestrand, der gern auch von Praslin aus besucht wird.
Unten: Ausflügler werden mit einem Island-Barbecue verköstigt.

ne Granitfelsen rahmen diese weite Sandbucht ein, und mit etwas Glück kann man hier, auch ohne zu schnorcheln, vielerlei Fische sehen.

Die Hauptattraktion der Tour scheint die Gäste schon regelrecht zu erwarten: Aldabra-Riesenschildkröten, eine mächtiger als die andere, tappen einem gleich hinter dem Strand entgegen, recken die Hälse – und werden alsbald gefüttert, gekrault und abfotografiert. Anfang der 1980er-Jahre wurden zur Eröffnung des Nationalparks ein paar Bootsladungen dieser Reptilien hierher gebracht, heute sollen es an die 300 Stück sein! Den erwachsenen begegnet man fortan auf Schritt und Tritt, die Schlüpflinge wachsen im Gehege einer eigenen Schildkrötenzuchtstation heran.

Wandern im Mangrovenwald

Von Baie Laraie führt eine anderthalb Kilometer lange Wanderung über einen Höhenrücken hinüber zur Badebucht Anse José an der Westseite. Entlang dieses gut begehbaren, teils als Holzsteg angelegten Pfades gibt es viel zu sehen. Einen Mangrovenwald, in dem sechs der sieben auf den Seychellen heimischen Arten vorkommen. Seltene Meeresschnecken und Krabben, bronzefarbene

GUT ZU WISSEN

ALDABRA-RIESENSCHILDKRÖTEN-BLUES
Es ist immer wieder erhebend, Kreaturen der Urzeit zu begegnen. Und erstaunlich zu sehen, wie dies liebe Mitmenschen zum Kind werden lässt. Schildkröten, je größer desto mehr, muss man offenbar immer ködern, kosen, kraulen, knuddeln, knipsen. Am liebsten sogar reiten, wenn's nicht streng verboten wäre! Schon toll, wie sie das alles ertragen. Aber vielleicht haben sie ja gerade deshalb alle Unbilden der Welt überlebt.

Curieuse

Zur Anse José wandert man durch Mangrovenwald.

Seychellen-Skinkes und giftgrüne Geckos. Küstenvögel wie die Rosenseeschwalbe und den Mangrovenreiher. Zur Linken dann tief unten in einer Bucht den Old Turtle Pond. Dieses ehemalige Aufzuchtbecken für Echte Karettschildkröten war hundert Jahre lang mit einem Damm zum Meer hin abgesichert – bis ihn die Ausläufer des Tsunami vom Dezember 2004 zerstörten.

Nur noch Ruinen sind auch die Gebäude der Leprastation, die von 1829 bis 1965 wenige Meter hinter dem Strand der Anse José residierte. Das Haus, in dem der Arzt der Einrichtung wohnte, dient heute als kleines Inselmuseum und Besuchertreff. Gleich nebenan endet die Curieuse-Tour wie die meisten Ausflüge dieser Welt: mit einem Grillteller »in geselliger Runde«, hier Island-Bar-becue genannt. Ist alles im Preis inbegriffen.

Infos und Adressen

AKTIVITÄTEN
Tauchen vor Pointe Rouge. Der sogenannte Korallengarten vor der äußersten Ostküste von Curieuse ist ein Tauchrevier mit großartigem Fischreichtum. Exkursionen dorthin organisieren die Tauchbasen auf Praslin und La Digue.

INFORMATION
Alle aktuellen Auskünfte über Bootsfahrten, Ausflüge und geführte Touren nach Curieuse erhält man bei örtlichen Reiseveranstaltern und in der Regel auch dort, wo man sich als Hotelgast oder Selbstversorger einquartiert hat.

Praslin und nahe Inseln

33 Aride
Heimat der Seevögel

Zurück zur Natur! Unter diesem Motto wurde die nördlichste Granitinsel der Seychellen in den letzten 50 Jahren konsequent von einer Kokosplantage in ein Naturreservat verwandelt. Heute ist Aride das Refugium für eine Million Seevögel, an Land findet man botanische Raritäten, in den Gewässern besonders viele Fischarten. Besucht werden kann die Insel nur per Boot – und nach vorheriger Anmeldung.

Aride liegt zehn Kilometer nördlich von Praslin und 50 Kilometer nordöstlich von Mahé. Anders als ihr Name (die Trockene) nahelegt, ist die 1700 Meter lange und 600 Meter breite Insel grün und fruchtbar, obwohl sie aus gewachsenem Granit besteht. Höchste Erhebung ist mit 134 Metern der Gros La Tête, ein lohnender Aussichtsberg.

Anlanden nur bei ruhiger See

Eine Bootsfahrt von Praslin nach Aride dauert bei ruhiger See rund 90 Minuten. Da es nur einen einzigen Strand an der Südseite gibt, ist das Anlanden oft schwierig, wenn nicht gar unmöglich: etwa bei starkem Südmonsun in den Sommermonaten. Ein Umstand übrigens, der dazu führte, dass diese Insel – obwohl schon 1756 vom französischen Kapitän Corneille Nicholas Morphey entdeckt – erst unter englischer Herrschaft ab den 1850er-Jahren kolonisiert wurde.

Mitte: Blick vom Gros La Tête, dem Aussichtsberg von Aride
Unten: Die Insel kann man auf geführten Wanderungen erkunden.

Diese Besiedlung ging mit schweren Eingriffen in die Natur einher. Unter der englischen Familie Chenard, die Aride fast ein Jahrhundert lang besaß, wurden massenhaft Kokospalmen zur Produk-

Aride   Infos und Adressen

tion von Kopra angepflanzt. Plantagenarbeiter zogen mit Schweinen und Hühnern, Hunden und Katzen auf die Insel. Und das im Rückblick Schlimmste: Die Nester der zu Tausenden hier brütenden Rußseeschwalben wurden systematisch geplündert, um deren Eier – eine traditionelle Delikatesse auf den Seychellen – in Mahé teuer verkaufen zu können.

Doch dann geschah Wunder über Wunder. 1967 stoppte Paul Chenard den Eierraub, 1970 wurde die Koproduktion eingestellt, 1973 kaufte der schottische Schokoladenmagnat und Philantrop Christopher Cadbury (1909–1986) die Insel und übergab sie der Royal Society for Nature Conservation. 1975 erklärte die Regierung Aride zum Naturreservat, und seit 2008 sorgt die Island Conservation Society für strengen Schutz.

Nicht hierher gehörende Pflanzen und Tiere hat man längst entfernt. Und Aride ist so gut wie autark. Für den Inselwart und seine Handvoll Mitarbeiter, die als Einzige hier wohnen, werden Obst, Gemüse und Gewürze angebaut. Strom liefert eine erst vor Kurzem installierte Solaranlage. Für Besucher wurde ein Rundwanderpfad angelegt, um sie die vielfältige neue alte Natur von Aride hautnah erleben zu lassen. Heute nisten wieder eine Million Seevögel auf der Insel. Rußseeschwalben und Noddy-Seeschwalben, Paradiesfruchttauben und Seychellen-Rohrsänger, die jeweils weltgrößten Kolonien des Schlankschnabel-Noddi und des Audubon-Sturmtauchers. Und im Winter kommen wie eh und je die Meeresschildkröten zur Eiablage an den Strand. Besonders empfehlenswert ist Aride daher für Birdwatcher und Biologen, Naturinteressierte und Tierfotografen: Schon auf einer einzigen Tagestour gewinnt man einen ungewöhnlichen Einblick in die Fauna und Flora der Seychellen.

INFORMATION
Ausflug nach Aride. Aktuelle Informationen erfragt man am besten im Hotel oder bei örtlichen Reiseagenturen. Die Landegebühr inklusive Inselführung kostet ca. 30 Euro.

Aride Island Nature Reserve. Grundinformation zu Aride und den Besuchsmöglichkeiten. Tel. 271 97 78, www.arideisland.com

Fregattvögel im Flug über Aride

Praslin und nahe Inseln

34 Cousin Island
Refugium der Landvögel

Wenn Aride ein ferner Wanderpfad für Vogelfreunde ist, dann ist Cousin Island die nahe Bundesstraße. Jährlich an die 30 000 Besucher lassen sich auf die Insel vor der Nordwestküste von Praslin fahren, um den Erfolg einer nachhaltigen Tat zu sehen: wie für Vögel, die vom Aussterben bedroht waren, mithilfe von Spendengeldern wieder ein sicheres Habitat geschaffen wurde.

Die unbewohnte, 700 mal 500 Meter große Insel liegt vier Kilometer vor der Nordwestküste von Praslin und wird vor allem von dort und von La Digue aus auf Bootsexkursionen besucht. Sie ist fast kreisrund, von weißen Sandstränden gesäumt und am höchsten Punkt nur 58 Meter hoch. Damit war Cousin Island jahrzehntelang ein idealer Standort für die Kopraproduktion – bis eine Vogelzählung ein alarmierendes Ergebnis erbrachte: Auf Cousin, der Heimat des Seychellen-Rohrsängers, existierten noch gerade mal 26 Exemplare! Von dem ebenso endemischen Seychellen-Weber (hier *Toc-toc* genannt) auch nicht viel mehr.

Geld für den guten Zweck

Daraufhin kaufte im Jahr 1968 der Internationale Rat für Vogelschutz nach einer spektakulären Spendenaktion die Insel und machte sie zum Naturreservat. 1974 zog die Regierung nach, erklärte Cousin samt einem 400 Meter breiten Meeresstreifen zur Special Reserve und ließ die fatalen Kokosplantagen nach und nach durch ursprüngliche Bäume und Strauchwerk ersetzen. Heute leben hier sowie auf den Inseln Cousine, Aride

Mitte: Der endemische Seychellen-Rohrsänger war vom Aussterben bedroht. Dank vieler Naturschutzmaßnahmen auf Cousin Island gibt es heute wieder etwa 3500 Vögel dieser Art.
Unten: Der Seychellendajal hingegen ist leider stark gefährdet.

Cousin Island

und Frégate wieder an die 3500 Seychellen-Rohrsänger. Letzthin konnte die kleine Grasmücke sogar von der Roten Liste der bedrohten Arten gestrichen werden. Ob es dem gefährdetsten Vogel des Archipels, dem schönen amselähnlichen Seychellendajal, auch so gut ergehen wird, bleibt indes fraglich. 2012 gab es weniger als 250 dieser Vögel, gezählte 38 davon auf Cousin Island.

Durch die Schutzmaßnahmen, die seit 1998 durch die NGO Nature Seychelles organisiert werden, hat sich das Habitat von Grund auf erholt. Nun leben und brüten hier wieder mehrere Dutzend Land- und Seevogelarten, insgesamt an die 300000 Vögel. Da es auch gelungen ist, diese Insel komplett frei von Ratten, Mäusen und Katzen zu halten, finden viele weitere Tiere genügend Lebensraum. Darunter allein fünf endemische Eidechsenarten, zahllose Tausendfüßler, Krabben und Krebse, mehr Geckos als irgendwo sonst auf der Welt. Und die Strände der Insel zählen seit Langem zu den wichtigsten Eiablageplätzen der Echten Karettschildkröte.

Tagestour in ein Paradies

Besucher können Cousin Island von Montag bis Freitag erkunden, Nature Seychelles hält dafür Arrangements mit Hotels und lokalen Reiseagenturen bereit. Auch hierbei gelten strenge Regeln. Ausflugsboote dürfen nur bis auf 200 Meter an die Insel heran, dort holen Parkranger die Gäste mit eigenen Booten ab, denn fremde könnten Schädlinge einschleppen. Nach einer Einführung werden die Besucher in Gruppen auf festgelegtem Weg rund anderthalb Stunden über die Insel geführt. Davon abzuweichen oder sich allein zu bewegen, ist nicht erlaubt. Baden, rauchen, picknicken ebenso wenig. Doch schon bald nehmen all diese so gar nicht scheuen Vögel, Echsen, Krabben und Kriechtiere jeden völlig gefangen.

Infos und Adressen

INFORMATION

Ausflug nach Cousin Island. Aktuelle Informationen erfragt man am besten im Hotel oder bei örtlichen Reiseagenturen. Die Landegebühr inklusive Inselführung kostet ca. 30 Euro.

Nature Seychelles. Grundinformation über Cousin Island und die Besuchsmöglichkeiten.
Mo–Fr 8–16 Uhr, Roche Caiman, Mahé, Tel. 460 11 00,
www.natureseychelles.org

Auf dieser Insel leben mehr Geckos als sonstwo auf der Welt. Hier ein kleiner Seychellen Taggecko.

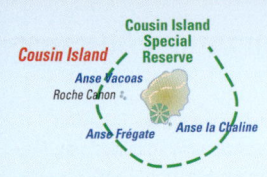
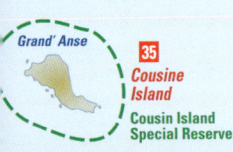

Praslin und nahe Inseln

35 Cousine Island
Für Ferien vom Feinsten

Die Vogelschutzinsel Cousin hat eine attraktive Schwester, die wohl die allermeisten Seychellenbesucher nur vom Namen her kennen. Denn Cousine Island ist im Besitz einer privaten Luxuslodge – die aber das winzige, unter Naturschutz stehende Eiland hütet wie ihren Augapfel. Betuchte Zeitgenossen, die dort Ferien machen, genießen es, damit auch Flora und Fauna zu unterstützen.

Cousine Island liegt zwei Kilometer westlich von Cousin und ist mit einer Größe von 25 Hektar nur unwesentlich kleiner. Die Topografie gleicht in vielem der ihres »Bruders«: Cousine ist flach, dicht bewachsen und rundum von einem Korallenriff gesäumt. Darüber hinaus kann diese Insel mit einem großartigen Vorzug aufwarten: An ihrer Nordostseite, mit Blick auf Cousin und Praslin, erstreckt sich ein sichelmondförmiger, herrlich breiter Strand. Gut einen Kilometer lang, mit feinstem weißen Sand und von grandioser Abgeschiedenheit. Maximal acht Menschen könnte man hier antreffen – wenn gerade mal alle vier Villen der Cousine Island Lodge ausgebucht sind.

Mitte: Auch diese Insel wurde von einer Plantage zum Luxusresort.
Unten: Ein breiter Sandstrand säumt die Nordostseite von Cousine.

Diese bilderbuchmäßige Lage mag es gewesen sein, die 1970 drei Deutsch-Schweizer bewog, die Insel zu kaufen, um dort Ferienhäuser zu errichten. Schon in den Jahrzehnten davor war sie durch mehrere, meist einheimische Hände gegangen. Eine Plantage für Kasuarinenholz, Tabakpflanzen und Kokospalmen, mit Viehweiden und Hühnerställen. Ein günstig gelegenes Eiland, um Schildkrötenfleisch und Vogeleier zu wildern. Ein Ort, zuletzt ökologisch so ausgebeutet und nieder-

Cousine Island

gewirtschaftet wie Cousin Island nebenan. Rußseeschwalben zum Beispiel gab es hier 1970 schon keine mehr, auch der Seychellen-Rohrsänger wurde bald nicht mehr gesehen.

Zum Glück tat – wenn auch erst nach Jahren – die Umwidmung der Nachbarinsel zum Naturreservat ihre Wirkung. 1992 kaufte ein umweltengagierter Südafrikaner die Insel. Cousine wurde nun ebenfalls unter staatlichen Schutz gestellt, der neue Besitzer begann umfangreiche Maßnahmen zur Renaturierung. In der Ebene hinter dem Strand wurden gut 8000 Bäume einheimischer Arten gepflanzt. Der verschwundene Seychellen-Dajal wurde wieder angesiedelt, laut jüngster Zählung leben heute 39 dieser endemischen Drosseln auf Cousine. Und die Insel ist heute – neben Cousin und Frégate – die Einzige, auf der es den Seychellen-Weber gibt, einen kleinen endemischen Singvogel. Feenseeschwalben und Weißschwanz-Tropikvögel kehrten ebenso zurück. Der Seychellen-Rohrsänger sogar scharenweise.

Baumpflanzen ist inklusive

Den Strand suchen von September bis Januar Dutzende von Meeresschildkröten auf, um ihre Eier abzulegen. Es ist jedes Mal ein besonderes Naturschauspiel – und für die Gäste der Cousine Island Lodge sozusagen eine Privatvorstellung. Denn nur vier unprätentiöse, aber feine kleine Villen wurden im Jahr 2000 gebaut, um diese wiedererstandene Insel erlebbar zu machen. Die Happy Few werden mit dem Hubschrauber eingeholt, ein hoteleigener Ranger steht für Führungen bereit, und als grünes Statement darf jeder Gast einen jungen Baum pflanzen. Genau so hat auch Sir Paul McCartney diesem Paradies seine Reverenz erwiesen, als er hier im Sommer 2002 mit dem Ex-Model Heather Mills die Flitterwochen verbrachte.

Infos und Adressen

ÜBERNACHTEN
Cousine Island Lodge. Vier 175 Quadratmeter große Villen in französischem Kolonialstil mit Meerblick. Auch eine Bibliothek, der Süßwasserpool und das Wellness-Badehaus können genutzt werden. 2010 wurde die Lodge von World Travel Awards als Indian Ocean's Leading Green Resort ausgezeichnet. Kinder nicht unter 15 Jahren. Cousine Island, Tel. 4321107, www.cousineisland.com

Oben: Blick auf den Süßwasserpool …
Unten: … und in eine Villa der Island Lodge

LA DIGUE, FÉLICITÉ UND CO.

36 La Digue
Die Perle der Seychellen — **192**

37 Von La Passe nach Anse Patates
Der schöne Norden — **200**

38 Anse Source d'Argent
Zum Strand der Strände — **204**

39 Wanderung bis zur Anse Cocos
La Digues wilde Buchten — **210**

40 Le Nid d'Aigle
Auf La Digues Panoramaberg — **216**

41 Félicité und Marianne
Namen für das Inselglück — **218**

42 Petite Sœur, Grande Sœur, Île Cocos und Co.
Kleine Inseln für tolle Ausflüge — **222**

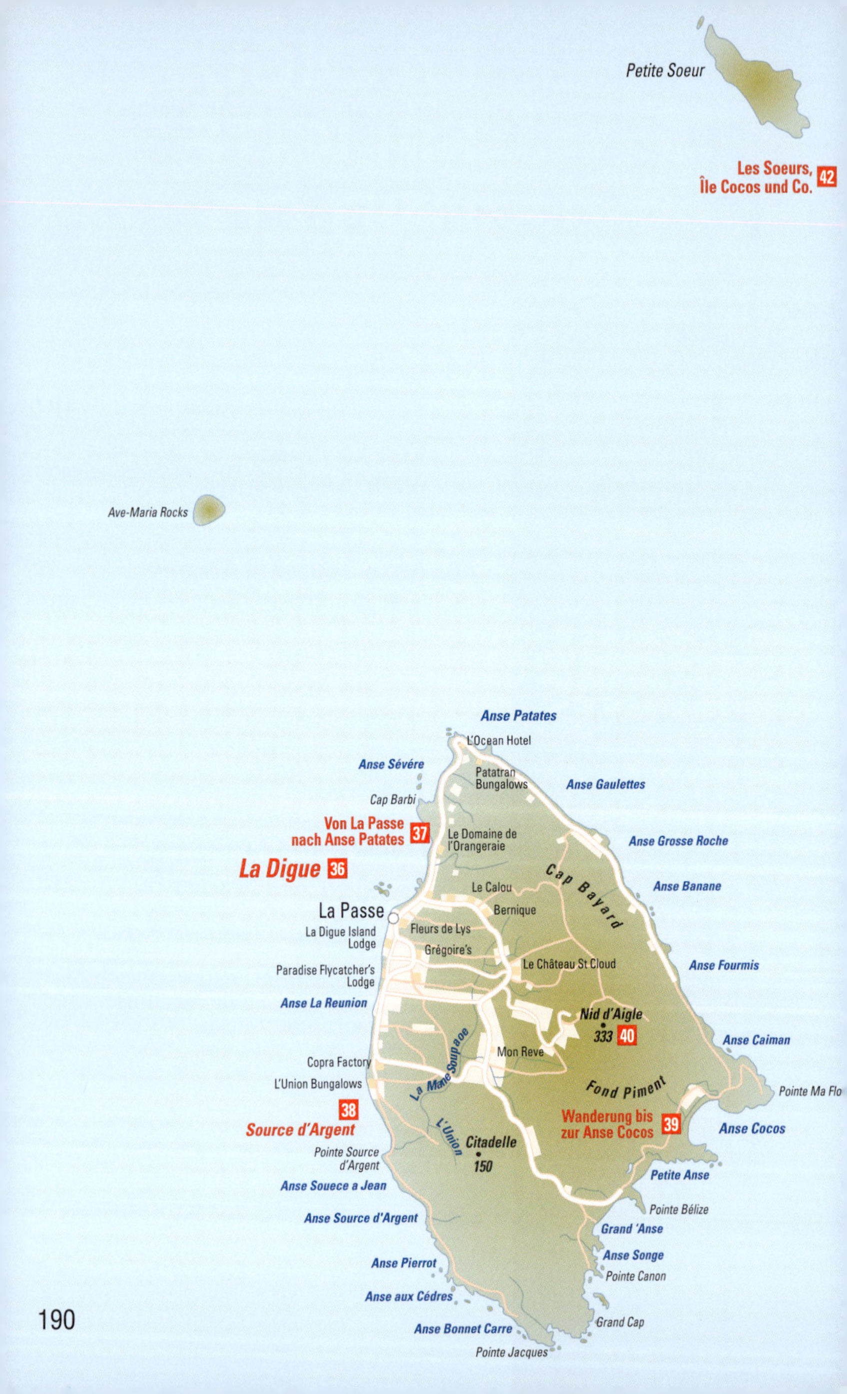

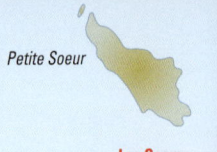

Petite Soeur
Les Soeurs, Île Cocos und Co. 42
Ave-Maria Rocks
Anse Patates
L'Ocean Hotel
Anse Sévére
Patatran Bungalows
Anse Gaulettes
Cap Barbi
Von La Passe nach Anse Patates 37
Le Domaine de l'Orangeraie
Anse Grosse Roche
La Digue 36
Cap Bayard
Le Calou
Anse Banane
La Passe
Bernique
La Digue Island Lodge
Fleurs de Lys
Grégoire's
Paradise Flycatcher's Lodge
Le Château St Cloud
Anse Fourmis
Anse La Reunion
Nid d'Aigle
333 40
Anse Caiman
Mon Reve
Copra Factory
La Mane Soup aoe
L'Union Bungalows
Fond Piment
Pointe Ma Flo
38
Source d'Argent
L'Union
Wanderung bis zur Anse Cocos 39
Anse Cocos
Citadelle
150
Pointe Source d'Argent
Anse Souece a Jean
Petite Anse
Pointe Bélize
Anse Source d'Argent
Grand 'Anse
Anse Songe
Anse Pierrot
Pointe Canon
Anse aux Cédres
Grand Cap
Anse Bonnet Carre
Pointe Jacques

Grande Soeur

Île Plate   Albatros Rock

Île La Fouche

Île Cocos

Félicité Island Lodge
ZilPasyon Seychelles
41 *Félicité*
Félicité
231
Ramos National Park

Pointe aux Joncs
159
Marianne **41**
Pointe Grand Glacis

0   1 km

La Digue, Félicité und Co.

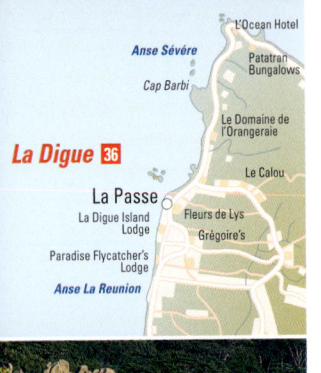

Seite 188/189: Fantastische Granitfelsen an der Anse Source d'Argent
Mitte: Ein Kanufahrer vor der Nordwestküste von La Digue
Unten: Die Schnellfähre »Cat Rose« am Anleger von La Passe

36 La Digue
Die Perle der Seychellen

Die nach Mahé, Praslin und Silhouette viertgrößte Insel der Inneren Seychellen vereint die landschaftlichen Eigenheiten des Archipels auf besonders schöne Art. Auf La Digue gibt es die spektakulärsten Granitfelsen, großartige Strände, einsame Buchten, tropische Natur und eine entspannte Inselatmosphäre, die zeigt, dass hier traditionelle Lebenswelt und moderner Tourismus gut zueinander finden.

Wohl jeder, der als Gast auf die Seychellen kommt, wird im Laufe seines Aufenthalts irgendwann La Digue besuchen. Nicht nur, weil sich über die Jahre weithin die unwiderlegbare Einschätzung festgesetzt hat, dass dies nun wirklich die schönste aller Inseln sei. Man kann sie tatsächlich als Quintessenz der Seychellen betrachten, vor allem aber empfiehlt sie sich als Hauptstandort einer Ferienreise wie auch als Ausflugsziel.

Alles dreht sich um den Hafen

Zum Anreisen hat man mehrere Möglichkeiten. Die meistgenutzte ist die Schnellfähre »Cat Cocos« von Mahé nach Praslin (etwa eine Stunde Fahrzeit), dann weiter mit der »Cat Rose« nach La Digue (knapp 30 Minuten); da es dort kein Ticketbüro gibt, muss man die Rückfahrt gleich mitbuchen. Teuer sind Helikopterflüge: ab Mahé rund 200 Euro (pro Strecke), ab Praslin etwa 100 Euro; gelandet wird auf dem Heliport nahe der ehemaligen Kokosplantage L'Union Estate.

La Digue ist die viertgrößte Insel der Inneren Seychellen, mit ihrer Wohnbevölkerung von knapp

La Digue

2500 Menschen steht sie sogar an dritter Stelle. Zehn Quadratkilometer groß, erstreckt sie sich über fast sechs Kilometer von Süd nach Nord und ist auf halber Höhe etwas mehr als drei Kilometer breit. Ihre höchste Erhebung erreicht sie mit dem 333 Meter hoch gelegenen Nid d'Aigles (Adlernest) auf dem dicht bewaldeten Granitrücken der östlichen Inselseite.

An fast der gesamten Küste ist das eigentlich von spektakulären Granitformationen geprägte La Digue von Korallenriffen umgeben. Dies mag auch der Grund dafür sein, dass die Insel über keinen natürlichen Hafen verfügt. Daher wurde an der einzigen größeren Einbuchtung des Riffsaums an der Nordwestseite ein Schiffsanleger gebaut und letzthin auch noch ein Hafendamm: als Schutz gegen den oft stürmischen Nordwestmonsun.

Dies wurde vor allem deshalb notwendig, weil nur hier sowohl die Fähren von Praslin (vier Kilometer entfernt) wie auch von Mahé (50 Kilometer) anlegen können. Außerdem ist der kleine Hafen eine wichtige Drehscheibe für Bootsfahrten und Tauchtouren zu den weiter nordöstlich gelegenen Eilanden Petite Sœur, Grande Sœur, Coco Island, Marianne und Félicité. Kein Wunder also, dass es auf La Digue auch etwas gibt, was man anderswo auf den Seychellen nicht so oft zu sehen bekommt: einen Leuchtturm, postiert auf einer majestätischen freistehenden Granitklippe.

Ein Schiff als Namenspatron

Die gleichmäßig geformte, saftig-grüne Insel haben auch schon die Europäer bei der Erkundung der Seychellen gern angelaufen: als Erster und ihr Entdecker 1744 der französische Kommandant Lazare Picault (ca. 1700–1748). Ihm folgte 1768 – im Zuge der Annexionsfahrt nach Praslin – der

Nicht verpassen

EIN LICHT FÜR DEN ABEND

La Digue ist eine Insel der kurzen Wege, hier kann man gut auch noch am Nachmittag eine Wanderung in eine stille Bucht machen. Oder eine Radtour, nachdem sich die größte Hitze des Tages gelegt hat. Oder einfach einen Spaziergang zum Sundowner auf einer Restaurant- oder Hotelterrasse am Hafen. Denn fast nichts ist hier schöner, als kurz nach sechs das Highlight des Tages zu genießen: den Sonnenuntergang. Eine wunderbare Viertelstunde, dann wird es schnell dunkel. Nein: stockdunkel. Und die wenigen Lichtquellen sehen aus, als seien ein paar schwache Sterne in den Wald gefallen. La Digue hat keine Straßenbeleuchtung, das Leihrad keine Lampe – der Heimweg wird zur Geistertour. Wohl dem, der jetzt eine Taschenlampe dabei hat. Oder noch besser und praktischer: eine Stirnlampe.

La Digue, Félicité und Co.

Nicht verpassen

DER SEYCHELLEN-PARADIES-SCHNÄPPER

Veuve Reserve heißt ein nur 15 Hektar großes Naturschutzareal rechts an der Straße von La Réunion zur Bucht von Grand' Anse. Es soll einer der seltensten Vogelarten der Welt das Überleben sichern: dem Seychellen-Paradiesschnäpper. Das Männchen hat rabenschwarzes Gefieder, einen neonblauen Lidstrich und zwei ellenlange Schwanzfedern – ein Aussehen, das ihm den Namen Veuve (Witwe) eingebracht hat. Da eine Zählung in den 1970er-Jahren ergeben hatte, dass auf La Digue nur noch etwa 50 dieser prächtigen Vögel lebten, wurde 1987 die Veuve Reserve eingerichtet. Auf einer etwa 30-minütigen Wanderung hat man gute Chancen, eine »Witwe« singen zu hören oder in den hohen Bäumen beim Nestbau zu beobachten.

Veuve Reserve. Anse La Réunion, Mo–Fr 8–16 Uhr, nach Vereinbarung sind auch Führungen an Sonn- und Feiertagen möglich, Tel. 2783114

Marineoffizier Marc-Joseph Marion du Fresne (1724–1772) und gab der Insel nach alter Seefahrersitte den Namen seines Schiffs: »La Digue«. Charles Oger, seines Zeichens Erster Offizier des Schoners »Heure du Berger«, machte die Sache schließlich klar und nahm La Digue am 12. Februar 1771 offiziell für Frankreich in Besitz.

Den Franzosen folgten die Engländer. Sie fanden bei ihrer Besetzung der Seychellen im Jahr 1794 La Digue noch unbewohnt vor. Vier Jahre später sind die ersten Siedler verbürgt: Aufständische aus Réunion, die von den französischen Kolonialherren samt Sklaven hierher deportiert wurden. Einem davon, Maximilien Morel, gehörte 1815 ein Großteil der landwirtschaftlich nutzbaren Fläche der Insel, die man zuvor den Krokodilen und Schildkröten abgerungen hatte. Zehn Jahre später hatte La Digue bereits rund 400 Einwohner, 240 davon waren Sklaven.

Keine bäuerliche Insel mehr

Die Sklaverei ging in den 1830er-Jahren zu Ende, aber noch bis etwa 1980 prägte die Landwirtschaft – und da vor allem der Anbau von Kokosnüssen und Vanille – die Insel. Heute übernimmt von Jahr zu Jahr mehr der Fremdenverkehr diese Rolle als wichtigste Einkommensquelle. Selbst die einst so bedeutende Großfarm L'Union Estate mit ihrem eindrucksvollen Plantation House und einer noch wie früher von einem Ochsen angetriebenen Kopramühle ist heute in erster Linie eine touristische Sehenswürdigkeit.

Naturgemäß hat sich im flachen, landwirtschaftlich gut nutzbaren Westteil hinter dem Hafen auch die einzige größere Siedlung der Insel entwickelt. Sie umfasst den Ort La Passe, sinnfällig be-

nannt nach dem Durchgang zum offenen Meer, und geht fließend über in das südlich davon gelegene La Réunion mit seinem gleichnamigen Strand. In den letzten Jahrzehnten sind diese beiden einst so beschaulichen Tropennester, wo es noch in den 1970er-Jahren nur Staubpisten und gerade mal ein Hotel gab, zur sichtbar vom Tourismus geprägten Kleinstadt zusammengewachsen.

Jeder fährt mit dem Rad

An den wenigen, in viel tropisches Grün eingebetteten Straßen reihen sich heute einige große und ein paar kleine Hotels, hinzu kamen in den letzten Jahren auch auffällig viele private Gästehäuser und Bungalows für Selbstversorger. Außerdem gibt es Restaurants und Takeaways, etliche Lebensmittelläden, Kunstgalerien, ein Internet-Café und reihenweise Fahrradverleihe. Alles, was man auf La Digue brauchen könnte, findet man hier auf kurzer Distanz.

Immer wenn in La Passe eine Fähre eintrifft, wuseln am Anleger einheimische Gästehausvermieter und Hotelporter, erwartungsfrohe Neuankömmlinge und abreisende Ausflügler bunt durcheinander. Doch ehe man sich versieht, läuft alles wieder einen sehr gemächlichen Gang. Fast alle – die Insulaner genauso wie die vielen Fremden – sind mit dem Fahrrad unterwegs. Die hiesigen Autos, darunter ein paar Kleinlaster und als Busse benutzte Pritschen-

Oben: Nur wenige Straßen rund um den Hafen sind asphaltiert.
Unten: Hauptverkehrsmittel auf La Digue ist das Fahrrad.

La Digue, Félicité und Co.

wagen, kann man an drei Händen abzählen. Und an zweien die einstmals so berühmten Ochsenkarren, die den Touristen zwar immer noch als besonders originelle Sightseeing-Vehikel angedient werden, neuerdings aber offenbar nur noch bei alten Amerikanern und jungen Russen Gefallen finden.

Viele schöne Touren

La Digue bietet eine Fülle von Möglichkeiten, die Insel und ihre vielfältige Natur auf meist leichten kurzen Touren zu erkunden. Ihre Größe ist geradezu wie dafür gemacht, das mit dem Fahrrad oder zu Fuß zu tun. Den Nordteil mit seiner reizvollen kleinen Bucht Anse Patates kann man auf einer entspannten Radtour kennenlernen. Auch in die fantastische Granitklippenlandschaft mit dem berühmten Strand von Source d'Argent fährt man von La Passe aus eben mal mit dem Rad. Zu den wildromantischen Stränden der Südostseite gelangt man mit einer gut kombinierbaren Fahrrad- und Wandertour.

Die abenteuerliche Umrundung der Südspitze hingegen sollten nur wirklich sturmerprobte Pfadfindernaturen angehen – und keinesfalls ohne

GUT ZU WISSEN

WENN LEIHRÄDER REDEN KÖNNTEN ...
... dann hätten die auf La Digue von Verwünschungen in allen Hauptsprachen der Welt zu berichten. So ein Schrott! Da reißt doch gleich die Kette! Ob man damit jemals ankommt? Mag sich die Insel noch so sehr als Rent-a-bike-Paradies darstellen – bei vielen der Vehikel, die einem dort für 10 Euro am Tag überlassen werden, wird schnell klar, warum sie niemals geklaut würden. Zum Glück haben sie auch keinerlei Schloss: So kann man den Schlüssel nicht verlieren.

Oben: Auch auf La Digue gibt es viele Häuser im Kolonialstil.
Mitte: Für Touristen werden Fahrten mit Ochsenkarren angeboten.
Unten: Von La Passe sind es nur ein paar Schritte zum nächsten Strand.

versierten einheimischen Guide und geeignete Schuhe. Der Weg auf den Nid d'Aigle, den Aussichtsberg der Insel, ist zwar auch streckenweise steil und beschwerlich, aber im Vergleich dazu ein Spaziergang.

Baden, schnorcheln, tauchen

Großartige Strände und Buchten hat La Digue also reichlich zu bieten – ein »Badeparadies« ist es dennoch nicht. Durch das vorgelagerte Riff kann das Wasser an vielen Stellen (und nicht nur bei Ebbe) so flach sein, dass Schwimmen oder Schnorcheln gelegentlich wenig Freude macht. Auch starke Brandung und gefährliche Strömungen gilt es zu beachten, zumal in den Buchten der wilden Ost- und Südostseite. Doch bei idealen Konditionen, die es natürlich auch oft genug gibt, bringen ein Bad oder ein Schnorchelgang in dieser kristallklaren und fischreichen See großen Genuss. Aber auch anspruchsvolle Taucher müssen nur mal kurz runter von der Insel, und schon können sie sich auf ein tolles Unterwassererlebnis freuen: Vom Hafen in La Passe aus gibt es jeden Tag Bootsexkursionen zu einigen der reizvollsten Tauch- und Schnorchelreviere des gesamten Archipels.

Oben: Tagsüber werden unter solchen Baldachinen die Strandliegen platziert.
Unten: Die Kirche Notre Dame de L'Assomption auf La Digue

La Digue, Félicité und Co.

Infos und Adressen

Beliebt: rustikale Hinweisschilder

SEHENSWÜRDIGKEITEN

Eustache Sarde's House. Das kleine Holzhaus aus dem frühen 20. Jahrhundert an der Hauptstraße von Anse Réunion ist eines der letzten seiner Art auf den Seychellen und steht unter Denkmalschutz. Es ist nur von außen zu besichtigen.

Green Gecko Gallery. Werke des auch international bekannten seychellischen Malers George Camille. Sein Studio kann nach vorheriger Vereinbarung besucht werden. Anse Réunion, Tel. 423 44 02, www.georgecamille.sc

ESSEN UND TRINKEN

Chateau St. Cloud. Im ganztägig geöffneten kreolischen Restaurant des gleichnamigen Hotels sind auch À-la-carte-Gäste willkommen. Dreimal wöchentlich Abendbuffet mit Livemusik. La Réunion, Tel. 423 43 46, www.chateaustcloud.sc

Chez Marston. Empfehlenswerte Fischgerichte und kreolische Küche im gleichnamigen kleinen Gästehaus. Tgl. 7.30–22 Uhr, La Passe, Tel. 423 40 23, www.chezmarston.com

Grégoire's. Holzofenpizza und kreolische Gerichte, auch zum Mitnehmen. Im gleichen Gebäude gibt es einen Supermarkt und ein Hotel. Tgl. 11–14.30, 18–22 Uhr, Anse Réunion, Tel. 429 25 25

Kwen Ideal Borlanmer. Gutes und günstiges Takeaway mit frischen, täglich wechselnden Gerichten. La Passe, Tel. 257 02 53

Le Repaire Boutique Hotel & Restaurant. Sehr gute Pizza, Pasta und andere mediterrane Gerichte im beliebten Restaurant des gleichnamigen Hotels direkt am Strand. Frühstück 7–9.30 Uhr, Mittagessen 12.30–15 Uhr und Abendessen von 19–22 Uhr, Anse Réunion, Tel. 253 05 94, www.lerepaireseychelles.com

Pension Michel. Täglich wechselnde kreolische Menüs in der gleichnamigen Familienpension, auch für angemeldete Gäste von außerhalb. Tgl. mittags und abends auf Anfrage, La Réunion, Tel. 423 40 03, www.pensionmichel.sc

Tarosa Restaurant. Frühstück und kreolische Gerichte in der Nähe des Fähranlegers. Tgl. 11–22 Uhr, freitags oft Livemusik, La Passe, Tel. 423 44 07

Zerof. Beliebtes Restaurant mit guter kreolischer Küche, abends festes Buffet. Tgl. mittags und abends, La Réunion, Tel. 423 44 39, www.zerofguesthouses.com

ÜBERNACHTEN

Bois d'Amour Guesthouse. Die drei schönen Holzhäuser in traditionellem Stil liegen in einem tropischen Garten etwas abseits der Küste. La Réunion, Tel. 423 44 90, www.boisdamour.de

Calou Guesthouse. Drei gepflegte Bungalows 700 Meter vom Strand. Montag- und donnerstagmorgens Sun Yoga auf der Terrasse. La Passe, Tel. 423 40 83, www.calouguesthouse.com

Casa de Leela. Vier hochwertige Apartments und drei Bungalows für Selbstversorger in einem tropischen Garten. La Réunion, Tel. 423 41 93, www.casa-de-leela.bplaced.net

Chateau St. Cloud. Das renovierte Pflanzerhaus aus dem 19. Jahrhundert liegt am Fuß des Berges Nid d'Aigle. Es bietet 14 Zimmer. La Réunion, Tel. 423 43 46, www.chateaustcloud.sc

La Digue

Fleur de Lys. Gut ausgestattete Bungalows in ruhiger Lage 150 Meter vom Hafen. La Passe, Tel. 4234459, www.fleurdelysey.com

Kot Babi Guesthouse. Kleine, zentral gelegene Selbstversorgeranlage. Der Besitzer kocht auch für seine Gäste, La Passe, Tel. 2514338, www.kotbabi.sc

La Digue Island Lodge. Der Klassiker der Insel mit 69 Chalets und Zimmern in einem tropischen Garten am Strand. Stimmungsvolles Restaurant, auch für Gäste von außerhalb. Anse Réunion, Tel. 4292525, www.ladigue.sc

Le Domaine les Rochers. Bungalows und Apartments für Selbstversorger in einem schönen Garten. La Passe, Tel. 4235334, www.domainelesrochers.com

Villa Authentique. Kleine, vor Kurzem renovierte Familienpension mit asiatisch beeinflusster Küche und kreolischen Gerichten. La Passe, Tel. 4234413, www.villaauthentique.com

Villa Creole Self Catering. Vier ansprechende Bungalows für Selbstversorger. Von der Terrasse aus hat man einen schönen Meerblick. Anse Réunion, Tel. 4234105, villacreole@hotmail.com

AKTIVITÄTEN

Azzurra Pro Dive Centre. Tauchbasis an der »La Digue Island Lodge«. Anse Réunion, Tel. 4292525, www.ladigue.sc

Belle Petra. Katamaran-Touren zum Hochseefischen für maximal 22 Personen. La Réunion, Tel. 2716220, www.petra@seychelles.sc

La Digue Boat Excursions. Katamaran-Touren zum Hochseefischen sowie Boots- und Schnorchelausflüge mit dem bekannten Skipper Nevis Ernesta. La Passe, Tel. 2515557, www.excursionsladigue.com

La Fidelité. Bootsausflüge zu den Nachbarinseln für bis zu zehn Personen. La Passe, Tel. 2512233, www.fidele.sc/boat.html

Labrine. Sonnenuntergangstour rund um die Insel in einem ehemaligen Fischerboot. La Passe, Tel. 2579536

Lone Wolf Charters. Bootsausflüge zu den Nachbarinseln und zum Hochseefischen. La Passe, Tel. 2570344, www.lone.aqtd.fr

Sunny Trail Guide. Geführte Inselwanderungen auch um die Südspitze mit dem jungen einheimischen Guide Robert Agnes. La Passe, Tel. 2525357, www.sunnytrailguide.net

Trek Divers. Tauchausflüge mit Christophe Conde zu den schönsten Plätzen von La Digue und den Nachbarinseln. Tel. 2513066, www.trekdivers.com

INFORMATION

Tourist Information Office. Mo–Fr 8–17 Uhr, Sa 9–12 Uhr, La Passe, Tel. 4234393, stbladigue@seychelles.sc, www.seychelles.travel

Offizielle Website von La Digue. Informationen zu den Themen Übernachten, Strände, Anreise und Transport, Exkursionen, Fahrradvermietung und Wanderführer. www.seychellesladigue.com

La Digue bietet viele Guesthouses.

La Digue, Félicité und Co.

37 Von La Passe nach Anse Patates
Der schöne Norden

Schon auf der Anreise von Praslin her sieht man, dass der Norden von La Digue ein besonders eindrucksvoller Teil der Insel ist. Über dem flachen Saumriff und einem langen Sandstrand erhebt sich eine malerische Steilküste mit Granitklippen und reicher tropischer Vegetation. In diesem grünen Faltenwurf der Landschaft liegen einige schön platzierte Hotels – und die kleine Bilderbuchbucht Anse Patates.

Wenn man mit der Fährlinie Cat Rose oder einem Ausflugsboot im Hafen von La Passe ankommt, ist man längst schon neugierig auf diese Gegend, die einem mit ihren saftigen grünen Hängen, gesprenkelt mit ein paar rötlichen Häusern, auf der Überfahrt entgegengeleuchtet hat. Wie auf La Digue üblich, gibt es nun zwei Möglichkeiten: Eines der klapprigen Fahrräder zu mieten, die gleich am Ortseingang reichlich zur Auswahl stehen. Oder zu Fuß zu gehen – für den folgenden kurzen Weg sicher das Angenehmere.

Chillen mit Blick auf Praslin

Schon gleich im Ort schwenkt man nach links, an Post und Polizei vorbei auf die einzige Straße, die in den Inselnorden führt. Erst wird das ohnehin gemächliche La Digue noch beschaulicher, dann trifft man auf eine elegante fernöstlich anmutende Hotelanlage mit dem klingenden Namen »Domaine de l'Orangeraie«. Allein schon im Vorbeigehen kann man sich vorstellen, dass es ein Vergnügen sein muss, abends hier an der Loungebar am Infinity-Pool übers Meer in den Sonnenuntergang zu schau-

Am Strand der Anse Patates

La Passe

en. Das 2011 eröffnete Resort, dessen Apartments behutsam in den grünen Berghang zur Inselmitte hineingepasst wurden, zählt zu den ersten Adressen auf La Digue.

Wenige Schritte weiter dann eine völlig andere Welt: der Friedhof der Insel, auf einer großen Lichtung in den Urwald gebettet. Viele Gräber haben die Form kleiner Häuser, und auf allen blühen ganze Sträuße bunter, unvergänglicher Kunstblumen. Die Lebenden finden gleich jenseits der nun folgenden kleinen Anhöhe schöne Plätze zum Ausruhen: im Schatten von Palmen und Takamaka-Bäumen, die den herrlich langen geraden Strand der Anse Sévère auf ganzer Länge säumen. An seinen Enden gibt es jeweils ein Kap – und daher kaum jemals hohe Wellen. Ein idealer Platz zum Schwimmen und Schnorcheln, aber nur wenig bekannt.

Das große Inselschauen

Zum hinteren Kap hin steigt die Straße nun leicht an, und oben auf der Kuppe tut sich das x-te fantastische Seychellen-Panorama auf. Links Praslin-Curieuse-Aride. Dann, winzig, das Granithäuflein namens Ave Maria Rocks. Rechts eine Perlenkette: Petite Sœur, Grande Sœur, Île La Fouche, Île Cocos, Albatros Rock, Félicité. Man mag sich von so viel Inselglück gar nicht mehr losreißen – und muss es auch nicht. Wie das geht? Einfach ein paar Hundert Schritte weiter auf der Terrasse des Hotel L'Océan zu Mittag (oder noch stimmungsvoller: zu Abend) essen und ein Curry nebst dieser Aussicht genießen.

Strand unter in Anse Patates

Das eigentliche Ziel dieses Spaziergangs, die malerische Bucht Anse Patates, kann da nur noch schwer mithalten. Man staunt, wie klein sie doch ist. Und wie groß hingegen die Wellen, die an den Strand

DOCH EINMAL OBEN GANZ RUM

Es ist eine der häufigen Fragen: Kann man La Digue eigentlich ganz umwandern? Oder zumindest den größten Teil der Insel? Also etwa von La Passe an die Nordspitze, die Ostküste runter, dann die Südostküste entlang und von der Grand' Anse wieder an den Ausgangspunkt. Ja, man kann, sollte aber ein paar Hinweise beherzigen. Zum Beispiel den, dass man sich vor dem Losgehen erkundigt, wann Ebbe ist: Denn die Strecke zwischen Anse Fourmis (Ende der befestigten Straße) und Anse Caiman lässt sich auch watend zurücklegen, falls der wilde und steile Pfad zu stark zugewachsen sein sollte. In vier Stunden ist diese Dreivierteluumrundung leicht zu schaffen. Schon gar, wenn man sich unterwegs im rustikalen Kiosk »Chez Jules« an der Anse Banane bei selbst gefischtem Oktopus, Salat und Fruchtsaft gestärkt hat.

Chez Jules. Anse Banane, Tel. 251 03 84

Der Friedhof von La Digue

Oben: Blick von La Digues Nordseite auf Grande Sœur und Félicité
Unten: Auf steilem Hang stehen die Villen des Patatran Hotel & Village.

rauschen, als wollten sie dieses Postkartenidyll zu Sand und Schaum schlagen. Wenn hier – in der Zeit von Dezember bis März – der Nordwestmonsun hereindrückt, ist an Schwimmen oder Schnorcheln nicht zu denken, allein schon die Strömung wäre viel zu unberechenbar. Doch es gibt auch viele Tage und Wochen, an denen man über dem Korallenriff vor den roten Granitklippen Erlebnisse haben kann wie in einem fantastisch bestückten Aquarium.

Eine Villa wie der Urwald

Die ebene, verkehrslose Straße verführt zum Weitergehen. Vorbei am Patatran Village Hotel, dessen Restaurant wie eine Kanzel über der Anse Patates thront, auf die einsame, fast unbesiedelte Nordostseite der Insel. Für den seychellischen Maler und Künstler George Camille ist dies »die schönste Gegend von La Digue«. In der grünen Urwaldeinsamkeit über der fast immer menschenleeren Bucht Anse Gaulettes hat er 2002 seine Hommage an diese Abgeschiedenheit gebaut: »Villa Verte«. Ein Haus, das in seinen Naturfarben und -materialien aussieht, als sei es hier gewachsen. Einen »perfekten Platz für Ruhe und Frieden«, den man buchen kann.

Infos und Adressen

ESSEN UND TRINKEN

Domaine de l'Orangeraie. La Digues Spitzenplatz für einen stilvollen Sundowner mit Meeresrauschen und Blick auf die Nachbarinsel Praslin. Auch eines der besten Hotels der Insel. Infinity Pool Bar tgl. 9–21.30 Uhr, Anse Sévère, Tel. 429 99 99, www.orangeraie.sc

Hotel L'Océan. Restaurant am Nordende von La Digue mit großartigem Blick auf die Nachbarinseln. Das Haus verfügt auch über acht Zimmer. Tgl. mittags und abends, Anse Patates, Tel. 252 23 40, www.hotellocean.sc

ÜBERNACHTEN

Anse Sévère Beach Villa. Zwei Selbstversorgervillen am beliebten Schnorchelstrand. Anse Sévère, Tel. 251 40 47, www.ladigueholidayvilla.com

Patatran Hotel & Village. 18 Mini-Villen und drei Suiten in schöner Lage mit herrlichem Meerespanorama. Anse Patates, Tel. 429 43 00, www.patatranseychelles.com

Villa Verte. Stilvolle Villa mit Meerblick für bis zu sechs Personen als Selbstversorger. Anse Gaulettes, Tel. 434 43 34, www.villaverteseychelles.com

Der Blick vom Hotel Domaine de l'Orangeraie Richtung Praslin

La Digue, Félicité und Co.

38 Anse Source d'Argent
Zum Strand der Strände

Der schönste Strand der Seychellen (ja der Welt, wenn man dem Ranking von National Geographic folgen will) liegt auf La Digue. Und so pilgern jährlich Zehntausende Touristen zu den meistfotografierten Granitfelsen des Planeten – und erleben, dass man am Traumstrand nicht mal richtig schwimmen kann. Gut also, dass auf dem Weg dorthin auch viel Inselgeschichte vorkommt.

Niemand reist nach La Digue, ohne seinen Fuß in den berühmtesten Sand der Erde zu setzen. Aber das kann man nicht einfach so tun. Jeden anderen Strand der Seychellen darf man frei betreten – doch der Zugang zur Anse Source d'Argent kostet Eintritt: 100 Rupien (oder einfacherweise 10 Euro). Hinkommen würde man zwar auch am Wasser entlang, aber das wäre eher abenteuerlich.

Quer durch die Inselgeschichte

Und so geht es am südlichen Ortsende von La Réunion zunächst in die L'Union Estate. Diese ehemalige Kokosnuss- und Vanilleplantage, heute eine Art nationale Kulturstätte, lohnt allemal den Besuch. Wie kein anderer Ort gibt sie Einblicke in die koloniale Geschichte von La Digue. Das weitläufige Gelände im flachen Westteil der Insel war bis in die 1980er-Jahre ein Zentrum des Anbaus und der Verarbeitung von Kokosnüssen zu Kopra. So heißt das getrocknete Kernfleisch der Nüsse, aus dem Kokosöl gewonnen wird – jahrhundertelang ein Naturprodukt zum Backen und Braten, das seine Bedeutung erst verlor, seit massenhaft erzeugtes Palmfett den Weltmarkt beherrscht.

Mitte: Am Strand der Anse Source d'Argent ist es nicht immer so leer.
Unten: Eine romantische Laube für Hochzeitsfotos mit Traumstrand
Seite 206/207: Die bizarre Granitwunderwelt der Anse Source d'Argent

Die alte Kopramühle der L'Union Estate

Das Schlusskapitel der L'Union Estate als Wirtschaftsbetrieb hat auch eine deutsche Episode. In den 1970er-Jahren kaufte der Geschäftsmann Herbert Mittermayer die Plantage, auf der damals noch rund 350 Menschen arbeiteten. Als »guter« Kolonialist ließ er einen Schiffsanleger, das Inselkrankenhaus und Wasserleitungen bauen. Doch 1980 wurde Mittermayer von einem Tag auf den anderen vom seychellischen Staat enteignet.

Kopramühle und Vanilleschoten

Heute präsentiert sich die L'Union Estate als facettenreicher Kultur- und Naturparcours. Gleich am Anfang liegt der alte Friedhof der Insel: Neben verwitterten Steinsarkophagen für die einstigen Siedler sind dort auch anrührende Kindergräber zu sehen. Eine Vorstellung davon, mit welchen Vorrichtungen seinerzeit auf der Plantage gearbeitet wurde, gibt die original erhaltene Kopramühle, angetrieben von einem Ochsen, der wie ein Minutenzeiger im Kreis geht.

Das zweite der traditionellen Produkte der Farm – getrocknete Vanilleschoten – gibt es im nahen

Geheimtipp

LIEBER FRÜH HIN, ODER SPÄT

Mit dem Prädikat »sehenswert« ist es so eine Sache. Sehenswürdigkeiten will jeder sehen – aber sind sie es auch jederzeit wert? Die Anse Source d'Argent, jawohl, sie ist so wunderwunderschön wie im Prospekt. Aber was, wenn auf dem schmalen Steig ins Paradies ein halbes Kreuzfahrtschiff zum Sehenswerten drängt? Wenn mittags das Glück am Traumstrand auf die Größe des eigenen Handtuchs schrumpft? Da kann man jetzt einfach weitergehen zur nächsten Anse oder sich unverdrossen drüber wegfreuen. Oder doch lieber zu einer anderen Zeit hierherkommen. Am frühen Morgen zum Beispiel, da leuchtet diese Meereslandschaft wie am ersten Tag der Schöpfung. Oder spät am Nachmittag, wenn alles wieder nur still, einsam, grün, blau und golden geworden ist. Sehenswert eben.

La Digue, Félicité und Co.

Oben: In der L'Union Estate wird noch heute Vanille angepflanzt.
Mitte: Am Weg ragt der 40 Meter hohe Giant Union Rock auf.
Unten: Am Ende der Plantage liegt dann der »Strand der Strände«.

Shop zu kaufen. Die Pflanze selber wird auf dem Gelände auch heute noch in langen Spalierreihen angebaut.

Koloniale Herrschaftlichkeit lässt das Plantation House erahnen, einst das Anwesen einer Familie, die von Mauritius nach La Digue gekommen und hier reich geworden war. Das ganz aus Edelholz gebaute und mit Palmblättern gedeckte Haus gehört zu den ältesten Beispielen französischer Kolonialarchitektur auf den Seychellen – und wird daher immer wieder vor dem Verfall gerettet. Zuweilen auch mit unkonventionellen Mitteln: 1976 wurden hier viele Filmszenen des Erotik-Langweilers *Goodbye Emmanuelle* gedreht.

Das Ah! und Oh! der Seychellen

Kurz vor dem Zugang zur Granitwunderwelt der Source d'Argent gibt es einen gewaltigen Vorgeschmack. Gut 40 Meter hoch ragt gleich neben der Vanilleplantage ein grauer Monolith in den Himmel: der Giant Union Rock. Der skulpturale Granitfelsblock steht auf einer Grundfläche von 4000 Quadratmetern und soll 700 Millionen Jahre alt sein. Wenige Hundert Schritte weiter mündet

GUT ZU WISSEN

GONE WITH THE WIND: DER WERBEFOTOGRAF
Ein viel beschriebener Dauergast geht um an der Anse Source d'Argent. Und mag es noch so viele schöne Strände geben auf den Seychellen, er kommt – nachlesbar! – nur dort vor, endemisch sozusagen: der Werbefotograf. Dass dieser Strand manchen Autor sprachlos macht, mag ja hingehen. Aber gleich auch noch blind? Nein, hier fotografiert heutzutage kein namhafter Werbefotograf. Die Motive sind *shot to death*.

Anse Source d'Argent

Infos und Adressen

Palmblätter – er kann damit Körbe flechten!

der Fußweg schließlich in das Ah! und Oh! der Seychellen. Wie aus Werbespots (Bacardi!) und Filmen (*Pirates*, *Castaway*, *Crusoe*!) bekannt, liegt da die wirklich einzigartige Dreieinigkeit von Granitfels, Palmenstrand und Südseemeer: Anse Source d'Argent, von spitzen Zungen gern auch als »Geldquell« übersetzt.

Schwimmen und Schnorcheln macht in dem warmen, seichten Wasser fast nur bei Flut Spaß. Zum Wandern läuft dieser »Traumstrand« noch lange weiter: Anse Source à Jean, Anse Pierrot, Anse aux Cèdres, Anse Bonnet Carré. Erst dort endet der Pfad – und dort beginnt die Südumrundung, für die man aber eine eigene Tour einplanen muss.

SEHENSWÜRDIGKEIT
Plantation House National Monument. Gelände der ehemaligen Plantage mit Kopramühle, Shop und Giant Union Rock kann besichtigt werden. Tgl. 7–17 Uhr, Eintritt 100 Rupien bzw. 10 Euro, Tel. 4234240, www.seyheritage.sc

ESSEN UND TRINKEN
Lanbousir Restaurant. Kreolische Gerichte, Snacks, Getränke und Souvenirs kurz vor dem Zugang zur Anse Source d'Argent. Tgl. 12.30–15.30 Uhr, Tel. 2591308

ÜBERNACHTEN
L'Union Beach Chalets. Vier strandnahe Bungalows für bis zu sechs Personen auf dem Gelände der L'Union Estate. Anse Source d'Argent, Tel. 4292525, www.ladigue.sc

Paradise Flycatcher's Lodge. Vier Doppelbungalows am Südende von La Réunion am Weg zur Anse Source d'Argent, Tel. 4234423

Schnorcheln ist hier traumhaft!

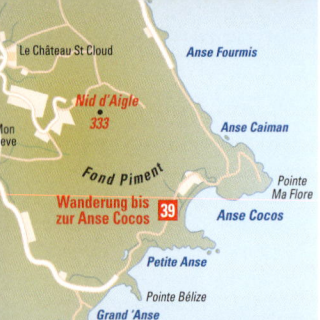

La Digue, Félicité und Co.

39 Wanderung bis zur Anse Cocos
La Digues wilde Buchten

Wenn man mit La Passe und La Réunion den touristisch und landwirtschaftlich geprägten Nordwestteil der Insel kennengelernt hat, sollte man unbedingt eine Tour in den Südosten machen. Mit dem Fahrrad (oder auch gleich zu Fuß) geht es über einen kleinen Pass zur anderen, unbewohnten, ungestümen Seite – und dort auf stillen Dschungelpfaden von einer wildromantischen Bucht in die nächste.

La Passe bietet sich auch hierfür als Startpunkt an. Zumal für Tagesgäste, die nicht auf der Insel ihre Unterkunft haben, sondern für einen Ausflug nach La Digue gekommen sind. Für sie ist sicher ein Leihrad das Richtige bis zur Grand' Anse, der ersten Bucht. Denn es wäre zu schade, die reizvolle Exkursion, für die man mindestens vier Stunden einplanen sollte, durch lange Fußwege auf der betonierten Straße des ersten Teils zu strecken. Dann schon lieber in Ruhe die gewaltigen Strände genießen, die einen auf der anderen Seite erwarten.

Zur Grand' Anse mit dem Rad

Die Fahrt führt zunächst noch eben dahin, dann radelt man, immer am Bachlauf der Vallée de la Retraite entlang, auf den Höhenrücken hinauf, der von Süd nach Nord über die Insel verläuft. Spätestens hier wird sich erweisen, ob man ein passables oder ein weniger gutes Rad erwischt hat. Und dann gleich noch mal, denn nach dem kleinen Pass geht es durch dichten, schattigen Wald bergab zur Küste – ein Test für die Bremsen. Zum Glück ist es nur eine kurze Strecke, und kaum wird es wieder

Am Weg wachsen Zimtbäume: ein Stück Rinde als kleines Souvenir!

Anse Cocos

flach, hört man schon die Brandung des Meeres und erreicht nach ein paar Dutzend Metern den »Parkplatz«.

Hier lässt man nun einfach nach Inselsitte sein Vehikel stehen, unabgeschlossen, und am besten möglichst nah am rustikalen Strandlokal »Loutier Coco«, um es auf dem Rückweg auch gleich wiederzufinden. An der Anzahl der ins Ufergebüsch beförderten Räder lässt sich jederzeit abzählen, wie viele Gleichgesinnte in den nächsten Stunden (vielleicht) anzutreffen sein werden.

Die Bucht zum Staunen

Es sind meistens nur wenige – und die verlieren sich regelrecht in diesem gewaltigen Seestück – das seinen Namen völlig zu Recht trägt: Grand' Anse, die Große Bucht. Als riesige Gischtwalze brandet das Meer vor und zurück, rauscht an den Strand und peitscht unablässig die Granitfelsen an seinen Rändern. Diese Küste hat kein schützendes Korallenriff, der Ozean daher alle Gewalt.

Nur in der Zeit des Nordwestmonsuns – also etwa von Oktober bis April – kann man hier gelegentlich auch baden. Wenn in den anderen Monaten Südostwind vorherrscht, wird der Spaß zum Abenteuer. Nur besonders Mutige wagen sich überhaupt ins Wasser, am Strand warnt ein großes Schild in fünf Sprachen vor der gefährlichen Strömung. Doch hierher kommt eigentlich niemand zum Schwimmen – aber alle zum staunenden Genießen der wilden und ungestümen Natur der sonst so gemütlichen Insel.

Der Weg ist auch ein Ziel

Und die Grand' Anse ist erst ein Anfang. Wer hier nicht nur diese tollen Meereslandschaften erleben,

Nicht verpassen

DIE SÜDUMRUNDUNG WAGEN

Jahrelang galt die sogenannte Südumrundung von La Digue als gefährliches Abenteuer, wenn nicht gar als unmöglich. Wagemutige Wanderer rief seit jeher gerade diese Herausforderung auf den Plan – und neuerdings auch eine ganze Riege einheimischer, meist junger Tour-Guides. Einem von ihnen sollte sich also anvertrauen, wer von der Anse Source d'Argent um die landschaftlich großartige Südspitze herum zur Grand' Anse wandern will. Unbedingt dabeihaben sollte man: gute Schuhe (nicht Flipflops!), viel Trinkwasser und Sonnenschutz. Hilfreich ist auch ein wasserfester Rucksack, um etwa eine Kamera sicher zu transportieren, falls man mal brusttief durch eine Bucht waten muss. Schließlich will man weniger Abenteuerlustigen hinterher doch zeigen, was einen im wilden Süden erwartet: zwei Stunden großartige Natur.

Das Fahrrad parkt man direkt am Strand der Grand' Anse.

sondern auch Flora und Fauna am Wegesrand erkunden will, sollte sich für die leichte, aber abwechslungsreiche Wanderung genug Zeit nehmen. Sie beginnt wenige Meter hinter dem Strand, angezeigt durch einen neckisch gemalten Wegweiser. Zuerst durchquert man eine kleine Tümpellandschaft, gebildet vom Flüsschen Camille, das hier ins Meer fließt. Dann schlängelt sich der schmale, oft fast zugewachsene Pfad zuerst durch dichtes blühendes Gebüsch mit Wandelröschen, Prunkwinden und Mimosen.

Weiter geht es durch Wald und über Granit nach Osten zur nächsten Bucht. Rechts ragt ein Kap wie ein lang gestreckter Wellenbrecher aus riesigen Granitblöcken ins Meer: die Pointe Bélize. Wer es schafft, einen ihrer rund geschliffenen Klötze zu erklimmen, überblickt ein Bilderbuch: rechts die riesige Sandzunge der Grand' Anse, links den nur unmerklich kleineren Strand der Petite Anse.

Dschungelpfad zur Petite Anse

Der Weg dorthin ist der reinste Dschungellehrpfad. Kokospalmen und Zimtbäume, an Granit-klippen rankende Echte Vanille. Seltene kleine Schmetterlinge und große Spinnen, winzige Frösche und immer mal wieder ein Seychellen-Skink, mit ihrem Federschopf wie Punks aussehende Dickschnabel-Bülbuls. Und Seychellen-Nektarvögel, die mit ihrem

Oben: Auf der Wanderung sieht man viele Palmspinnen und weitere Insekten.
Mitte: Der Weg zur Anse Cocos ist unverwechselbar markiert.
Unten: Süßwasser aus den Bergen bildet immer wieder kleine Tümpel.

Oben: In der gewaltigen Brandung der Grand' Anse auch noch zu baden, erfordert einigen Mut.
Unten: Aus dem sicheren Abstand der Strandkneipe Loutier Coco die Wellen zu genießen, ist großes Kino.

gebogenen Schnabel eine Blüte nach der anderen anzapfen.

Die Petite Anse heißt vielleicht so, weil sie irgendwie im Schatten der Grand' Anse steht, nicht so unverwechselbar ist. Man sieht von ihrem weißen Sandrund zwar weit hinaus auf ein weiteres flaches Kap, die Pointe Turcy, aber diese Granitrahmung ist nicht so fotogen wie anderswo. Schöne Schattenplätze unter Palmen und Takamaka-Bäumen fehlen ganz.

Baden in der Anse Cocos

Also weiter in die nächste Bucht. Wieder geht es eine Viertelstunde durch Dschungel und über Stock und Stein, dann weitet sich die Landschaft zum dritten Mal. Anse Cocos! Und dieser Strand

erscheint wie ein Verschnitt aus Grand' Anse und Petite Anse: nicht so spektakulär wie der erste, aber doch reizvoller als der zweite. Zur Pointe Ma Flore hin, dem östlichsten Zipfel von La Digue, gibt es sogar Stellen, an denen fast das ganze Jahr über ruhiges Wasser zum Baden und Schnorcheln einlädt.

Die spröde Ostseite

Unentwegte könnten von hier natürlich noch weiterwandern, in die Anse Caiman auf der Ostseite. Vermutlich würden sie dort aber von der spröden, fast strand- und sandlosen Küste eher enttäuscht sein. Denn wer so kurz zuvor noch die Grand' Anse gesehen hat, wird selbst auf La Digue erst mal nicht so schnell wieder einen ähnlich großartigen Seychellenstrand finden.

Infos und Adressen

ESSEN UND TRINKEN
Loutier Coco. Pittoreskes Strandlokal (das einzige!) an der Grand' Anse. Serviert werden guter frischer Fisch, Currys und Getränke.
Grand' Anse, Tel. 51 47 62

INFORMATION
Offizielle Website von La Digue. Informationen zu den Themen Fahrradvermietung, Strände, Wandern. www.seychellesladigue.com

La Digue, Félicité und Co.

40 Le Nid d'Aigle
Auf La Digues Panoramaberg

Auch diese Insel hat ihren natürlichen Ausguck, noch dazu mit sinnfälligem Namen: le Nid d'Aigle, das Adlernest. Von der mit 333 Metern höchsten Erhebung hat man bei schönem Wetter einen herrlichen Blick auf La Digue, das Meer und die umliegende Inselwelt. Den Aufstieg sollte man daher nicht unterschätzen und am besten morgens losgehen.

Bester Startpunkt ist die Abzweigung von der Inselstraße, die im Landesinneren von La Passe nach La Réunion führt. Dort gibt unweit des Hotels Chateau St. Cloud ein gut sichtbares Hinweisschild gleich schon Richtung und Entfernung an: »Belle Vue 1,4 km, Nid d'Aigle 2,4 km«. Man hat also vermeintlich eine leichte Bergwanderung von zwei bis drei Stunden vor sich.

Anmarsch zu Fuß oder per Taxi

Doch bereits die erste Etappe auf dem noch befahrbaren, betonierten Weg durch die Bergsiedlung Belle Vue hinauf zu dem gleichnamigen Restaurant kann schweißtreibend sein. Wer also etwa auf einen Tagesausflug nach La Digue kommt und zum Nid d'Aigle will, erspart sich Zeit und Mühe, wenn er in La Passe ein Taxi nimmt. Dadurch entgeht dem Besucher allerdings ein durchaus interessanter Einblick in das alltägliche, hier oben noch vor allem bäuerliche Inselleben abseits der geschäftigen Straßen.

Das kleine Café und Restaurant Belle Vue bietet sich als idealer Zwischenstopp an. Etwa, um einen Snack oder einen frisch gepressten Fruchtsaft zu

Mitte: Vom Gipfel hat man tolle Ausblicke wie hier zur Insel Félicité.
Unten: Zuerst per Taxi, dann zu Fuß: So ist der Nid d'Aigle gut zu erreichen.

Le Nid d'Aigle

genießen – und dazu eine erste schöne Aussicht, die man bereits von dieser Anhöhe hat. Über dichte, sattgrüne tropische Vegetation hinweg sieht man hinunter auf die Hauptorte La Passe und Réunion und hinüber zu den Nachbarinseln Praslin, Curieuse und Aride.

Gleich neben dem Aussichtslokal geht der eigentliche Wanderpfad los. Schon bald steigt man mal auf weichem Waldboden, mal über großes Granitgeröll steil bergan. Erst weiter oben wird der Steig flacher und verläuft streckenweise auf roter Laterit-Erde, einer Verwitterungsform des Granitgesteins, aus dem – so wie die ganze Insel – auch ihr lang gestreckter Höhenrücken besteht.

Wie auf jeder Wanderung wird man längs des Weges heimischen Tieren begegnen. Skinken und Schnecken, seltenen Wanzen und Spinnen. Und dem Riesentausendfüßler. Dunkelbraun und daumendick, lebt er nur auf den Seychellen und wird bis zu 30 Zentimeter lang.

Allmählich lichtet sich der dschungelhafte Wald. Doch erst auf einem weiteren Höhenrücken hat man wirklich den 333 Meter hohen Gipfel erreicht. Dort öffnet sich ein grandioser Rundblick.

Fernsicht bis Frégate

Zuerst La Digue von oben. Noch mal Praslin. Jetzt aber auch Félicité und Marianne. Wenn der Himmel klar genug ist, kann man, weit im Osten, sogar die Insel Frégate erkennen. Zurück geht es am einfachsten auf dem Aufstiegsweg. Um nach La Passe zu gelangen, kann man aber auch weiter nach Norden wandern und über den Dschungelpfad absteigen. Oder – falls es doch noch abenteuerlich werden darf! – einen der kleinen Trampelpfade nehmen. Irgendwie zu Tal führen sie alle.

Infos und Adressen

ESSEN UND TRINKEN
Snack Bellevue. Mittelprächtiges Ausflugslokal in exzellenter Lage. Kreolische Küche, Snacks und Fruchtsäfte. Abends eigene Sunset-Dinner. Belle Vue, Tel. 252 78 56

INFORMATION
Offizielle Website von La Digue. Informationen zum Thema Wandern und geführte Wanderungen. www.seychellesladigue.com

Dem Riesentausendfüßler, *Sechelleptus sechellarum*, wird man auf der Tour sicher begegnen.

La Digue, Félicité und Co.

41 Félicité und Marianne
Namen für das Inselglück

Nordöstlich von La Digue liegen eine Handvoll kleine und kleinste Inseln und daneben zwei größere: Félicité und Marianne. Beide sind nach französischen Schiffen der Kolonialzeit benannt. Beide waren lange Zeit wichtige Standorte für Kokosnussplantagen, sind heute aber unbewohnt. Und beide werden wohl bald zu jenen Seychelleninseln gehören, die mit einem neuen Luxusresort aufwarten können.

Die Insel Félicité hat eine Größe und Lage, dass sie von allen Aussichtsbergen und -punkten in La Digue und Praslin aus gut zu sehen ist. Rund drei Kilometer lang und 1,3 Kilometer breit, hat die wenig bewaldete, eher niedrige Granitinsel eine Fläche von knapp drei Quadratkilometern. Ihre höchste Erhebung heißt gleich wie die Insel und erreicht 277 Meter. Der lang gestreckten Südwestküste ist ein Korallenriff vorgelagert, und nur an dieser Seite hat sie auch ihre wenigen Sandstrände und Buchten, in denen Boote anlegen können.

Das Hideaway von Tony Blair

Félicité liegt etwa vier Kilometer nordöstlich von La Digue und ist von dort in 20 Minuten mit dem Boot zu erreichen. Nur auf diese Weise – für Tagesausflüge zum Tauchen und Schnorcheln oder für die alleinige mehrtägige Buchung der gesamten Insel – war das unbewohnte Eiland in letzter Zeit noch touristisch genutzt.

Über ein Hotel in La Digue, die alteingesessene Island Lodge, konnten Gäste die einzige, aber

Die Gewässer vor diesen Inseln sind ein Traumrevier für Taucher.

Granitfels und Riffsaum der Insel Félicité

luxuriöse Inselunterkunft belegen. Doch 2007 wurde die erst in den 1990er-Jahren erbaute exklusive Félicité Island Lodge wieder aus dem Programm genommen. Bis dahin hatte dort viel internationale Prominenz, darunter zum Beispiel die deutsche Tennisqueen Steffi Graf und der englische Premier Tony Blair, paparazzifreie Ferienwochen verbracht.

Nobelexil für einen Sultan

Als eine Art maritimes Nobelexil galt Félicité im 19. Jahrhundert. Hierhin hatten die Briten 1877 unter anderem den Sultan von Perak samt seiner Entourage verbannt. Ihm war angelastet worden, in den Mord an James Birch, dem Britischen Residenten in Malaysia, verwickelt gewesen zu sein. 17 Jahre gingen damals ins Land, bis der Monarch als freier Mann wieder heimkehren durfte.

Von Anfang des 20. Jahrhunderts an bis in die 1970er-Jahre war Félicité eine wichtige Insel für die Kopraproduktion. Etwa 50 Menschen lebten auf ihr und bewirtschafteten eine weitläufige Kokosnussplantage. Ihre Palmen bilden die reizvolle exotische Kulisse, in der sich das Luxusresort Six Senses

Nicht verpassen

TAUCHEN VOR SOUTH MARIANNE

Wer zum ersten Mal zum Tauchen auf die Seychellen kommt, wird sich bald fragen, warum er deren Unterwasserwelt nicht schon früher »auf dem Zettel« hatte. Allein an den Inneren Seychellen gibt es ein Dutzend großartiger Tauchspots. Mit zu den schönsten gehören die Gewässer im Süden von Marianne. Hier setzt sich die Topografie der Insel unter Wasser fort, es gibt Kuppelriffe, Steilwände und »Balkone«, Höhlen und Tunnel in bis zu 25 Metern Tiefe. Die Sicht beträgt zehn bis 30 Meter, zu sehen sind Geschöpfe, die jeden Tauchers Herz höherschlagen lassen. Graue Riffhaie, oft gleich im Dutzend. Weißspitzenriffhaie. Mantas und Meeresschildkröten. Einsame Napoleon-Lippfische und ganze Schulen bunter Rifffische. Zuweilen sogar ein Walhai. Und all das nur eine kleine Bootstour von La Digue und Praslin entfernt!

La Digue, Félicité und Co.

Oben: Die Riffe der Seychellen haben die Korallenbleiche gut überstanden.
Mitte: Jeder Taucher träumt davon, einmal einen Walhai zu beobachten.
Unten: Bei ruhiger See kann man an vielen Stellen wunderbar schnorcheln.

Zil Pasyon, 32 kleine futuristische Chalets mit Privatpools, befindet (www.zilpasyon.com).

Marianne ist klein und grün

Dreieinhalb Kilometer südöstlich von Félicité liegt Marianne, die nach Osten hin vorletzte der Granitinseln. Mit einer Länge von 1900 Metern und einer Breite von 800 Metern ist sie knapp einen Quadratkilometer groß, hat also nur ein Drittel der Ausmaße ihrer großen Schwester Félicité. Und ihr höchster Berg ragt nur halb so hoch auf: Der Estel Hill bringt es auf gerade mal 130 Meter.

Traumrevier für Taucher

Doch in allem Übrigen haben die beiden Inseln vieles gemein. Wie Félicité hat auch Marianne eine rundum schroffe Küste und nur an der Westseite einen kleinen, 200 Meter langen Sandstrand. Noch spektakulärer als vor der Nachbarinsel sind die Unterwasserreviere für Taucher und Schnorchler. Selbst Graue Riffhaie und die seltenen Walhaie können in den Gewässern um Marianne beobachtet werden. Und so immens wie kaum irgendwo anders ist hier der Fischreichtum.

Ähnlich wie auf Félicité verlief die Geschichte der Insel. Nur schütter bewaldet, war auch Marianne für die Agrarproduktion prädestiniert. Obwohl hier oft Wassermangel herrscht, versuchte man es vor 200 Jahren mit dem Anbau von Mais. Der nur auf dieser Insel vorkommende Seychellen-Dotterbrustbrillenvogel überlebte diesen Eingriff nicht, er starb zwischen 1870 und 1900 aus.

Früher Kopra, heute Touristen

Vor etwa hundert Jahren wurde dann auch Wald abgeholzt, um für Kokospalmen Platz zu schaffen.

Félicité und Marianne

Félicité mit Grande Sœur (links) und Marianne

Die Plantage für die damals noch ertragreiche Kopraproduktion ernährte an die 60 Menschen, die in einer Siedlung namens »La Cour« lebten. Nach 1970 war es damit vorbei, Marianne entvölkerte sich rasch und ist seither unbewohnt. Die Gewässer um Marianne zählen jedoch zu den beliebtesten Tauchplätzen weltweit.

Touristische Anlagen wie auf Félicité kannte Marianne bisher noch nicht. Unter der Regie der thailändischen Hotelgruppe Dhevatara hat sich an der Grand' Anse auf Praslin das stilvolle kleine Dhevatara Beach Hotel bereits erfolgreich etabliert.

Infos und Adressen

AKTIVITÄTEN
Tauchen, Schnorcheln, Hochseefischen. Diverse Tauchbasen und Anbieter von Exkursionen machen von Praslin und La Digue aus Fahrten zu den Inseln.

INFORMATION
Offizielle Website von La Digue. Informationen zum Thema Bootsausflüge und Exkursionen.
www.seychellesladigue.com

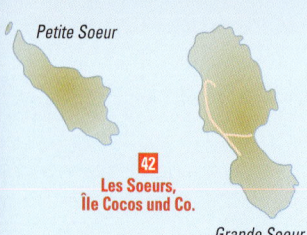

Petite Soeur

42 Les Soeurs, Île Cocos und Co.

Grande Soeur

Albatros Rock

La Digue, Félicité und Co.

42 Petite Sœur, Grande Sœur, Île Cocos und Co.
Kleine Inseln für tolle Ausflüge

Wie verstreute Murmeln liegt in einem Viertelkreis nördlich von La Digue und Félicité ein halbes Dutzend malerische Eilande und Klippen aus Granit. Sie sind unbewohnt, aber dennoch keine Orte der Abgeschiedenheit. Auf die »Schwestern« kommen Besucher zum Wandern, Baden und Picknicken. Rund um die Inseln, vor allem an der Île Cocos, gibt es wunderbar fischreiche Tauch- und Schnorchelreviere.

All diese Ziele können per Boot auf Halb- oder Ganztagesausflügen von La Digue und Praslin aus besucht werden. Auch auf mehrtägigen Bootsfahrten oder Segeltörns von Mahé aus werden einzelne Inseln oder Tauchplätze angesteuert. Die Anbieter haben diverse Kombinationen im Programm, meistens ist auch ein Barbecue im Preis inbegriffen. Zur leichteren Orientierung werden die Inseln im Uhrzeigersinn kurz vorgestellt.

Petite Sœur

Die »Kleine Schwester«, ein 34 Hektar großes, steiniges Eiland, liegt etwa sechs Kilometer nordwestlich von La Digue. Der Bergrücken der Insel steigt auf 105 Meter an, von der nahen »Großen Schwester« wird sie durch einen tiefen Kanal getrennt. Da Petite Sœur über keinen nennenswerten Strand verfügt und ihre Küsten sehr felsig sind, schaffen es Boote nur bei ruhiger See, hier Besucher anzulanden. Diese können dann die nur spärlich bewachsene Insel auf einem Spazierweg erkunden und die schöne Aussicht genießen.

Mitte: Einfach nur zum Wegträumen: Sonnenuntergang mit Seychelleninsel
Unten: Grande Sœur, Petite Sœur vor Praslin (am Horizont)

Petite Sœur, Grande Sœur, Île Cocos und Co.

Grande Sœur

Die »Große Schwester« hat eine Fläche von knapp 100 Hektar und ist am höchsten Punkt 113 Meter hoch. Besonders auffällig und apart ist ihre »Taille« in der Inselmitte. Vom Weststrand, wo die Ausflugsboote vor Anker gehen, sind es über eine flache Kuppe nur 200 Meter hinüber zum Oststrand, dem für viele schönsten der Seychellen. Roter Granit und silberweißer Sand, prächtige Palmen und kristallklares Wasser – ein Traumbild, in dem man auch noch baden kann!

Schöne Schnorchelgewässer findet man rund um Grande Sœur, die besten auf der Westseite. Dort gibt es auch das bei den meisten Bootsausflügen inbegriffene Barbecue am Strand. Danach lohnt es sich, auf einem der Inselwege eine Wanderung zu machen. An wenigen anderen Orten bilden Kokos-

Oben: Palmen und ein wuchtiger Granitblock dominieren das Landschaftsbild von Grande Sœur.
Unten: Wirklich traumhaft ist der breite Oststrand dieser Insel.

La Digue, Félicité und Co.

palmen, Granitformationen und das Grün der Vegetation eine so malerische Landschaft. Von der einstigen Kopraherstellung ist nichts mehr zu sehen, heute leben nur noch ein Verwalter und seine Mitarbeiter ständig auf der Insel.

Sie haben gut zu tun, denn eines der besten Hotels auf Praslin, das renommierte Chateau de Feuilles, hat sich diese Insel als sozusagen maritime Dependance zugelegt. Am Wochenende – Samstag oder Sonntag, je nach Wetterlage – gehört Grande Sœur daher exklusiv den Gästen des Luxusresorts, die für dieses Fünf-Sterne-plus-Erlebnis mit dem hauseigenen Boot oder per Helikopter auf die Insel expediert werden.

Der Albatros Rock

Diese Felsen markieren ein weitläufiges, sehr flaches Korallenriff, das tolle Schnorchelmöglichkeiten bietet. Am besten zu erreichen ist es nach 15-minütiger Bootsfahrt von La Digue aus. Die Unterwasserwelt hat sich zwar noch nicht überall vom Korallensterben der 1990er-Jahre erholt, aber die Fischvielfalt ist nach wie vor fantastisch.

Île Cocos, Île La Fouche und Îlot Plate

Die drei winzigen Inseln, circa einen Kilometer nördlich von Félicité, stehen mitsamt dem umliegenden Meeressaum seit 1996 als Île Cocos Marine National Park unter Schutz. Die größte, mit 18 000 Quadratmetern, ist die Île Cocos: eine Bilderbuchinsel mit Granitfelsen und Palmengarnitur. Die beiden anderen sind eigentlich nur Granithaufen, die es zu einem Namen gebracht haben.

Doch dieses fabelhafte Trio ist eines der beliebtesten Schnorchelgebiete der Seychellen. Jeder Tou-

Oben: Die Inseln Île Cocos und Île La Fouche leuchten aus dem Ozean.
Unten: Schnorchler finden auf den Inseln eine fantastisch farbige Unterwasserwelt vor – hier einen Kaiserfisch auf Korallen.

Der Oststrand an der »Taille« der Grande Sœur

renanbieter auf La Digue und Praslin führt Cocos an vorderster Stelle. Denn in den klaren, flachen Gewässern über einer riesigen Korallenplatte kann man so gut wie jede Art von Rifffisch antreffen. Dazu Rochen und Muränen, Meeresschildkröten, Riffhaie, gelegentlich sogar Walhaie. Der entsprechende Andrang führte dazu, dass der Zugang rund zehn Jahre lang untersagt war, um dem Riff Erholung zu verschaffen. Zu viele Schnorchler hatten sich in dem flachen Wasser auf die Korallen gestellt – und sie so, zusätzlich zur Korallenbleiche, stark beschädigt. Heute darf hier – unter den Augen der Ranger des Nationalparks – wieder geschnorchelt werden. In der Zeit von Juni bis September ist dafür das Meer aber meist zu rau und die Sicht zu schlecht.

Die Ave Maria Rocks

Die Gewässer vor den nur mit einem Dutzend hoher Bäume bewachsenen Granitklippen zwei Kilometer nordwestlich von La Digue zählen zu den besten Tauchgründen der Region. In bis zu 20 Metern Tiefe kann man Riffhaie und Rochen, Doktorfische und Fledermausfische, Hummer, Kraken und Meeresschildkröten beobachten. Manchmal auch große Schulen von Barrakudas. Die nahe gelegene Tauchstelle White Bank ist ebenso artenreich.

Infos und Adressen

AKTIVITÄTEN

Tauchen und Schnorcheln. Diverse Tauchbasen und Anbieter von Exkursionen machen von Praslin und La Digue aus Fahrten zu den Inseln. Dort erfährt man auch, welche Tauch- und Schnorchelgebiete gerade gute Bedingungen haben.

INFORMATION

Seychelles National Parks Authority. Informationen zum Île Cocos Marine National Park. Laurier Ave., Victoria, Tel. 422 51 15, www.snpa.gov.sc

Offizielle Website von La Digue. Informationen zum Thema Bootsausflüge und Exkursionen zu den Nachbarinseln.
www.seychellesladigue.com

Tourist Information Office. Auskünfte zu Exkursionen und Tauchausflügen von Praslin aus. Mo–Fr 8–16 Uhr, Sa 8–12 Uhr, direkt am Fähranleger, Baie Ste. Anne, Praslin, Tel. 423 26 69, stbpraslin@seychelles.net, www.seychelles.travel

FERNE INNERE SEYCHELLEN

43 Bird Island
Hort der Rußseeschwalben **230**

44 Denis Island
Die Insel zum Abtauchen **232**

45 Frégate Island
Tropische Natur und Luxus pur **234**

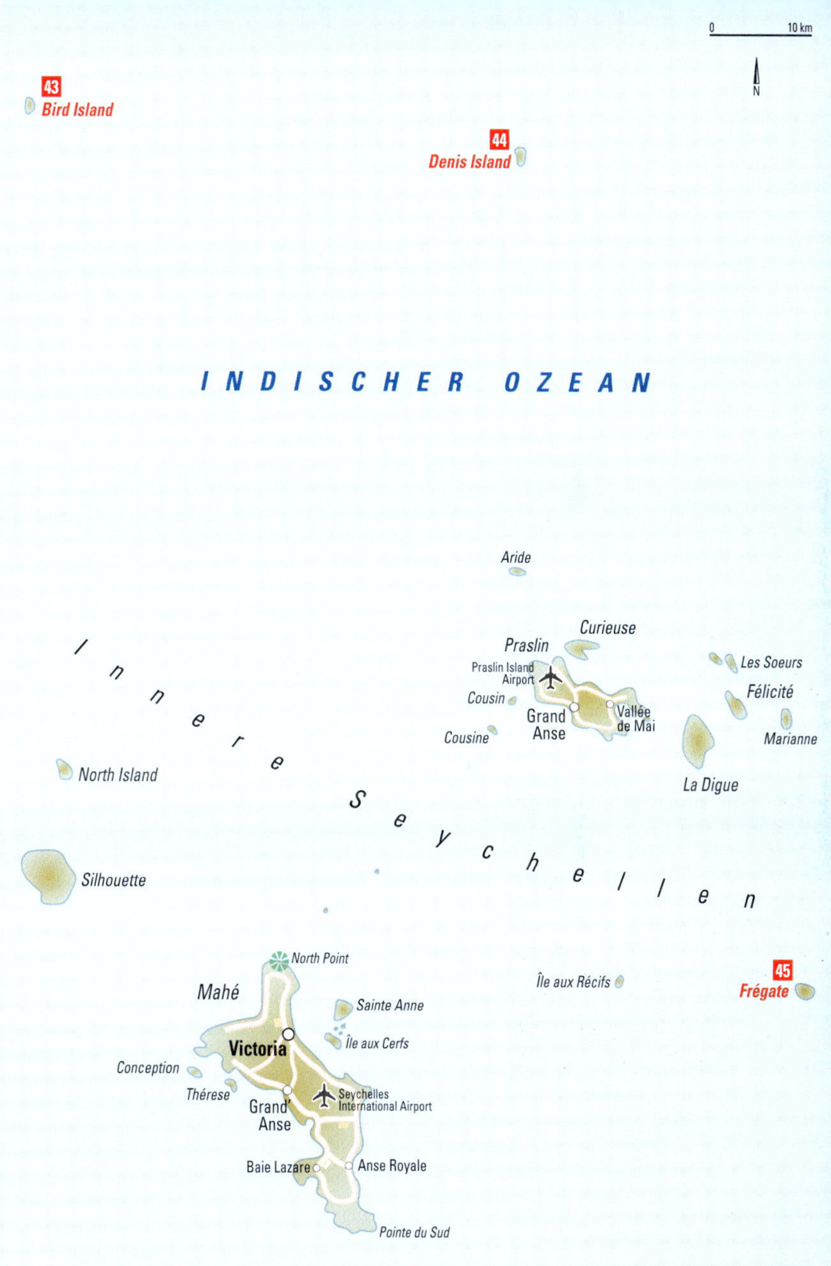
0
10 km
N
43
Bird Island
44
Denis Island
INDISCHER OZEAN
Innere Seychellen
Aride
Curieuse
Praslin
Praslin Island Airport
Cousin
Grand Anse
Vallée de Mai
Cousine
Les Soeurs
Félicité
Marianne
La Digue
North Island
Silhouette
North Point
Mahé
Île aux Récifs
45
Frégate
Sainte Anne
Île aux Cerfs
Victoria
Conception
Thérese
Grand' Anse
Seychelles International Airport
Baie Lazare
Anse Royale
Pointe du Sud

Ferne innere Seychellen

43 Bird Island
Hort der Rußseeschwalben

Die nördlichste Insel der Seychellen gehört – wie ihr Name schon sagt – den Vögeln. An ihrem Nordende brüten im April/Mai etwa 800 000 Rußseeschwalbenpaare. Dutzende Arten von See- und Landvögeln leben ganzjährig auf Bird. Landschildkröten streifen frei umher, am Strand leben Meeresschildkröten. Zu verdanken haben sie das dem Inselherrn, der sich ganz und gar dem Naturschutz verschrieben hat.

Diese Insel ist in vielem eine Besonderheit. 105 Kilometer von der Hauptstadt Victoria entfernt, ist sie der nördliche Außenposten des Archipels. Das 1500 Meter lange und 800 Meter breite Eiland liegt nur 500 Meter vor dem Rand des Seychellen-Plateaus, das dort bis zu 2000 Meter tief in den Indischen Ozean abfällt. Bird Island ist keine Granit-, sondern eine Koralleninsel, flach wie ein Malediveneiland und nur etwa 400 000 Jahre alt. Und es ist eine Privatinsel, deren Besitzerfamilie sie zu einem eindrucksvollen Beispiel für Renaturierung und Ökotourismus gemacht hat.

Die geplünderte Insel

Der wechselvolle Umgang mit ihrer Natur bestimmt die Geschichte von Bird Island. Als die Franzosen 1756 die Insel entdeckten, nannten sie sie »Île aux Vaches«, Insel der Seekühe. Die Meeressäuger waren bald ausgerottet, und so wurde sie nach den vielen Vögeln benannt, die hier lebten oder – wie die Rußseeschwalben (*sooty terns*) – jedes Jahr in Massen zum Brüten einflogen. Dieser Reichtum verführte zu bedenkenlosem Raubbau. Allein von 1896 bis 1905 erntete man

Seite 226/227: Bird Island, die nördlichste Insel der Seychellen, besteht aus Korallen.
Mitte: Die Kolonie der Rußseeschwalben bietet ein unvergessliches Naturerlebnis.
Unten: Der Madagaskarweber lebt auch auf diesem Eiland.

Bird Island

17000 Tonnen Guano: Exportdünger für die Zuckerrohrfelder auf Mauritius. Vogeleier wurden systematisch geräubert, die Inselvegetation durch Anpflanzung von Kokospalmen und Baumwolle drastisch verändert.

Dann der große Umschwung. 1967 kaufte ein engagierter englischer Privatmann Bird Island. Er ließ nach und nach alle Kokospalmen am Nordende der Insel roden, um für die Seevögel wieder reichlichen und sicheren Brutplatz zu bieten. Ratten, Katzen und Kaninchen wurden eliminiert, fremde Pflanzen durch einheimische ersetzt, eine Graslandepiste für Kleinflugzeuge gebaut, dazu eine erste Lodge für Birdwatcher. Heute bietet die Insel 24 einfache, aber komfortable Bungalows – und Natur so hautnah wie kaum anderswo.

Vögel, Vögel – und Esmeralda

Unvergesslich bleibt ein Besuch auf Bird Island in der Zeit von April bis Oktober, wenn in der Kolonie der Rußseeschwalben Hunderttausende dieser Vögel brüten und ihre Jungen flügge werden. Ganzjährig kann man Dutzende weitere Arten von See- und Landvögeln beobachten, darunter Feenseeschwalben und Schlankschnabel-Noddis, Seychellennektarvögel und Madagaskarweber. Am herrlichen weißen Strand, der die ganze Insel säumt, begegnet man Meeresschildkröten; an die 300 sollen es sein, die zur Eiablage hierherkommen. Und nahe der Lodge trifft man sicher irgendwann auch »Esmeralda«, die älteste Aldabra-Riesenlandschildkröte der Welt: geboren (laut Urkunde!) am 1. Juni 1771 und (laut Wiegung der Royal Zoological Society) 363 Kilogramm schwer. Auch zum Schwimmen oder Schnorcheln gibt es genug Zeit. Denn auf Bird Island muss jeder Gast mindestens einmal übernachten. Der Rückflug nach Mahé geht täglich um 14.15 Uhr und dauert 30 Minuten.

Infos und Adressen

ÜBERNACHTEN
Bird Island Lodge. 24 einfache Bungalows in Strandnähe. Restaurant, Vollpension. Bird Island, Tel. 4323322, www.birdislandseychelles.com

AKTIVITÄTEN
Birdwatching. Von einer eigenen Aussichtsplattform am Nordende der Insel ist das Nistgebiet der Rußseeschwalben am besten zu sehen.

Tauchen, schnorcheln, Kajakfahren – Bootstouren und Hochseefischen. Auskünfte dazu in der Bird Island Lodge. Eigene Ausrüstung erforderlich.

INFORMATION
Seychelles Tourist Office. Mo–Fr 8–16.30 Uhr, Sa 9–12 Uhr, Independence House, Victoria. Tel. 4610800, info@seychelles.com, www.seychelles.com

Air Seychelles. International Airport, Victoria, Mahé. Tel. 4301000, www.airseychelles.com; aktuelle Flugzeiten, Preise und Buchung auch im Reservierungsbüro am Inner Island Quay, Victoria, Tel. 4224925

Einziges Hotel: die Island Lodge

Ferne innere Seychellen

44 Denis Island
Die Insel zum Abtauchen

Wie Bird Island liegt auch Denis Island hoch im Norden der Inneren Seychellen und besteht aus nur wenige Meter hohem Korallensand. Anders als auf Bird gibt es hier keinen großen Vogelreichtum. Wohl aber viel Grün, endlose Strände, reiche Fischgründe – und ein herrliches Schnorchelrevier direkt vor dem einzigen, luxuriösen Hotelresort der Insel. Also genau das Richtige für betuchte Feriengäste.

Wer Ruhe sucht, findet sie sicher auf Denis Island. Die zweite der sogenannten nördlichen Koralleninseln liegt 95 Kilometer nordöstlich von Mahé und ist von dort am besten mit dem kleinen Linienflugzeug zu erreichen. Die Strecke wird mehrmals pro Woche bedient, der reizvolle Panoramaflug quer über die Inselwelt dauert etwa 30 Minuten.

Der französische Pate

Die Insel liegt so weit abseits, dass sie in der Kolonialzeit als eine der letzten entdeckt wurde. Am 11. August 1773 ging Jean François Sylvestre Denis de Trobriand (1729–1810), der Kapitän des Schoners »Étoile«, als erster Europäer an Land, gab ihr seinen Vornamen und nahm sie für Frankreich in Besitz. Danach wurde Denis Island erst wieder interessant, als – unter englischer Ägide – auch hier die Kokosplantagenzeit begann.

Als die Kopra-Bonanza vorbei war, wurde die Insel 1976 an einen deutschen Industriellen verkauft, der begann, sie mit Ferienapartments zu bebauen. 1999 kaufte dann ein britisches Reiseunternehmerpaar Denis Island, um es für umweltbewusste

Für Verliebte und Verwöhnte ist Denis ein apartes Ferienziel.

Denis Island

Feriengäste attraktiv zu machen. Seither wurden Ratten und Katzen eliminiert, heimische Bäume angepflanzt, bedrohte Vogelarten neu angesiedelt. Und man ist stolz auf ein kleines Dorf, dessen Bewohner eine Tierfarm und Werkstätten betreiben. Abnehmer ist das Luxusresort der Insel.

Denis Island hat eine Fläche von rund 1,5 Quadratkilometern und ist damit etwa doppelt so groß wie Bird Island – doch nicht halb so laut. Hier gibt es keine archaisch Hitchcock-mäßige Vogelkolonie, dafür steht fast die ganze Insel voller Palmen und Kasuarinen, Takamaka-Bäume und Indischer Mandelbäume. Auf Radtouren und Spaziergängen in diesem Wald kann man seltene Vögel sehen, die vom Aussterben bedroht waren, letzthin aber mit Erfolg wieder angesiedelt werden konnten. So etwa 2004 der Seychellenweber, ein kleiner gelblicher Singvogel, der sich nun auf Denis Island prächtig vermehrt.

Hochseefisch zum Dinner

Schmale cremeweiße Strände mit einem breiten Korallenriff säumen fast die gesamte Insel. Und an ihrer Westseite – direkt vor der Denis Island Lodge, der einzigen Hotelanlage auf der Insel – bietet sich dann die spektakulärste Attraktion: eine Korallenbank, die zu den schönsten Schnorchel- und Tauchplätzen der Seychellen zählt. Dort fällt das Riff auf bis zu 20 Meter Tiefe ab – in eine Unterwasserwelt voller Klüfte und Höhlen.

Wen es noch weiter hinaus aufs Meer zieht, der kann von Denis Island auch Bootsfahrten zum Hochseefischen unternehmen. Denn hier, am nördlichen Rand des Seychellen-Plateaus, gibt es reichlich Großfische jeder Art: Bonitos, Dorados, Thunfische, Schwertfische. Das Beste daran: Man kann sie sich zum Dinner servieren lassen.

Infos und Adressen

ÜBERNACHTEN

Denis Private Island. 23 Cottages und zwei Villen in einem tropischen Garten am Strand. Restaurant mit Gerichten aus vor Ort erzeugten Produkten. Denis Island, Tel. 428 89 63, www.denisisland.com

AKTIVITÄTEN

Tauchen, Schnorcheln, Kajakfahren – Bootstouren und Hochseefischen. Auskünfte dazu im »Denis Private Island«.

INFORMATION

Seychelles Tourist Office.
Mo–Fr 8–16.30 Uhr, Sa 9–12 Uhr, Independence House, Victoria.
Tel. 461 08 00,
info@seychelles.com,
www.seychelles.com

Air Seychelles. International Airport, Victoria, Mahé.
Tel. 430 10 00, www.airseychelles.com; aktuelle Flugzeiten, Preise und Buchung auch im Reservierungsbüro am Inner Island Quay, Victoria,
Tel. 422 49 25

Hier genießt man den Sonnenuntergang ganz für sich allein.

Ferne innere Seychellen

45 Frégate Island
Tropische Natur und Luxus pur

Die östlichste Insel der Seychellen ist zugleich eine der begehrtesten. Artenreicher Tropenwald bedeckt das gesamte Innere, sieben einsame Strände bieten Badespaß und Meeresglück rund um das Jahr. In den luxuriösen Ferienvillen des einzigen Resorts der naturgeschützten Insel finden Gäste kostbare Ruhe und jeglichen Komfort. Das macht Frégate Island zu einem Refugium der Reichen und Schönen dieser Welt.

Abgeschiedenheit und Exklusivität, Luxus und Ökologie: So lässt sich das zur Handvoll privater Tourismusinseln zählende Eiland wohl am treffendsten charakterisieren. Frégate Island liegt 55 Kilometer östlich der Hauptinsel Mahé und wird in der Regel per Kleinflugzeug oder Hubschrauber angeflogen. Das Inselresort holt seine Gäste am Airport in Victoria ab, die Flugzeit bis zur Landung auf der 1976 angelegten Graspiste dauert zehn bis 20 Minuten. Das hauseigene Fährboot »Frégate Bird« braucht für die Überfahrt je nach Wetter und Seegang ein bis zwei Stunden. Für Ausflüge ist diese Insel nicht zugänglich.

Erst Piraten, dann Plantagen

Frégate Island, wie die Nachbarinseln ebenso aus Granit, ist zwei Kilometer lang und anderthalb Kilometer breit. Den höchsten Punkt erreicht die fast runde, flache Insel auf dem 125 Meter hohen Mont Signal, einem herrlichen Aussichtsberg. Benannt ist sie nach den imposanten Bindenfregattvögeln, von denen es über den Gewässern der Seychellen sicher Tausende gab, als Kapitän Lazare Picault (ca. 1700–1748) die Insel 1744 erkundete.

Mitte: Auch auf der östlichsten Insel gibt es nur ein einziges Resort.
Unten: Benannt wurde dieses Eiland nach den vielen Fregattvögeln.

Besiedelt wurde Frégate damals offenbar nicht, aber das Eiland diente Piraten als Unterschlupf. Denn hier gab es nicht nur Süßwasser, sondern auch viele Schildkröten und Seekühe, seinerzeit begehrte Fleischlieferanten. Über einen Schatz, der dort vergraben sein soll, kursieren noch heute Geschichten. Jedenfalls hat man Gräber, Säbel und einen alten Brunnen.

Später durchlebte auch Frégate die typische ökologische Leidensgeschichte der Seychellen: Kahlschlag, Kokosplantage, Kopraproduktion. Nach dem Zweiten Weltkrieg kaufte ein reicher Seychellois die Insel und setzte noch einen drauf: Nun wurden Obst, Gemüse, Kaffee, Vanille, Zimt angebaut und Geflügel gezüchtet – Ware für den Markt in Mahé. In den 1970er-Jahren quartierte man im Pflanzerhaus aber auch bereits die ersten Touristen ein.

Wo Hollywood Urlaub macht

Der große Sprung nach vorn folgte in den Neunzigern. Ein deutscher Industrieller pachtete die Insel auf 99 Jahre, intensive Maßnahmen zur Wiederherstellung der ursprünglichen Natur wurden begonnen und schließlich 1998 ein luxuriöses Resort eröffnet: die Frégate Island Private Lodge.

Oben: Frégate bietet für jede Jahreszeit einen geeigneten Badestrand.
Mitte: Eine Schiffskanone im Hafen erinnert an die Geschichte der Insel.
Unten: Die Früchte der Palme leuchten fast so rot wie die Brust der Fregattvögel.

Oben: Die Anse Macquereau kann der Gast für sich exklusiv reservieren.
Mitte: Blick in die Krone verschlungener Banyanbäume.
Unten: Das meiste für den Verbrauch des Resorts wird vor Ort angebaut.

16 Villen im Kolonialstil und eine Presidential Villa mit jeglichem Komfort, den man sich erträumen kann. Seit Juli 2013 gehört Frégate zur Oetker Collection, der wohl feinsten Hotelperlenkette der Welt.

Die Servicedevise für Ferien auf Frégate ist schlicht und einprägsam: »Anything, anytime, anywhere«. Lunch im Banyan-Baumhaus? Bitte sehr! High Tea auf dem Inselberg? Aber gern! Rund 150 Bedienstete umsorgen maximal 50 Gäste. Die reisen von weither an und lassen sich diese Fünf-Sterne-Robinsonade einen satten vierstelligen Dollarbetrag pro Nacht kosten. Auch Hollywood und das Big Business sind stark vertreten: Bill Gates, Claudia Schiffer, Michael Douglas, Julia Roberts.

Chillen für den Inselwald

Das viele Geld trägt hier Früchte, und zwar buchstäblich. Für jeden Gast, der auf Frégate eincheckt, werden zwei neue einheimische Bäume gepflanzt. Im Zuge der Renaturierung bereits 80 000 Setzlinge: Takamaka- und Katappenbäume, Schraubenpalmen, Kasuarinen. Heute sind 80 Prozent der Insel wieder in einem Zustand wie vor der Kolonisation. Als direkte Folge hat sich auch die Tierwelt erholt. Der seltene, vor Kurzem noch vom Aussterben bedrohte Seychellen-Dajal lebt hier wieder in mehr als 100 Exemplaren. An die Grand' Anse kommen

Frégate Island

Traumblicke sind hier garantiert

Hunderte Meeresschildkröten, und überall trifft man auf Riesenlandschildkröten: Über 2200 sollen es sein – nur Aldabra hat eine größere Population.

Mal ein Seychellenstrand ganz exklusiv!

Großartig sind die sieben Strände und Buchten der Insel, die Anse Victorin bringt es sogar des Öfteren unter »die schönsten der Welt«. Sie sind so auf alle Küsten verteilt, dass man gewiss zu jeder Jahreszeit einen Strand findet, an dem man gut schwimmen und schnorcheln kann. An der Anse Macquereau sogar völlig exklusiv: Als Gast der Frégate Island Private Lodge muss man nur das Schild »Beach in Use« hinhängen.

Infos und Adressen

ÜBERNACHTEN
Frégate Island Private. Insgesamt 20 Villen, jede mit eigenem Jacuzzi, an der Nordseite der Insel. Restaurant mit Gerichten aus inseleigenem Gemüse, Kräutern und Obst sowie fangfrischem Fisch. Frégate Island, Tel. 467 01 00, www.fregate.com, www.oetkercollection.com

AKTIVITÄTEN
Tauchen, schnorcheln, Kajakfahren, Bootstouren, Hochseefischen, Geführte Naturwanderungen. Auskünfte dazu im Frégate Island Private.

SILHOUETTE UND NORTH ISLAND

46 Silhouette
Die Schöne am Horizont **242**

47 North Island
Zurück zum Paradies **246**

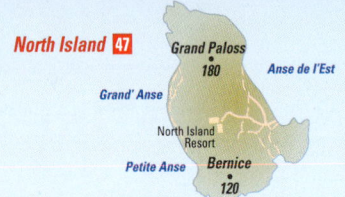

Silhouette und North Island

46 Silhouette
Die Schöne am Horizont

Die bergige Insel mit ihrer Wolkenkappe fällt jedem Gast der Seychellen schon beim Anflug auf. Mächtig aufragend und üppiggrün bewachsen liegt sie vor der Hauptinsel Mahé und entspricht so gar nicht dem Klischeebild von Palmenstrand und Korallensand. Dafür kann man auf Silhouette noch besonders gut die ursprüngliche Welt jener Zeit erleben, als der Mensch begann, hier zu siedeln.

Die imposante Insel, 18 Kilometer vor der Nordwestseite von Mahé gelegen, umfasst 20 Quadratkilometer und ist damit die drittgrößte der Inneren Seychellen. Ihr höchster Berg, der 752 Meter hohe Mont Plaisir, ist die Nummer drei des Archipels. Obwohl Silhouette zu den Granitinseln gezählt wird, besteht sie eigentlich aus vulkanischem Syenit. Das bedeutet, dass sie bei einer gewaltigen Eruption vor rund 63 Millionen Jahren entstanden sein muss und daher wesentlich jünger ist als die etwa 650 Millionen Jahre alte Hauptinsel Mahé.

An den steilen Küsten von Silhouette gibt es ganze vier für Boote zugängliche Sandbuchten. La Passe an der Ostseite der Insel ist auch heute noch der einzige kleine Hafen – die Überfahrt von und nach Bel Ombre auf der Hauptinsel Mahé dauert rund 30 Minuten. Nur halb so lang ist man bei einem Hubschraubertransfer unterwegs, den meist nur besonders solvente Gäste des Hilton Seychelles, des einzigen Inselresorts, in Anspruch nehmen. In La Passe, der größten von drei Siedlungen, leben auch die meisten der heute rund 150 Einwohner von Silhouette.

Seite 238/239: Die Insel Silhouette ist nach einem französischen Finanzbeamten aus dem 18. Jahrhundert benannt.
Mitte: Silhouette besteht aus Syenit, einem magmatischen Tiefengestein.
Unten: Riesenmuschel

Silhouette

Wandern auf Silhouette

Die alten Fußwege der Insel, auf der es weder Straßen noch motorisierte Verkehrsmittel gibt, sind ideale Wanderstrecken. La Passe, der Hauptort, ist jeweils der Ausgangspunkt für längere und kürzere Touren, um diese noch besonders ursprüngliche Insel kennenzulernen.

Ⓐ Von La Passe nach Grand Barbe. Der traditionelle Hauptweg führt quer über die Insel in ihre zweite wichtige Siedlung, die ehemalige Kopraproduktionsstätte Grand Barbe an der Südwestküste. Auf teilweise steilem Pfad durch dichten Tropenwald mit Sandelholzbäumen, Orchideen und endemischen fleischfressenden Kannenpflanzen geht es auf fast 500 Meter hinauf – und wieder hinunter an den Strand der Anse Grand Barbe. Um diese lange, aber lohnende Tour auch zu genießen, sollte man einen ganzen Wandertag einplanen.

Ⓑ Von La Passe in die Anse Mondon. Nach Norden zu gelangt man auf weitgehend flachem Pfad und über einige steile, glatte Felspartien an den herrlichen Strand der Anse Mondon. Nach dem etwa zweistündigen Hinweg kann man dort schwimmen und schnorcheln – an bis zu zehn Meter tiefen Stellen mit vielen bunten Fischen.

Ⓒ Von La Passe in die Anse Lascars. Nach Süden hin führt ein Spaziergang zu einigen Landmarken der Inselgeschichte. In einer Kokosplantage steht – der Pariser Kirche La Madeleine nachempfunden – das Mausoleum der Pflanzerdynastie Dauban. An der Anse Lascars gibt es die sogenannten Gräber arabischer Seefahrer, in denen nach heutiger Kenntnis aber wohl Siedler der Zeit um 1800 bestattet wurden.

Ⓓ Auf den Mont Dauban. Auf einer Tagestour (und unbedingt mit Führer) kann man den 740 Meter hohen zweithöchsten Berg der Insel besteigen. Es geht durch reizvollen Nebelwald zum Gipfel, von dem man eine weite Aussicht hat – wenn er nicht wie so oft gerade in eine hartnäckige Wolke gehüllt ist.

DIE GRANN KAZ

Einfach gut!

Auf den Seychellen haben sich einige schöne Beispiele kolonialer Architektur erhalten, darunter das Pflanzerhaus Grann Kaz hinter dem Schiffsanleger von La Passe. Hier zelebrierte einst Auguste Dauban, der Herr der Insel, französisches Savoir vivre und ließ sich 1860 aus Tropenholz eine stilvolle Kolonialvilla erbauen. Ihr Luxus nährt noch heute viele Legenden – von erlesenem Mobiliar, chinesischem Porzellan, klassischer Musik. Die Daubans starben aus, ihre Residenz verkam zum Geisterhaus. Bis 2006 die Hotelkette Hilton zum Inselpatron wurde und die Grann Kaz zu neuem altem Glanz erweckte. Hier wird nun kreolische Cuisine serviert – in stilvollem Ambiente, bei leiser Musik. Fehlt nur, dass Monsieur Auguste zum Diner erscheint …

Grann Kaz. Hilton Seychelles, La Passe, Silhouette, Tel. 4293949, www.hiltonseychelleslabriz.com

Hinterm Hafen nur Wildnis

Im Inselinnern ist Silhouette – seit 2010 ein Nationalpark – noch weitgehend unberührte ursprüngliche Wildnis. Keine Straßen, keine Autos. Nur alte Fußwege und im Hilton ein paar Elektro-Buggys. Ökologen gilt die Insel als die vegetations- und artenreichste des gesamten Indischen Ozeans. Hier leben Hunderte endemischer Vögel, Reptilien und Pflanzen. Erst 1995 fand man zwei Schildkrötenarten, die als ausgestorben galten. Heute werden sie in einer eigenen Aufzuchtstation erforscht und gepampert.

Französische Patrons

Anders als zu vermuten ist die Insel nicht nach ihrem einprägsamen Umriss benannt, sondern zu Ehren eines französischen Finanzbeamten. Étienne de Silhouette (1709–1767) war schon drei Jahre tot, als sein Landsmann Charles Oger am 28. Januar 1771 die Insel betrat, sie für Frankreich in Besitz nahm und ihr den Namen Silhouette gab.

Franzosen waren es auch, die fortan das Schicksal des Eilands bestimmten. Um 1800 ließ sich als einer der ersten Siedler der Korsar Jean François

Hodoul (1766–1835) nieder. Später setzten sich aus Mahé entflohene Sklaven, sogenannte Marrons, auf Silhouette fest. Von 1860 an kaufte dann ein Franzose, der auf Mauritius durch Kokosnussplantagen und den Handel mit Kopra reich geworden war, nach und nach die ganze Insel: Auguste Dauban (1826–1905).

Das Erbe des Kokosbarons

Dauban ließ Urwald roden und Plantagen anlegen. Zimtbäume, Vanillepflanzen, Kaffeesträucher, Patchoulibüsche – und vor allem Kokospalmen bis hinauf in die Berge. Um 1900 hatten 500 Menschen hier Arbeit, später sogar an die tausend. Erst 1960 konnte Henri Dauban, der Letzte der Dynastie, dieses Latifundium nicht mehr halten. Nach dem nächsten Verkauf übernahm 1983 schließlich die staatliche Seychelles Island Development Company die Insel.

Vom alten Glanz blieb nur Auguste Daubans Pflanzerhaus, die Grann Kaz. In der noblen renovierten Kolonialvilla aus Takamakaholz residiert heute eines der sieben Restaurants des 2006 nebenan errichteten Luxusresorts Hilton Seychelles Labriz. Es ist – stilgerecht am richtigen Ort – das Lokal für kreolische Spezialitäten.

Infos und Adressen

ÜBERNACHTEN
Hilton Seychelles Labrisz Resort & Spa. 111 Chalets am Sandstrand nördlich von La Passe, sieben Restaurants für verschiedene Spezialitäten. Tel. 42 93 9 49, www.hiltonseychelleslabriz.com

AKTIVITÄTEN
Tauchen, schnorcheln, Kajakfahren – Bootstouren und Hochseefischen – geführte Naturwanderungen. Auskünfte dazu im Hilton Seychelles Labrisz Resort & Spa.

INFORMATION
Seychelles Tourist Office. Mo–Fr 8–16.30 Uhr, Sa 9–12 Uhr, Independence House, Victoria, Tel. 461 08 00, info@seychelles.com, www.seychelles.com

Seychelles Island Development Company. Gute offizielle Information über die Insel. www.idc.sc

Seychelles National Parks Authority. Details über den Silhouette National Park. www.snpa.gov.sc

Silhouette und North Island

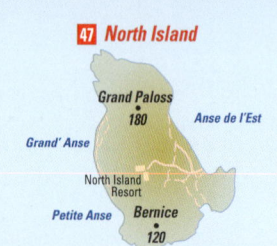

47 North Island
Zurück zum Paradies

Es gibt viele Inseln auf den Seychellen, die den Himmel auf Erden als Programm haben, aber eine übertrifft sie alle: North Island. Seit den letzten 20 Jahren wird diese ehemalige Kokosnussplantage in ein handgeschöpftes Naturreservat verwandelt. Mit dem Geld und Zuspruch von Reichen, Stars und Promis, die hier Honeymoon, Robinson-Ferien oder einfach nur mal gar nichts machen.

In *splendid isolation*, ungestört und an südlichen Gestaden, wollten Kate und William ihre Flitterwochen verbringen. Und so buchte das britische Prinzenpaar im Mai 2011 zehn Tage North Island – die komplette Insel – für 442 000 Pfund, wie in der Presse zu lesen war. Sie logierten in Nummer 11, der größten der elf Villen, hatten vier Strände und über 100 Angestellte ganz für sich, eine glückliche Zeit. North Island ist ein All-inclusive-Paradies nur für gebuchte Gäste, Tagesbesucher sind nicht erlaubt, also auch keine Paparazzi, die dieses Idyll entzaubern könnten.

Urlaub für eine gute Sache

Angereist wird nur per Hubschrauber, der Transfer vom Flughafen auf Mahé dauert 20 Minuten. So soll vermieden werden, dass Ratten oder andere Schädlinge an Land gelangen und die aufwendige Renaturierung zunichtemachen könnten, mit der die Besitzer des North Island Luxury Resort die Insel seit Jahren wieder in den ursprünglichen Zustand versetzen. Schiffe dürfen daher auf North nicht anlanden, ihre Fracht wird auf ein inseleigenes Boot umgeladen.

Seite 244/245: Sonnenuntergang über Silhouette
Mitte: Auf North Island kann man garantiert völlig ungestört Ferien machen.
Unten: Gewohnt wird im Robinson-Stil, aber mit fünf Sternen.

North Island liegt 30 Kilometer nordwestlich der Hauptinsel Mahé und fünf Kilometer nördlich von Silhouette. Wie diese Nachbarinsel ist sie vulkanischen Ursprungs, dicht bewachsen und besonders fruchtbar. Sie hat eine Fläche von zwei Quadratkilometern, auf dem Inselrücken drei 100 bis 200 Meter hohe Berge und an jeder Seite einen herrlichen weißen Strand, sodass man zu jeder Jahreszeit eine geschützte Badebucht findet.

Engländer als erste Besucher

Anders als auf den meisten Inseln waren auf North nicht Franzosen die ersten Ankömmlinge aus Europa, sondern ein Kapitän der East India Company. 1609 ging hier Alexander Sharpeigh mit der »Ascension« vor Anker – und war erfreut, reichlich Proviant vorzufinden: Süßwasser, Kokosnüsse und

Oben: North liegt einsam am Rand des Archipels. Die nächste Insel, Silhouette (hinten), ist fünf Kilometer entfernt.
Unten: Zum Chillen mit Meerblick

Silhouette und North Island

jede Menge Riesenschildkröten. Kolonisiert hat man die Insel erst Jahrhunderte später, aber ebenfalls unter britischer Ägide.

Im Jahr 1826 wurde North Island einer Madame Celerine Beaufond aus Mahé überschrieben. Danach war die Insel, die zu den fruchtbarsten Gebieten der Seychellen zählt, bis in die 1970er-Jahre im Besitz ihrer Familie und wurde intensiv landwirtschaftlich genutzt. Da dort viele Seevögel brüteten, begann man mit dem Abbau und Verkauf von Guano. Der Urwald musste Kokosplantagen Platz machen, Gemüsefelder und Gewürzgärten wurden angelegt, Farmen für Rinder, Schweine und Geflügel gebaut. North Island verkam zu einer Art wohlfeilen Versorgungskammer für die nahe Hauptinsel Mahé.

Das ausgebeutete Paradies

Von der ursprünglichen Flora und Fauna war nach Jahrzehnten des Raubbaus nicht mehr viel übrig. Die mit den Siedlern auf die Insel gelangten Katzen und Ratten dezimierten die einheimischen Vogelarten, innerhalb kurzer Zeit gab es auch keine Riesenschildkröten und keine der endemischen Paradiesschnäpper mehr. Als sich in den 1970er-Jahren die Kopraproduktion und der Gemüsean-bau nicht mehr lohnten, brach die Plantagen-wirtschaft zusammen, die Menschen zogen fort, zurück blieb eine unbewohnte und ökologisch aus dem Gleichgewicht geratene Insel.

Oben: Nicht nur für Honeymooner gibt es ein Himmelbett.
Unten: Strandidyll mit kickenden Kindern und Meeresrauschen

Luxus und Nachhaltigkeit

Dann kam es auch auf North Island zu einer Lösung, die anderswo schon Erfolg hatte. 1997 kaufte das südafrikanische Ökotourismusunternehmen Wilderness Safaris die Insel und startete das Projekt »Arche Noah«. Verwilderte Rinder und Ziegen

Abends im North Island Luxury Resort

wurden eingefangen, Ratten, Katzen und andere räuberische Säugetiere systematisch bekämpft. Über 100 000 Setzlinge von insgesamt 73 Arten heimischer Bäume und Büsche wurden vor Ort gezüchtet und nach und nach angepflanzt. Selbst das Holz der Bäume, die für die Renaturierung zu fällen waren, fand gute Verwendung: nämlich für den Bau jener elf exquisit einfachen Villen, die seit 2003 als North Island Luxury Resort zu den besten und teuersten Adressen der Seychellen gehören. 2005 wurde sogar eine eigene Biologin, die Bel-gierin Linda Vanherck, fest angestellt, um die Wiederansiedlung von Schildkröten aller Art wissenschaftlich zu begleiten und persönlich zu betreuen.

Von ihr können sich heute Gäste wie die britischen Royals und Salma Hayek, der Popstar Bono oder die Beckhams jederzeit zeigen lassen, wie gut es der Natur der Insel tut, dass sie auf North Island für viel Geld Barfußurlaub machen. Oder sollte man besser sagen: Wiederaufbauferien.

Infos und Adressen

ÜBERNACHTEN

North Island Luxury Resort. Elf stilvoll individuelle Villen aus handverlesenen natürlichen Materialien, jede etwa 450 Quadratmeter groß und mit eigenem Pool.
North Island, Tel. 429 31 00,
www.north-island.com

AKTIVITÄTEN

Tauchen, schnorcheln, Kajakfahren – Bootstouren und Hochseefischen – geführte Naturwanderungen. Auskünfte dazu im North Island Luxury Resort.

INFORMATION

Seychelles Tourist Office.
Mo–Fr 8–16.30 Uhr, Sa 9–12 Uhr,
Indepen-dence House, Victoria,
Tel. 461 08 00, info@seychelles.com, www.seychelles.com

DIE ÄUSSEREN SEYCHELLEN

**48 Die Amiranten, Alphonse,
Île Platte und Coëtivy**
So einsam wie eh und je **254**

49 Die Farquhar-Gruppe
Traum aller Fliegenfischer **258**

50 Die Aldabra-Gruppe
Am Ende der Welt **260**

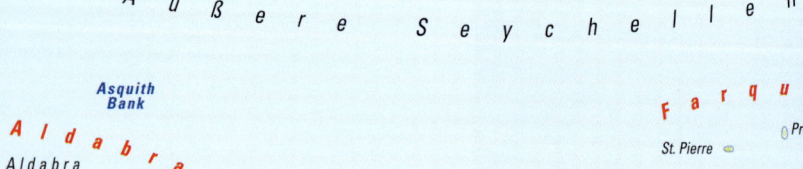

Die Äußeren Seychellen

48 Die Amiranten, Alphonse, Île Platte und Coëtivy
So einsam wie eh und je

Rund 250 Kilometer südlich von Mahé beginnt die Koralleninselwelt der Äußeren Seychellen: insgesamt 73 weit verstreute Eilande und Atolle. Mit gut 200 000 Quadratkilometern stellen sie fast die Hälfte der Landesfläche – aber nur zwei Prozent der Bevölkerung. Eine erste größere Gruppe bilden die Amiranten, die Atolle der Alphonse-Gruppe und die Südlichen Koralleninseln Île Platte und Coëtivy.

Die Amiranten

Der Name klingt nach Seeabenteuer – und mit einem solchen beginnt denn auch ihre neuere Geschichte. Vasco da Gama (1469–1524) passierte 1502 auf dem Weg nach Indien eine noch unbekannte Inselgruppe und nannte sie »Ilhas do Almirante« – Inseln des Admirals. Heute tragen die zehn Eilande eine bunte Mischung französischer und englischer Namen aus der Kolonialzeit: von African Banks im Norden über Rémire, D'Arros, St. Joseph, Desroches, Poivre, Étoile, Boudeuse und Marie Louise bis Desnœufs im Süden.

Je nach Jahres- und Erntezeit leben zwischen 100 und 200 Menschen auf diesen einsamen Inseln. Nur einige sind regulär erreichbar und bieten Unterkünfte, die meisten können nur mit Erlaubnis der staatlichen Island Development Corporation (IDC) betreten werden. Dort zu segeln, zu tauchen oder zu schnorcheln gehört zu den exklusivsten Abenteuern dieser Welt.

Seite 250/251: Ruhiges, flaches Wasser ist ideal für Stand-up-Paddler.
Mitte: Die Landepiste macht Desroches zur Drehscheibe der Amiranten.
Seite 255: Die flachen Buchten sind ideal zum Fliegenfischen.

Oben: Einer durch das flache Wasser fliegenden Pfeilspitze gleicht die Koralleninsel Alphonse.
Mitte: Die Insel Coëtivy hat den längsten Sandstrand der Seychellen.
Unten: Das Desroches Island Resort ist eines der bisher nur zwei Hotels auf den Äußeren Seychellen.

Die Äußeren Seychellen

African Banks besteht nur aus zwei buschigen Sandbänken für Tausende Seevögel. Die dichtgrüne Insel Rémire, einst Plantage für Kokosnüsse, Mais und Kürbisse, hat eine Landepiste und war lange Zeit präsidiales Wochenend-Retreat. Seit 2012 betreibt die IDC (Islands Development Company) dort ein Gästehaus. D'Arros und das Atoll St. Joseph mit seinem herrlichen Ring winziger Eilande gehören der ehemaligen iranischen Königsfamilie – vor allem aber Tausenden Keilschwanzsturmtauchern und anderen Vögeln, die dort brüten. Poivre war lange eine Kokos- und Vanilleplantage und hofft heute auf Touristen. Étoile und Boudeuse sind unbewohnt, aber wichtige Nistplätze der Rußseeschwalben. Marie Louise und Desnœufs lebten einst vom Abbau des Vogelkots von Millionen Seevögeln – die aber das Landen mit Flugzeugen, also eine touristische Nutzung, unmöglich machen.

Daher ist Desroches, die mit 3,2 Quadratkilometern größte Insel der Amiranten, auch ihre am besten erreichbare Destination. Fünfmal pro Woche startet in Mahé ein Flugzeug der IDC und bringt Gäste in das einzige Resort auf Desroches. Dort kann man diese interessante Insel erkunden sowie auch Exkursionen zu einigen Nachbareilanden unternehmen – vor allem aber Touren zum Tauchen und Hochseefischen.

Die Atolle der Alphonse-Gruppe

Rund 90 Kilometer südlich der Amiranten-Bank und von ihr durch einen bis zu 200 Meter tiefen Meeresgraben getrennt, liegen die drei Koralleninseln dieser Gruppe. Die größte, Alphonse, ist von auffällig dreieckiger Form und umfasst 1,7 Quadratkilometer. Die besonders fruchtbare Insel war lange ein Zentrum des Kokosnussanbaus, in den 1860er-Jahren gehörte sie Auguste Dauban (1826–1905),

Die Amiranten, Alphonse & Co.

der damals auch die Insel Silhouette kaufte. In guten Zeiten wurden monatlich 100 000 Nüsse geerntet – das waren auf gleicher Fläche doppelt so viele wie auf den Plantagen der Granitinseln.

Alphonse steht auch heute noch voller Kokospalmen, versucht aber im Tourismus Fuß zu fassen. Das Alphonse Island Resort, 1999 direkt am Strand der Ostküste errichtet und vor wenigen Jahren renoviert, ist neben dem Resort auf Desroches das einzige Hotel der Äußeren Seychellen. Der Flug von Mahé mit dem Inselhüpfer der IDC dauert eine Stunde.

Bijoutier und St. François, die beiden anderen Inseln des Atolls, liegen noch mal fünf bzw. zwölf Kilometer weiter südlich und sind unbewohnt. In der Saison von Oktober bis Mai gelten die flachen Lagunen dieser Inseln als weltbeste Gebiete zum Fliegenfischen: Fische von mehr als 40 Arten gehen hier an die Angel, darunter Gräten- und Drückerfische, Schnapper und Zackenbarsche.

Île Platte und Coëtivy

Einsam liegt Île Platte 140 Kilometer südlich von Mahé auf einer eigenen Korallenbank. Die wenigen Bewohner leben seit jeher von der Landwirtschaft, von Kokosnüssen und Fischfang. Erreichbar ist die 54 Hektar große Insel mit dem Boot und per Flugzeug über eine Graslandepiste.

Weitere 150 Kilometer im Süden liegt Coëtivy. Die mit 930 Hektar größte Koralleninsel der Seychellen ist heute das, was North Island vor 50 Jahren war: eine reine Landwirtschaftsinsel zur Versorgung von Mahé. Die zehn Kilometer lange und einen Kilometer breite Insel ist rundum von einem schmalen Sandstrand gesäumt – dem längsten der Seychellen. Wie Île Platte hat Coëtivy keinerlei touristische Infrastruktur.

Infos und Adressen

ÜBERNACHTEN
Alphonse Island Resort. 20 Chalets und fünf größeren Villen direkt am Strand. Alphonse, Tel. +27 21 556 57 63, www.alphonse-island.com

AKTIVITÄTEN
Tauchen, schnorcheln, Kajakfahren – Bootstouren, Fliegenfischen, Hochseefischen. Auskünfte und Angebote dazu in der jeweiligen Insellodge.

Tauchexpedition. In der besten Reisezeit – Mitte Oktober bis Dezember und Mitte Februar bis April – gibt es einwöchige und zweiwöchige Tauchtouren zu den Amiranten. www.seychelles-info.com

INFORMATION
Island Conservation Society. Diese NGO betreibt unter anderem auch Naturschutzzentren auf Alphonse und Desroches. www.islandconservation seychelles.com

Seychelles Island Development Company. Die meisten der Inseln sind im Besitz dieser staatlichen Organisation. Informationen zur jeweiligen Insel sowie zur Anreise und Unterbringung. www.idc.sc

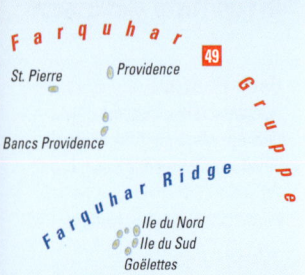

Die Äußeren Seychellen

49 Die Farquhar-Gruppe
Traum aller Fliegenfischer

Mehr als 700 Kilometer sind es von der Hauptinsel Mahé zu einer zweiten größeren Inselansammlung der Äußeren Seychellen. Sie wird Farquhar-Gruppe genannt und umfasst die teils winzigen Eilande des Farquhar-Atolls und des Providence-Atolls sowie die eigenartige Einzelinsel St. Pierre.

Das Farquhar-Atoll

Wie eine riesige Ohrmuschel umschließen die insgesamt neun Inseln dieses Atolls eine Lagune, die zu den schönsten der Seychellen zählt. Die beiden größeren – Île du Nord und Île du Sud – bilden den Ostteil des Atolls. Dazwischen liegen die drei winzigen Îles Manahas. Nach Westen und Norden hin: Goélette, Deposée, Île de Milieu und Lapin.

Ihre Landfläche beträgt insgesamt rund 7,5 Quadratkilometer, die dazwischenliegende Lagune ist 170 Quadratkilometer groß und am tiefsten Punkt 14 Meter tief. Ihr flaches Korallenriff hat nur zwei Durchlässe, die »Passe peu profonde« im Westen und die »Passe des 25 Francs« im Norden, durch die Boote in die Lagune einfahren können.

Alle Inseln des Atolls sind dicht mit Kasuarinen und Katappenbäumen bewachsen. Die Île du Nord hat seit der englischen Kolonialzeit auch eine Kokosnussplantage, die heute von der Islands Development Company (IDC) betrieben wird – wie der Flughafen und ein kleines Gästehaus mit sechs Zimmern. Es ist Forschern und Offiziellen der IDC vorbehalten, doch mit Glück kommen hier auch Touristen unter. In der Fliegenfischsaison (von Oktober bis Mai) ist das eine begehrte Unterkunft,

Mitte: Farquhar wurde 1824 nach Robert Farquhar, dem damaligen Gouverneur von Mauritius, benannt.
Unten: Fliegenfischen ist hier Kult.

Die Farquhar-Gruppe

denn eine andere gibt es auf der ganzen Farquhar-Gruppe nicht.

Das Providence-Atoll

Dieses 30 Kilometer lange und bis zu zehn Kilometer breite Atoll beginnt 60 Kilometer nördlich von Farquhar. An seinem Nordende liegt die schmale, vier Kilometer lange Insel Providence, am Südende das in Größe und Form ähnliche Eiland Cerf: zwei bis zu zehn Meter hohe und dicht bewachsene Koralleninseln. Cerf ist seit jeher unbewohnt. Von Providence zogen die rund ein Dutzend Menschen erst weg, nachdem 2006 der Zyklon »Bondo« ihre Häuser und die dortige Kokosnussplantage zerstört hatte.

Diesmal meinte es die Vorsehung nicht so gut wie 1763. Als damals die französische Fregatte »L'Heureuse« am Riff der Insel Schiffbruch erlitt, überlebten die Seeleute und konnten schließlich durch ein anderes französisches Schiff vom wasserlosen Eiland gerettet werden. Sie dankten Gott, und heute setzt die IDC, die das Atoll verwaltet und Besuchsgenehmigungen erteilt, auf Ökotouristen. Denn Providence hat die größte Graureiherpopulation der Seychellen und schöne Gebiete zum Fliegenfischen.

Die Insel St. Pierre

Die fast kreisrunde Insel 35 Kilometer westlich von Providence hat einen Durchmesser von rund 1200 Metern und, da dies ein sogenanntes gehobenes Atoll ist, eine bis zu zwölf Meter hohe Kliffküste, die ein Anlanden fast unmöglich macht. Bis in die 1970er-Jahre wurde auf St. Pierre Guano abgebaut – heute gehört die Insel wieder ganz den Tausenden Rußseeschwalben, die dort im Frühsommer brüten.

Infos und Adressen

AKTIVITÄTEN
Tauchen, schnorcheln, Kajakfahren – Bootstouren, Fliegenfischen, Hochseefischen. Auskünfte dazu über die Seychelles Island Development Company bzw. Reiseagenturen in Mahé.

INFORMATION
Seychelles Island Development Company. Die meisten der Inseln sind im Besitz dieser staatlichen Organisation. Informationen zur jeweiligen Insel sowie zur Anreise und Unterbringung. New Port, Latanier Rd., Victoria, Mahé. Tel. 438 46 40, ceo@idc.sc, www.idc.sc

Die Äußeren Seychellen sind ein unendliches Paradies für Taucher.

Die Äußeren Seychellen

50 Die Aldabra-Gruppe
Am Ende der Welt

1000 Kilometer südlich von Mahé, 500 Kilometer nördlich von Madagaskar und 600 Kilometer von Afrikas Westküste entfernt. Die vier Inseln der Aldabra-Gruppe – Assumption und Aldabra, Cosmoledo und Astove – sind nicht nur die abgelegenste Region der Seychellen, sondern eines der exklusivsten Reiseziele der Welt. Aldabra, seit 1982 UNESCO-Weltnaturerbe, ist nur auf genehmigten und geführten Exkursionen zugänglich.

Die Insel Assumption

Die gut zehn Quadratkilometer große Insel mit ihren ungewöhnlichen, bis zu 20 Meter hohen Sanddünen und einigen Kalksteinfelsen liegt knapp 30 Kilometer südöstlich des Aldabra-Atolls. Aus der Zeit, als die Insel zuerst für den Guanoabbau, dann für die Kopraproduktion intensiv genutzt wurde, gibt es noch ein paar Gebäude – und eine Graslandepiste für kleine Flugzeuge.

Dies macht Assumption heute zur Drehscheibe für die gesamte Aldabra-Gruppe. Hier kommen mit dem IDC-Flieger ab und zu Wissenschaftler an, die dann per Boot weiterfahren. Auch die Mitarbeiter der Seychelles Island Foundation, die das Welterbe Aldabra betreut, nutzen diesen Weg zu ihrer Naturschutzstation. Auf Assumption kommen auch Flugtouristen und die Passagiere großer Kreuzfahrtschiffe an, um von hier auf einer geführten Exkursion zum Atoll ihrer Träume zu schippern.

Ökologisch gesehen ist Assumption eine der am stärksten zerstörten Inseln der Seychellen. Um die

Mitte: Das Aldabra-Atoll ist einer der großartigsten Naturschätze der Erde. Es steht seit 1982 als UNESCO-Welterbe unter Schutz.
Unten: Auf den Inseln des Atolls leben rund 150 000 Riesenlandschildkröten – das sind weit mehr als auf Galápagos.

Die Aldabra-Gruppe

hier einst bis zu 15 Meter dicken Guanoschichten abbauen zu können, war die Insel zu Anfang des 20. Jahrhunderts abgeholzt worden. Seevögel, Landvögel, die Riesenschildkröten und die meisten anderen Tiere starben aus. Ein Himmelfahrtskommando für die Natur. Das hatte der französische Kapitän Nicolas Morphey gewiss nicht im Sinn, als er die Insel am 14. August 1756 entdeckte und sie nach dem nächsten Tag, Mariä Himmelfahrt, benannte: Assumption.

Das Aldabra-Atoll

Was auf Assumption nie intendiert war, glückte auf Aldabra durch jahrzehntelangen Schutz. Die einzigartige Meereslandschaft des 34 Kilometer langen und 14 Kilometer breiten Atolls, dessen Inseln samt Lagune insgesamt 365 Quadratkilometer umfassen, ist heute einer der großen und großartigen Naturschätze der Erde.

Allein etwa 150 000 Riesenlandschildkröten leben dort, das sind wesentlich mehr als auf den Galápagos-Inseln, dem zweiten Ort der Welt, an dem diese Reptilien von Natur aus vorkommen. Hunderte ihrer Verwandten zu Wasser – Grüne Meeresschildkröten und Karettschildkröten – kommen zur Eiablage an die Strände des Atolls, wo auch die seltenen, bis zu 60 Zentimeter großen Kokosnusskrabben ihren Lebensraum haben. Die Aldabra-Schnecke, die als ausgestorben galt, wurde 2014 wiedergefunden.

Besonders gut erhalten hat sich die Vogelwelt. Die flugunfähige Aldabra-Weißkehlralle, ein Vogel ohne natürliche Feinde, kommt nur noch hier vor. Der Aldabra-Drongo, ein endemischer Singvogel, in immerhin wieder rund 1000 Exemplaren. Die Rotschwanztropikvögel haben auf Aldabra ihre

Nicht verpassen

AUF NACH ALDABRA

Piraten sind ein amüsantes Thema. Aber nur, solange sie in Abenteuerromanen und Filmen ihr Wesen treiben. Als jedoch 2009 ihre somalischen Nachfahren vor den Seychellen ein Tauchboot entführten, war auch Schluss mit den Schiffsreisen nach Aldabra. Seit Kurzem hat sich die Schockstarre gelöst und die Regierung dieses fantastische Weltnaturerbe wieder als Expeditions- und Kreuzfahrtziel freigegeben. So kann man jetzt in den dafür am besten geeigneten Monaten Oktober bis Dezember und Februar bis April die Reise nach Aldabra und den Nachbarinseln unternehmen. Mit dem Expeditionsschiff »Maya's Dugong« oder einem Tauchkatamaran von Silhouette Cruises. Jeweils zwölf oder 14 Tage lang ab Mahé. Ja, es ist ein teurer Spaß – aber ein unbezahlbares Erlebnis.

Silhouette Cruises.
Flamboyant Street, Victoria,
Mahé, Tel. 432 40 26,
www.seychelles-cruises.com

Die Äußeren Seychellen

Traumtour durch die Äußeren Seychellen

- **Ⓐ Tag 1:** Flug von Mahé nach Assumption, dort Inselrundgang und tauchen
- **Ⓑ Tag 2:** Besuchsprogramm Aldabra
- **Ⓒ Tag 3:** Weitere Erkundung von Aldabra
- **Ⓓ Tag 4:** Aldabra. Dann Nachtfahrt nach Astove
- **Ⓔ Tag 5:** Besuchs- und Tauchprogramm Astove
- **Ⓕ Tag 6:** Besuchs- und Tauchprogramm Cosmoledo
- **Ⓖ Tag 7:** Weitere Erkundung von Cosmoledo
- **Ⓗ Tag 8:** Überfahrt auf See nach Alphonse
- **Ⓘ Tag 9:** Besuchs- und Tauchprogramm Alphonse
- **Ⓙ Tag 10:** Besuchs- und Tauchprogramm Bijoutier
- **Ⓚ Tag 11:** Besuchs- und Tauchprogramm Desroches
- **Ⓛ Tag 12:** Überfahrt nach Mahé und Ausschiffung

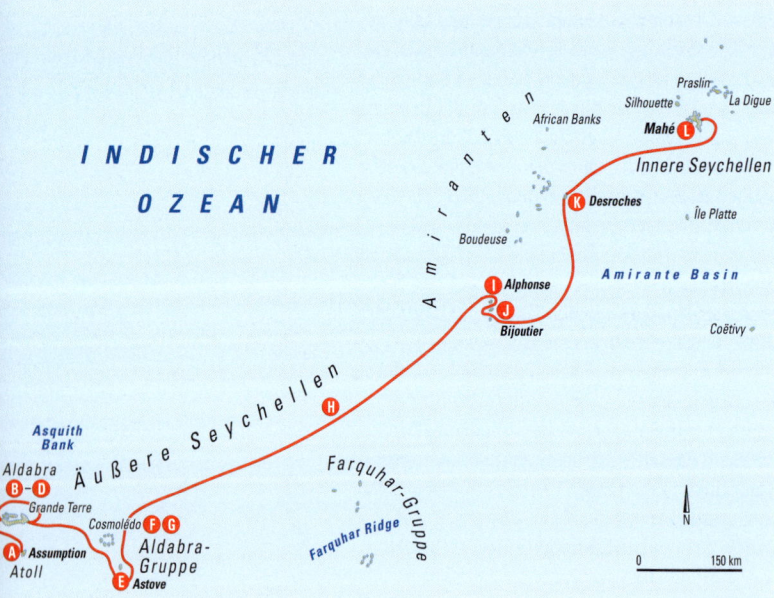

Die Aldabra-Gruppe

weltgrößte Kolonie. In den Mangrovenwäldern der Lagune brüten mehr als 10 000 Fregattvogelpaare. Dazu kommen mehrerlei Seeschwalben und Reiher, Flamingos und Zugvögel wie der elegante Reiherläufer. Als einziges Säugetier ist der Flughund heimisch, aber eine kleinere und hellere Unterart als auf den Granitinseln. Katzen, Ratten, Ziegen und andere eingeführte oder eingeschleppte Tiere richten freilich immer noch Schaden an und werden daher laufend eliminiert.

Abenteuer Drifttauchen

Einzigartig präsentiert sich Aldabra unter Wasser. Da das Fischen strikt untersagt ist, tummeln sich hier Dutzende bunter Rifffischarten, dazu Barsche, Rochen, Wasserschildkröten. Ein absolutes Highlight für Taucher ist das Drifttauchen bei Flut durch die Kanäle des Atolls hinein in die Lagune: ein Schweben und Schleudern inmitten von Doktorfischen und Schnappern, Mantas und Makrelen, Delfinen und mehreren Haiarten.

Wissenschaftlern wie Charles Darwin (1809–1882), aber auch engagierten Naturfreunden ist es zu danken, dass Aldabra nicht den Weg des ökologischen Raubbaus nahm wie viele andere Inseln der Seychellen. Als es in den 1960er-Jahren zu einer Luftwaffenbasis werden sollte, begann seine endgültige Rettung. 1971 übernahm die Londoner Royal Society die Verwaltung und baute eine Forschungsstation auf Aldabra, 1981 wurde das Atoll zum Naturschutzgebiet erklärt und 1982 schließlich zu einem Weltnaturerbe der UNESCO.

Besucht werden kann diese Attraktion nur mit Sondererlaubnis. Nachdem die Gefährdung durch somalische Piraten gebannt scheint, gibt es neuerdings auch wieder Expeditionen mit Kreuzfahrtschiffen nach Aldabra.

Oben: Der Aldabra-Drongo ist ein endemischer Singvogel des Atolls.
Mitte: Beim Drifttauchen schwimmt man unter anderem zwischen eleganten Doktorfischen.
Unten: Ein Indischer Weißrücken-Clownfisch inmitten von Korallen

Die Äußeren Seychellen

Das Cosmoledo-Atoll

Einsam und verlassen liegt 115 Kilometer südöstlich von Aldabra dieses fast kreisrunde Atoll mit einem Durchmesser von etwa 15 Kilometern. Zwei größere Inseln – Menai und Grande Île – sowie ein gutes Dutzend kleinere und kleinste Eilande umschließen eine 145 Quadratkilometer große Lagune. Zusammen mit dem Nachbaratoll Astove steht Cosmoledo auf einem vulkanischen Sockel, der in flacher Neigung aus 4000 Metern Tiefe aufsteigt. Auf der Insel Menai sind noch die Ruinen und Gräber einer Siedlung aus der Zeit zu sehen, als hier Kokosnüsse und Sisal angebaut und Guano abgebaut wurden. Heute gehört die seit 1992 unbewohnte Insel Hunderttausenden unterschiedlichen Seevögeln. Und Cosmoledo beherbergt die größte Vogelkolonie der Seychellen: Hier brüten 1,1 Millionen Rußseeschwalbenpärchen der Subspezies *nubilosus*.

Das Astove-Atoll

Etwa 35 Kilometer südöstlich von Cosmoledo gelegen, ist das sechs Quadratkilometer große Atoll das südlichste Eiland der Seychellen. Bis in die 1960er-Jahre lebten hier rund 40 Menschen vom Anbau von Tomaten und Gurken, Kürbissen und Wassermelonen, Mais und Tabak. Heute ist die Insel unbewohnt. Nur gelegentlich kreuzt mal ein Touristenboot auf, denn nahe der steilen Riffkante des Seychellen-Plateaus, gibt es fantastische Tauch- und Schnorchelstellen.

Außerdem rühmt sich Astove, die einzige (echte) Schatzinsel der Seychellen zu sein. 1911 wurde dort nachweislich ein Piratenhort gefunden, mit 107 Silbermünzen, wertvollem Besteck etc. – und war bald wieder spurlos verschwunden. So bleibt auch diese Piratengeschichte spannend wie alle anderen, die man sich so gern erzählt.

Oben: Auf Aldabra gibt es eine der größten Fregattvogel-Kolonien.
Unten: Eine blühende Agave auf dem Astove-Atoll
Seite 266/267: Auf der Sea Pearl

Die Aldabra-Gruppe

Infos und Adressen

AKTIVITÄTEN

Bootstouren und Exkursionen. Auskünfte dazu über die Seychelles Island Development Company bzw. Reiseagenturen in Mahé.

Tauchexpedition. In der dafür jeweils am besten geeigneten Reisezeit – Mitte Oktober bis Dezember und Mitte Februar bis April – werden ein- und zweiwöchige Tauchtouren zu den Amiranten angeboten.
www.seychelles-info.com

INFORMATION

Seychelles Island Development Company. Die meisten der Inseln sind im Besitz dieser staatlichen Organisation. Informationen zur jeweiligen Insel sowie zur Anreise und Unterbringung. New Port, Latanier Rd., Victoria, Mahé.
Tel. 438 46 40, ceo@idc.sc, www.idc.sc

Seychelles Islands Foundation. Diese Stiftung betreut und verwaltet das Weltkulturerbe Aldabra.
www.sif.sc

Die Äußeren Seychellen sind eines der Tauchparadiese des Planeten.

REISEINFOS

Seychellen von A bis Z   268

Anreise und Einreise, Autofahren, Baden, Busfahren, Einkaufen, Elektrizität, Fähren und Boote, Fahrradfahren, Geld, Gesundheit, Heiraten, Inlandsflüge, Inseltouren, Internet, Kinder und Jugendliche, Klima und Reisezeit, Konsulate, Kreuzfahrten, Medien, Mietwagen, Notrufnummer, Öffnungszeiten, Post, Preise, Sicherheit, Sport und Aktivitäten, Sprache, Taxifahren, Telefonieren, Touristeninformation, Trinkgeld, Wandern, Zeitzone, Zoll

Kalender   276

Kleiner Sprachführer   284

Reiseinfos

Inlandsflüge mit Air Seychelles bieten Gelegenheit, die grandiose Inselwelt im Panorama zu erleben.

Anreise und Einreise

Auf die Seychellen reist so gut wie jeder Tourist mit dem Flugzeug. Eine wöchentliche Nonstop-Verbindung – von Frankfurt am Main nach Victoria – bietet nur Condor (www.condor.de). Dieser Nachtflug dauert circa neuneinhalb Stunden. Weitere überlegenswerte Direktflüge gibt es seit dem 1. Juli 2015 ab Paris. Nachdem Air Seychelles 2011 seine Europaflüge eingestellt hatte, wird die Strecke nun mit je drei Flügen pro Woche bedient: Paris – Victoria am Mo, Do und Sa; Victoria – Paris am So, Mi und Fr. Die Flugdauer beträgt rund 10 Stunden.

Umsteigeverbindungen von deutschen Flughäfen aus bieten: Air France über Paris, British Airways über London, Emirates über Dubai, Etihad über Abu Dhabi und Qatar Airways über Doha. Die Anreisezeit auf diesen Flügen beträgt etwa 12 Stunden. Aus Österreich und der Schweiz gibt es Zubringerflüge zu den Startorten der Langstreckenflüge. Ein Flug von Deutschland kostet je nach Saison und Angebot etwa 500 bis 1000 Euro.

Für die Einreise reicht ein bis zum Ausreisedatum gültiger Reisepass. Kinder jeden Alters brauchen ein eigenes Reisedokument. Devisen dürfen unbegrenzt eingeführt werden, aber nur maximal 2000 Seychellen-Rupien (SCR). Ein Touristenvisum (für einen Monat) wird bei der Passkontrolle am Flughafen erteilt, das Formular füllt man noch im Flugzeug aus. Der Rück- oder Weiterflug muss bei einigen Fluglinien drei Tage vorher bestätigt werden, meistens erledigt das der Reiseveranstalter.

Autofahren

Wie in den meisten Ländern, die einmal britisch waren, herrscht auch auf den Seychellen Linksverkehr. Konzentration erfordert das Einbiegen in andere Straßen oder in einen Kreisverkehr: Bloß nicht auf die rechte Spur wechseln! Autos gibt es nur auf Mahé, Praslin und neuerdings auf La Digue. Die Straßen sind meist in gutem Zustand, jedoch absolut riskant: schmal – und fast durchweg ohne Bankett oder Leitplanken. Dazu kommen Fußgänger auf der Fahrbahn und der sportliche Fahrstil vieler Seychellois. Erlaubt sind 65 km/h, in Ortschaften 45 km/h. Im Zentrum von Victoria sind Parkgebühren zu bezahlen, die Coupons gibt es in Geschäften und Tankstellen.

Baden

Auch wenn es hier die herrlichsten Buchten der Welt gibt – die Seychellen sind kein Badeparadies. Bei Flut und ruhigem Meer kann man natürlich überall gut schwimmen. Doch viele Strände haben vorgelagerte Korallenriffe mit sehr flachem Wasser und fallen bei Ebbe fast trocken. An anderen herrscht – je nach Monsunrichtung – oft hoher Wellengang mit nicht zu unterschätzenden Strömungen. Warnhinweise sollte man also beherzigen.

Auch vom Monsun hängt es ab, ob und wo angeschwemmtes Seegras den Badespaß trübt. Die Grundregel: Nordweststrände sind gut von Mai bis Oktober, Südoststrände von Oktober bis März. Wo lästige Sandflöhe (*sandflies*) lauern, lässt sich leider nicht vorhersehen. FKK ist unbekannt, auch Oben-ohne-Baden ist nicht üblich.

Busfahren

Auf Mahé und Praslin verkehren von 6 bis 19 Uhr öffentliche Busse, die alle Orte etwa im Halbstunden- oder Stundentakt miteinander verbinden. Nicht immer zuverlässig, aber billig: Tickets

Badende Schulkinder am Strand von Beau Vallon.

kosten pro Fahrt einheitlich 5 SCR, Busse mit Klimatisierung kosten 10 SCR. Fahrpläne bekommt man am zentralen Busbahnhof in Victoria und in den Touristenbüros vor Ort, die Fahrzeiten kann man auch im Hotel erfragen.

Einkaufen

Da in den letzten Jahren immer mehr Selbstversorgerunterkünfte entstanden sind, gibt es in den Hauptorten der größeren Inseln entsprechende Einkaufsmöglichkeiten in Mini-Märkten und Geschäften. Angeboten wird – bis auf Gewürze und Tee aus lokaler Produktion – freilich fast nur internationale Massenware. Frischen Fisch und Früchte, Gemüse und Gewürze gibt es oft an kleinen Ständen. Ein wahres Füllhorn ist hingegen der tägliche Markt in Victoria. In seiner Umgebung findet man zwar viele Läden und Geschäfte, doch Shopping wäre Fehlanzeige.

Elektrizität

Die Netzspannung beträgt 240 Volt. Für die britischen Steckdosen (drei rechteckige Stifte) ist ein Adapter notwendig. Die meisten Hotels haben Adapter vorrätig, in Victoria kann man sie auch kaufen.

Fähren und Boote

Zwischen den Inseln Mahé, Praslin und La Digue verkehren mehrmals täglich Fähren und Segelschoner (Praslin – La Digue). Der Schnellkatamaran »Cat Cocos II« braucht von Mahé circa 50 Minuten bis Praslin. Bei unruhiger See kann die Überfahrt anstrengend sein. Zwischen

Auf dem Markt von Victoria gibt es auch jede Art von Gemüse.

Auf La Digue bewegt man sich am besten mit dem Fahrrad.

Mahé und La Digue verkehrt auch der Frachtsegler »La Belle Serafina«. Informationen und Buchungen über Reiseagenturen und Hotels, telefonische Reservierung ist ratsam.

Die kleineren Inseln der Inneren Seychellen werden nur von Hotel- oder Versorgungsbooten angelaufen. Zu vielen der Eilande wie etwa Curieuse, St. Pierre, Cousin, Aride, Grande Sœur, Silhouette und den Inseln des Sainte Anne Marine National Park gibt es auch Ausflugstouren per Boot.

Fahrradfahren

Auf La Digue und in großen Teilen Praslins kann man mit dem Rad fahren, Mahé hätte dafür zu steile und zu stark befahrene Straßen. Fahrradvermieter gibt es in La Digue am Hafen und auf Praslin an der Côte d'Or und in Grand' Anse. Viele Räder sind in schlechtem Zustand, daher sollte man sein Vehikel checken, bevor man sich damit für 100 SCR (6 €) pro Tag unterwegs herumärgert.

Geld

Landeswährung ist die Seychellen-Rupie (SCR). Sie kann nur im Land gekauft werden. Derzeit (Stand November 2017) entspricht 1 Euro circa 16 SCR, für 100 Euro bekommt man also 1600 Rupien. Euro in Rupien wechseln kann man in Banken, Hotels und – meistens am günstigsten – in lizenzierten Wechselstuben. Bei Taxifahrern, Privatpersonen oder im Restaurant Geld zu wechseln ist verboten.

Wechselstuben gibt es am Flughafen und in größeren Orten auf Mahé, Praslin und La Digue. Bargeld in Rupien braucht

Reiseinfos

Auf den Seychellen heiraten mehr Gäste als Einheimische!

Gesundheit

Für Seychellenreisende aus Europa sind keine speziellen Impfungen erforderlich. Bei Einreise über afrikanische Länder kann der Zoll jedoch eine Bescheinigung verlangen, dass man gegen Tropenkrankheiten geimpft ist.

Apotheken gibt es nur drei auf Mahé, Kliniken auch auf Praslin und La Digue, ein gut ausgestattetes Zentralkrankenhaus in Victoria. Arzt und Krankenwagen sind über den Notruf 999 zu erreichen. Die persönliche Reiseapotheke sollte Mittel gegen Mückenstiche, Durchfall und Seekrankheit enthalten. Eine Auslandskrankenversicherung mit Rücktransport ist empfehlenswert. Da ärztliche Behandlungen bar zu bezahlen sind, müssen für die Erstattung die Belege aufbewahrt werden.

Heiraten

man nur für kleine Einkäufe, Taxifahrten, Eintritte etc. Oft kann man auch in Euro bezahlen, meistens ist das jedoch von Nachteil. Zurücktauschen (gegen Vorlage der Wechselquittung!) kann man Rupien nur bis zu maximal 800 Euro.

Banken gibt es in allen größeren Orten. Sie haben in der Regel Mo–Fr 8.30 bis 14 Uhr und Sa von 9–11 Uhr geöffnet. Fast alle haben auch Geldautomaten, an denen man mit EC- oder Kreditkarte jederzeit Bargeld abheben kann. Die meisten Hotels und Restaurants akzeptieren Kreditkarten.

Die Seychellen sind ein Pärchentraumziel. Mehr als 1200 ausländische Paare pro Jahr (das sind dreimal so viele wie einheimische) heiraten hier an einem romantischen Ort ihrer Wahl. Spezialveranstalter bieten eigene Reisepakete an, viele Hotels reizvolle Heirats-Spots am Strand, unter Palmen oder auf einem Boot und für hinterher Honeymoon-Arrangements in allen Preislagen. Für eine Heirat auf den Seychellen müssen die üblichen erforderlichen Papiere in Kopie oder als Fax spätestens elf Tage vor dem gewünschten Trauungstermin dem zentralen Standesamt in Victoria vorliegen (Civil Status Office, Tel. 429 36 04, Fax 432 10 46, info@civilstatus.gov.sc). Bei der Vor- und Nachbereitung sind die Honorarkonsuln der Seychellen in den jeweiligen Ländern behilflich (www.seyco.de/index.html).

Inlandsflüge

Die staatliche Fluglinie Air Seychelles fliegt mit kleinen Propellermaschinen ab Mahé vom Inter Island Terminal (neben dem internationalen Flughafen Victoria) auf folgende Inseln: Praslin (mehrmals stündlich, Flugzeit circa 15 Minuten), Bird Island (mehrmals wöchentlich, Flugzeit circa 30 Minuten) und Denis Island (mehrmals wöchentlich, Flugzeit circa 30 Minuten). Reservierung bei Air Seychelles auf Mahé (Tel. 439 12 30) und Praslin (Tel. 428 46 12), www.airseychelles.com.

Auf die Inseln Alphonse, Assumption, Coëtivy, D'Arros und Desroches in den Äußeren Seychellen fliegen – sehr unregelmäßig – Maschinen der Island Development Company (IDC). Informationen und Buchung am Inter Island Terminal und bei der IDC (Tel. 422 46 40, www.idc.sc).

Linienflüge per Hubschrauber nach Praslin und La Digue, außerdem Rundflüge und Transferflüge zu einzelnen Hotelinseln bietet Zil Air (Tel. 437 51 00, www.zilair.com). Nach La Digue mit dem Helikopter zu fliegen, erspart den Um-

An der Francis Rachel Street in Victoria gibt es Kunsthandwerk.

Reiseinfos

weg über Praslin und ist nur knapp 100 € teurer. Einen Heli-Flug auf eine der anderen Inseln zu chartern, rechnet sich aber erst ab drei Personen.

Inseltouren

Mehrere **lokale Reiseagenturen** in Vic-toria bieten organisierte Inseltouren mit Bussen und Booten an:
7° South, Tel. 429 28 00, www.7south.net
Creole Travel Services, Tel. 429 70 00, www.creoletravelservices.com
Mason's Travel, Tel. 428 88 88, www.masonstravel.com
Sea Shell Travel, Tel. 432 43 61, www.seashelltravel.com
Angeboten werden unter anderem: Busrundfahrten auf Mahé für circa 50 €, Rundfahrten mit dem Glasbodenboot in den Sainte Anne Marine National Park für circa 50 €, ganztätige Bootsausflüge nach Praslin und La Digue für bis zu 150 € (jeweils inklusive Mittagsbuffet). Über diese Veranstalter kann man auch Inselrundflüge buchen, Mietwagen reservieren und den Rückflug bestätigen lassen.

Internet

Immer mehr Hotels und Gästehäuser bieten Zugang zum Internet (Einwahlmöglichkeit im Zimmer, in der Rezeption oder Lobby) oder auch bereits WLAN, wenn auch noch nicht auf DSL-Niveau. Internetcafés gibt es in Victoria sowie auf Praslin und La Digue.

Nützliche **Websites** zum Thema Seychellen: **www.seychelles.travel:** die mehrsprachige Internetseite des Seychelles Tourism Board (STB) mit praktischen Grundinformationen über das Reiseziel
www.seychelles-service-center.de: das Info-Portal der Konsulate, nüchtern und informativ

Einige Inseln des Archipels erreicht man gut per Flugzeug.

Riesenlandschildkröten begegnet man auf Schritt und Tritt.

www.virtualseychelles.sc: guter aktueller Online-Guide zu vielen Themen der Seychellen
www.nbs.gov.sc: die Website des National Bureau of Statistics mit Zahlen, Daten, Fakten
www.seychellesnewsagency.com: gute aktuelle Nachrichtenseite auf Englisch und Französisch
www.natureseychelles.org: die Website der führenden Umwelt-NGO des Archipels
www.sif.sc: die Seite der Seychelles Island Foundation, zuständig für die UNESCO-Weltnaturerbestätten Aldabra und Vallée de Mai
www.seyvillas.com: gutes Reiseveranstalterportal für interessante Hotels und Gästehäuser
www.seychellen-zeitreisen.de: Website der kenntnisreichen und engagierten Reiseanbieter Volker Karpen und Olaf Jakobsen aus Kiel

Kinder und Jugendliche

Die Seychellois sind kinderlieb, das touristische Angebot ist aber nur in wenigen Fällen auch auf Kinder und Jugendliche ausgerichtet (so etwa im Lémuria Resort auf Praslin). Einige Resorts sind ausdrücklich nicht für Kinder vorgesehen. Restaurants haben keine Kindergerichte, auch in einfachen Hotels oder Gästehäusern sind Kinderclub, Pizza und Babybetreuung Fehlanzeige. Dennoch sind die Seychellen mit ihren Stränden, Botanischen Gärten, Schildkrötengehegen und Schnorchelrevieren ein riesiger natürlicher Kinder- und Abenteuerspielplatz.

Reiseinfos

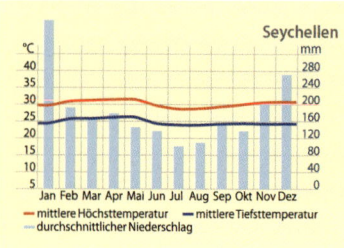

Klima und Reisezeit

Die Seychellen haben ganzjährig tropisches Klima mit Temperaturen von 24 bis 33 Grad. Das Meer ist 26 bis 30 Grad warm und meistens ruhig. Die Luftfeuchtigkeit erreicht 90 Prozent. Die Sonne scheint 7 bis 12 Stunden, Regen fällt kurz und heftig. Von Oktober bis März weht der Nordwestmonsun, von Mai bis September der kühlere Südostmonsun. März/April und Oktober/November sind Übergangsmonate mit windstillem Wetter, sie gelten als »beste Reisezeit«. Hochsaison haben die Seychellen in den europäischen Ferienzeiten Weihnachten/Neujahr, Ostern und Juli/August.

Konsulate

Deutschland, Österreich und die Schweiz haben Honorarkonsulate; sie helfen bei Notfällen (Pass oder Geld gestohlen, juristische Probleme) und Hochzeiten.

KALENDER

Die Seychellois feiern oft und gern, daher steigt immer mal irgendwo ein spontanes Straßenfest. Auch kirchliche Feste spielen eine wichtige Rolle, so wird etwa Mariä Himmelfahrt auf La Digue mit einer großen Prozession gefeiert. Die beiden wichtigsten Veranstaltungen des Jahres sind der Carnaval de Victoria an einem Wochenende nach Ostern und das Festival Kreol in der letzten Oktoberwoche.

JANUAR
1./2. Januar: New Year, Neujahr; auch der 2. Januar ist auf den Seychellen ein Feiertag

MÄRZ/APRIL
Ostern: von Good Friday, Karfreitag, bis Ostermontag

MAI
1. Mai: Labour Day, Tag der Arbeit
Fronleichnam Corpus Christi

JUNI
5. Juni: Liberation Day, Tag der Befreiung

18. Juni: National Day, Nationalfeiertag

29. Juni: Independence Day, Unabhängigkeitstag

AUGUST
15. August: Assumption Day, Mariä Himmelfahrt

NOVEMBER
1. November: All Saints' Day, Allerheiligen

DEZEMBER
8. Dezember: Immaculate Conception, Mariä Empfängnis

25. Dezember: Christmas Day, Weihnachten

In der Zeit vom 25. Dezember bis 2. Januar nehmen viele Seychellois frei. Zudem gilt: Wenn ein Feiertag auf einen Sonntag fällt, ist der darauf folgende Montag arbeitsfrei.

Die Seychellen sind eine ideale Gegend für Kreuzfahrten.

Deutsches Honorarkonsulat: Roche Caiman, Victoria, Mahé, Tel. 460 11 00, victoria@hk-diplo.de
Österreichisches Honorarkonsulat: Glacis, Mahé, Tel. 426 10 20
Honorarkonsulat der Schweiz: Providence Estate, Victoria, Mahé, Tel. 437 42 78

Kreuzfahrten

Einwöchige Törns mit Segelschonern und Motorschiffen gibt es vor den größten Inseln der Inneren Seychellen. Es werden auch wieder Kreuzfahrten und Exkursionen nach Aldabra angeboten (www.seychelles.cruises.com und www.nature-quest.com).

Medien

Außer der Tageszeitung *The Nation* mit Beiträgen in den drei Landessprachen gibt es noch mehrere Magazine, Radio Seychelles und das staatliche Fernsehen. Gut und aktuell informiert die Website der Seychelles News Agency (www.seychellesnewsagency.com). Ausländische Magazine findet man in den Buchläden von Victoria, deutsche Blätter nur selten. In den meisten großen Hotels sind ausländische TV-Kanäle zu empfangen.

Mietwagen

An den beiden Flughäfen und weiteren Orten auf Mahé und Praslin kann man für 40 bis 80 € mit Kreditkarte oder gegen Vorkasse ein (meist japanisches) Auto mieten. Der nationale oder EU-Führerschein genügt. Eine Vollkaskoversicherung ist zu empfehlen, wegen des Linksverkehrs auch Automatikschaltung. Vor Übernahme sollte man den Zustand des Vehikels überprüfen und unterwegs

Zum Besuch vieler schöner Strände – hier die Anse Royale – empfiehlt sich ein Mietwagen.

rechtzeitig tanken, denn auf Mahé gibt es nur vier, auf Praslin zwei Tankstellen.

Notrufnummer

Tel. 999 (Polizei, Notarzt, Feuerwehr)

Öffnungszeiten

Geschäfte haben Mo–Fr von 8–16 Uhr und Sa 8–12 Uhr geöffnet, einige machen von 12–13 Uhr Mittagspause.
Banken haben Mo–Fr von 8–12 geöffnet, einige in Victoria auch Sa von 9–11.30 Uhr.
Büros und Behörden haben generell Mo–Fr von 8–12 und 13–16 Uhr geöffnet.
Restaurants und die wenigen **Museen** und institutionellen Sehenswürdigkeiten haben sehr unterschiedliche Öffnungszeiten und Ruhetage. Daher empfiehlt es sich, vorher anzurufen bzw. in bekannten Restaurants auch zu reservieren.

Post

Postämter findet man auf Mahé, Praslin und La Digue, Briefkästen (in Rot) selbst in kleinsten Orten. Auch die Hotels nehmen Post entgegen. Briefmarken gibt es bei der Post, in Hotelboutiquen und Souvenirläden. Ein Brief nach Europa kostet 10 bis 15 SCR Porto und braucht circa eine Woche.

Preise

Seychellenurlaub ist seit der Abwertung der Rupie im Jahr 2008 billiger geworden. Dennoch liegen die Preise über mitteleuropäischem Niveau, vor allem für Essen in Restaurants und Extras in Hotels. Preiswert ist Busfahren und Essen in Takeaways.

Sicherheit

Die Seychellen sind ein sicheres Land. Dennoch nahmen letzthin Diebstähle zu (auch an einsamen Stränden), in Einzelfällen wurden Wanderer beraubt. Wertsachen sollte man nicht im Mietwagen oder am Strand lassen. Viele Hotels bieten Safes an. Abends und nachts kann man sich als Tourist überall angstfrei bewegen.

Sport und Aktivitäten

Die Bandbreite ist groß und reicht von Angeln über Golfen und Tennis bis Wasserski. **Angeln** ist außer in Meeresnationalparks überall ohne Lizenz möglich. Die reichen Fischgründe sind ideal zum Hochsee-, Grund- und Fliegenfischen; die beste Zeit ist Oktober bis April. Für **Birdwatching** sind April bis September (Brut- und Nistzeit) und Oktober (Migration) die besten Monate. **Segeln** und **Schnorcheln** kann man je nach Monsunrichtung und Seegang ganzjährig.

Zum **Tauchen** bieten die Seychellen viele großartige Spots und Reviere. März bis Mai und September bis November sind die besten Zeiten. Tauchbasen gibt es auf Mahé, Praslin und La Digue; dort kann man sich die Ausrüstung leihen und Exkursionen buchen. Grundinformationen zu allen Aktivitäten unter www.seychelles.travel.

Fesche Polizei in Victoria.

Reiseinfos

Sprache

Die drei Landessprachen sind Kreolisch (*Kreol Seselwa*), Englisch und Französisch. Alltagssprache ist Kreolisch. Fast alle Seychellois sprechen gut Englisch – dies ist auch die Lingua franca im Tourismus.

Taxifahren

Taxis gibt es nur auf Mahé, Praslin und – einige wenige – auf La Digue. Sie sind rund um die Uhr verfügbar, etwa am Hauptstandplatz an der Albert Street in Victoria, am Flughafen zu den Ankunftszeiten der internationalen Flüge und vor großen Hotels. Ein Taxi kann man von der Hotelrezeption bestellen oder vorbestellen lassen – etwa um sehr frühmorgens zum Ausgangspunkt einer Wanderung zu gelangen – und dabei kann man auch die Preise erfragen. Bei Fahrten sollte man darauf bestehen, dass das Taxameter eingeschaltet wird (Kosten pro km: circa 1,50 €) oder den Preis vorher vereinbaren. Überlegenswert ist, ein Taxi (statt eines Mietwagens) für eine Sightseeingtour auf Mahé oder Praslin zu nutzen. Kostenpunkt: ca. 100 €/Tag.

Telefonieren

Vorwahl Seychellen: 00248, keine Ortsvorwahl für einzelne Inseln oder Orte.
Vorwahl nach Deutschland: 0049, nach Österreich: 0043, in die Schweiz: 0041
Im Land sind seit 2011 alle Telefonnum-

Zu zweit macht auch das Schnorcheln so richtig Spaß.

mern 7-stellig. Festnetznummern beginnen mit 4, mit 2 die Mobilnetznummern. Direktanrufe vom Hotel sind teuer. Billiger sind Anrufe von öffentlichen Fernsprechern (*publiphones*) mit Münzen oder Telefonkarten. Anrufe vom Handy sind möglich (Tarife beim Provider erfragen), preiswerter die Prepaid-Karten (man ist nur unter einer Seychellen-Rufnummer erreichbar).

Touristeninformation

Das Fremdenverkehrsbüro der Seychellen für Deutschland, Österreich und die Schweiz hat seinen Sitz in Frankfurt am Main. Dort können Prospekte angefordert bzw. über die Website www.seychelles.com viele Informationen abgerufen werden:
Seychelles Tourist Office, Mo–Fr 9–13 Uhr und 14–17 Uhr, Berner Straße 50, 60437 Frankfurt am Main, Tel. 069/29 72 07 89, Fax 069/29 72 07 92, info@seychelles.travel.de, www.seychelles.travel.de

Die Zentrale des Fremdenverkehrsamts auf den Seychellen ist das **Seychelles Tourism Board (STB)**, Mo–Fr 8–16 Uhr, Bel Ombre, Mahé, Tel. 467 13 00, Fax 462 06 20, info@seychelles.travel, www.seychelles.travel

Das **STB-Hauptbüro**, in dem man vor Ort in Victoria wichtige Informationen, Broschüren, Wanderkarten, Busfahrpläne bekommen kann, hat folgende Öffnungszeiten und Adresse: Mo–Fr 8–16.30 Uhr,

Eine besondere bunte Welt ist der Hindu-Tempel in Victoria.

Sa 9–12 Uhr, Independence House, Victoria, Mahé, Tel. 461 08 00, Fax 461 08 01, info@seychelles.travel, www.seychelles.travel

Weitere **STB-Informationsbüros:**
Victoria, internationaler Flughafen, tgl. bei Ankunft internationaler Flüge, Tel. 437 31 36
Praslin, Flughafen Îles des Palmes, Mo–Fr 8–16 Uhr, Sa 8–12 Uhr, Tel. 423 33 46
Praslin, Fähranleger von Baie Sainte

Reiseinfos

Das Restaurant Lanbousir am Weg zur Anse Source d'Argent

Anne, Mo–Fr 8–16 Uhr, Sa 8–12 Uhr,
Tel. 423 26 69
La Digue, Fähranleger von La Passe,
Mo–Fr 8–17 Uhr, Sa 9-12 Uhr,
Tel. 423 43 93

Trinkgeld

Auf viele Dienstleistungen in Hotels und Restaurants werden automatisch bis zu 10 Prozent für Service aufgeschlagen. Trinkgeld wird daher nicht erwartet – ist aber immer willkommen.

Wandern

Die Seychellen sind ein ideales Reiseland, um es zu Fuß zu erkunden. Die Inseln haben zusammengenommen mehr als 60 Kilometer Strände. Dort Wandern in tropischer Landschaft und Baden in kristallklarem Wasser zu kombinieren, kann äußerst reizvoll sein. Ebenso Inselüberquerungen oder -umrundungen wie etwa auf Praslin, La Digue, Silhouette. Die (oft auch abenteuerlichen) Touren an rauen Küsten, durch Regen- und Mangrovenwald, zu Wasserfällen und Aussichtsorten lohnen jede Mühe mit einzigartigen Naturerlebnissen.

Viele Höhepunkte bietet die Hauptinsel Mahé mit ihren bis zu 900 Meter hohen Granitbergen. Fast alle (bis auf den Morne Seychellois, den mit 905 Metern höchsten Gipfel des Archipels) können von geübten Wanderern ohne Führer bestiegen werden. Wege und Steige gibt es reichlich, die meisten sind markiert und instand gehalten. Dennoch ist mit zugewucherten Abschnitten zu rechnen. Vor jeder Wanderung den Zustand des Weges erfragen!

Karten und Informationsmaterial findet man im STB-Hauptbüro in Victoria und – neuerdings – auf dessen Website (www.seychelles.travel). Dort stehen auch die Kontaktdaten lokaler Guides. Wandern kann man das ganze Jahr über. Immer gewärtigen sollte man ungewohnte Schwüle, Hitze und Regengüsse. Berghütten oder sonstige Unterkünfte gibt es nicht. Daher sollte man morgens möglich früh losgehen, genug Trinkwasser mitnehmen und vor Einbruch der Nacht zurückkehren.

Zeitzone

Die Seychellen sind der Mitteleuropäischen Zeit (MEZ) um drei Stunden voraus. In den Monaten der Sommerzeit zwei Stunden.

Zoll

Auch wenn es verführerisch ist: Korallen, Schildkrötenpanzer, Schneckengehäuse etc. dürfen nicht als »Souvenir« ins Gepäck. Die Ausfuhr der Coco-de-Mer-Nuss ist nur mit vorweisbarem Zertifikat eines autorisierten Händlers erlaubt. Bei der Einreise in die EU dürfen nur Waren in einem Wert unter 430 Euro sowie bis zu 200 Zigaretten und 1 Liter Spirituosen eingeführt werden.

Regenschirme? Nein, aber der bestmögliche Schutz gegen die sengende Sonne.

Kleiner Sprachführer

ALLGEMEINES

Hallo Hello
Guten Morgen/Tag/Abend/Nacht Good morning/day/evening/night
Wie geht es Ihnen/dir? How are you?
Danke, gut. Fine, thank you.
Wie heißen Sie/heißt du? What is your name?
Ich heiße … My name is …
Ich komme aus … I'm from …
Entschuldigen Sie/entschuldige Excuse me/sorry
Ich kann Sie nicht verstehen. I can't understand you.
Das tut mir leid. I am so sorry.
Ja/nein/vielleicht Yes/no/maybe
Wie bitte? Pardon me?
Bitte/danke Please/thank you
Bitte sehr, gern geschehen! You're welcome
Können Sie mir bitte helfen? Could you please help me?
Wie spät ist es? What time is it?
Gestern/heute/morgen Yesterday/today/tomorrow
Auf Wiedersehen Bye-bye

UNTERWEGS

Wie komme ich nach …? How do I get to …?
Links/rechts/geradeaus/zurück Left/right/straight forward/back
In der Nähe/weit entfernt Close by/far away
Offen/geschlossen Open/closed
Ich möchte … Euro wechseln. I'd like to change … Euros.
Wo ist die Touristeninformation? Where is the tourist office?
Haben Sie eine/n Stadtplan/Landkarte/Wanderkarte? Do you have a city map/road map/map of trails?
Wanderweg Nature trail
Flughafen Airport
Bushaltestelle Bus station
Fahrplan Timetable
Zuschlag Additional fee
Taxistand Taxi stand
Parkplatz Parking lot
Mietwagen Rental car
Autovermietung Car rental
Tankstelle Petrol station
Benzin/Diesel Petrol/diesel
Autopanne/Werkstatt Breakdown/repair shop
Fähranleger Jetty
Inlandsflug Domestic flight
Einfach/hin und zurück One way/round trip
Toiletten/Damen/Herren Restrooms/ladies/men
Wie heißt das? What is it called?
Wo ist/wo sind …? Where is/where are …?
Polizei Police
Notrufnummer Emergency number
Notfall Emergency
Unfall Accident
Arzt/Notarzt Doctor/doctor on call
Krankenhaus Hospital
Rezept Prescription
Schmerzmittel/Tablette Pain killer/pill
Sonnenbrand Sunburn

ÜBERNACHTEN

Hotel Hotel/accomodation
Gästehaus Guesthouse
Apartment für Selbstversorger Self-catering apartment
Ich habe ein Zimmer/Apartment reserviert. I've booked a room/apartment.

Haben Sie ein Zimmer frei? Do you have a room available?
Einzelzimmer Single room
Doppelzimmer Double room
Was kostet das Zimmer? What's the room rate?
Mit Frühstück/Halbpension/Vollpension Breakfast/half-board/full-board included
Schlüssel/Zimmerkarte key/room access card
Haben Sie Internetzugang? Is there internet access?
Steckdose/Adapter/Ladegerät Wall plug/adapter/charger
Gepäck/Koffer/Tasche Luggage/suitcase/bag
Sonnenschirm/Liegestuhl Sunshade/beach chair

ESSEN UND TRINKEN

Reservieren Sie für uns bitte … Would you please make a reser-vation for us …
Ein Tisch für vier Personen A table of four
Haben Sie einen Tisch frei? Have you got a table for us?
Ober Waiter
Die Speisekarte, bitte! The menue please!
Könnte ich … haben? Could I please have …?
Ich bin Vegetarier. I am vegetarian.
Die Rechnung, bitte! The bill please!
Mittagessen/Abendessen Lunch/dinner
Vorspeise/Hauptspeise/Nachspeise Starter/main dish/dessert
Teller/Löffel/Messer/Gabel Plate/spoon/knife/fork
Serviette Napkin
Stilles/Sprudelwasser Flat/sparkling water
Wein/Bier Wine/beer
Fruchtsaft Fruit juice
Huhn/Rind/Lamm Chicken/beef/lamb
Fisch/Garnelen/Muscheln Fish/prawns/mussels
Fangfrischer Fisch Catch of the day
Meeresfrüchte Sea food
Beilage Sidedish
Reis/Kartoffeln/Brotfrucht Rice/potatoes/breadfruit
Linsen/Bohnen/Erbsen Lentils/beans/peas
Obstsalat Fruit salad

EINKAUFEN

Wieviel kostet das? How much is this?
Das gefällt mir/nicht. I like it/don't like it.
Ich nehme das. I take this one.
Mehr/weniger More/less
Geldautomat Cash dispenser
Billig/teuer/Preis Expensive/cheap/price
Ich bezahle bar. I pay cash.
(Gemischtwaren-)laden Mini market
Bäckerei Bakery
Metzger Butcher
Apotheke Pharmacy

ZAHLEN (ENGLISCH/KREOLISCH)

0 zero   zero
1 one   en
2 two   de
3 three   trwa
4 four   kat
5 five   senk
6 six   sis
7 seven   set
8 eight   wit
9 nine   nef
10 ten   dis
100 one hundred   san
1000 one thousand   mil

… UND NOCH SECHS WÖRTER KREOL

Guten Tag Bonzour
Bitte Sivouple
Danke Mersi
Ja/nein Wi/non
Auf Wiedersehen Orevwar

Register

Aldabra-Gruppe 260 ff.
Alphonse-Gruppe 256 f.
Amiranten 254 ff.
Aride 182 f.
Assumption 260 f.
Astove-Atoll 264
Ave Maria Rocks 225

Bird Island 230 f.

Cerf Island 140 ff.
Coëtivy 257 f.
Cosmoledo-Atoll 264
Cousin Island 184 f.
Cousine Island 186 f.
Curieuse 178 ff.

Denis Island 232 f.

Eden Island 48 f.

Farquhar-Gruppe 258 f.
Félicité 218 ff.
Frégate 234 ff.

Grande Sœur 223 f.

Île Cocos 224 f.
Île Platte 257
Île St. Pierre (Praslin) 176 f.
Île St. Pierre (Providence) 259

La Digue 192 ff.
  Anse Cocos 210 ff.
  Anse Patates 200 ff.
  Anse Source d'Argent 196, 204 ff.
  Barbara Jenson Studio 198
  Eustache Sarde's House 198
  Grand' Anse 210 f.
  Green Gecko Gallery 198
  L'Union Estate 204 ff.
  La Passe 194 ff., 200 ff.
  Nid d'Aigle 216 f.
  Petite Anse 213 f.
  Veuve Reserve 194
Long Island 138 f.

Mahé 60 ff.
  Andrew Gee Art Studio 124 ff.
  Anse à la Mouche 118 ff.
  Anse aux Pins 102 ff.
  Anse Boileau 96
  Anse Intendance 116 f.
  Anse Louis 96
  Anse Major 70 ff.
  Anse Royale 102 ff., 116 f.
  Anse Soleil 121 f.
  Anse Takamaka 118 ff.
  Baie Lazare 119 ff., 124 ff.
  Baie Ternay 70 ff.
  Beau Vallon 64 ff.
  Bel Ombre 67
  Carrefour des Arts 124 ff.
  Creole Institute 106 ff.
  Donald Adelaide Studio 124 ff.
  Gérard Devoud Gallery 124 ff.
  Glacis 62
  Grand' Anse 92 ff.
  La Bastille 61
  La Gogue 61
  La Plaine St. André 110 f.
  Le Jardin du Roi 112 ff.
  Les Trois Frères 74 ff.
  Michael Adams Art Gallery 124 ff.
  Mission Lodge 82 f.
  Mont Signal 60
  Morne Seychellois National Park 74 ff., 80 ff.
  National Biodiversity Center 95
  Petite Anse 121 f.
  Police Bay 117
  Port Glaud 84, 86 f., 91
  Sans Souci Road 80 ff.
  Sauzier-Wasserfall 90
  St. Roch 67
  Tea Factory 86 f.
  Tom Bowers' Sculture Studio 124 ff.
  Vilaz Artisanal 106 ff.
  Yellow Gallery & Sculpture Studio – Antonio Filippin 124 ff.

Marianne 218 ff.
Moyenne Island 136 f.

North Island 246 ff.

Petite Sœur 222
Praslin 148 ff.
  Anse Georgette 172
  Anse Kerlan 172 ff.
  Anse La Farine 150
  Anse Lazio 168 ff.
  Au Morne 152
  Baie Sainte Anne 148 ff.
  Côte d'Or 162 ff.
  Grand' Anse 172 ff.
  Musée de Praslin 166
  Pointe Cabris 151
  Vallée de Mai 154 ff.
  Zimbabwe 170
Providence-Atoll 259

Round Island 138 f.

Sainte Anne 132 ff.
Schiffstouren 50 ff., 64 ff.
  Äußere Seychellen 262
  »Sea Pearl« 51 ff.
Silhouette 242 ff.

Tauchen/Schnorcheln 269
  Aldabra-Gruppe 260 ff.
  Amiranten 254 ff.
  Anse aux Pins 102 ff.
  Anse Lazio 168 ff.
  Anse Royale 102 ff.
  Anse Takamaka 119
  Astove-Atoll 264
  Ave Maria Rocks 225
  Baie Ternay 71
  Beau Vallon 66, 69
  Denis Island 233
  Grande Sœur 223
  Île aux Vaches 95
  Île Cocos 224 f.
  Île St. Pierre (Praslin) 177
  La Passe 197
  Marianne 219 f.
  Pointe Rouge 181
  Sainte Anne 134

Victoria 32 ff.
  Arul Mihu Navasakthi Vinayagar Temple 38
  Bel Air Cemetery 38
  Carnaval International 46 f.
  Cathedral of the Immaculate Conception 37 f.
  Clock Tower 36 f.
  Flughafen 32 f.
  Kenwyn House 40
  National Botanical Gardens 42 ff.
  Seychelles National Museum of History 35
  Sir Selwyn Selwyn-Clarke Market 34, 37
  St. Paul's Cathedral 37
  Victoria House 36 f.

Wandern 282 f.
  Anse Capucins 117
  Anse Cocos 210 ff.
  Anse Georgette 172
  Anse Kerlan 172 ff.
  Anse Major 70 ff.
  Baie Ternay 72
  Beau Vallon 65
  Bougainville 119
  Brulée Nature Trail 103
  Cassedent 81
  Courieuse 179 ff.
  Fond Ferdinand Nature Reserve 152, 156
  Glacis Noir 158
  Grand' Anse (Praslin) 172 ff.
  La Digue 196 f.
  La Gogue 61
  Les Trois Frères 74 ff.
  Mare aux Cochons 77
  Mont Signal 60 ff.
  Morne Blanc 78 f.
  Mount Copolia 78
  Moyenne Island 136 f.
  Nid d'Aigle 216 f.
  Petite/Grand' Anse (La Digue) 211 ff.
  Silhouette 242 ff.
  Vacoa Nature Trail 93

Impressum

Verantwortlich: Alina Gillen, Claudia Hohdorf
Lektorat: Dr. Barbara Münch-Kienast, Kristina Steimer
Layout: Elke Mader
Umschlaggestaltung: Frank Duffek, Nina Andritzky
Repro: Repro Ludwig
Kartografie: Kartographie Huber, Heike Block
Herstellung: Stefanie König
Printed in Slovenia by Florjancic

Sind Sie mit diesem Titel zufrieden? Dann würden wir uns über Ihre Weiterempfehlung freuen.
Erzählen Sie es im Freundeskreis, berichten Sie Ihrem Buchhändler, oder bewerten Sie bei Onlinekauf. Und wenn Sie Kritik, Korrekturen oder Aktualisierungen haben, freuen wir uns über Ihre Nachricht an Bruckmann Verlag, Postfach 40 02 09, D-80702 München oder per E-Mail an lektorat@verlagshaus.de.

Unser komplettes Programm finden Sie unter

 www.bruckmann.de

Alle Angaben dieses Werkes wurden von den Autoren sorgfältig recherchiert und auf den neuesten Stand gebracht sowie vom Verlag geprüft. Für die Richtigkeit der Angaben kann jedoch keine Haftung übernommen werden.

Danksagung:
Die Autoren und der Verlag danken Edith Hunzinger und Roya Fadai vom Seychelles Tourist Office ganz herzlich für Ihre großartige Unterstützung.

Bildnachweis:
Alle Bilder des Innenteils und des Umschlags stammen von Udo Bernhart, außer: Michael Adams, S. 127; Donald Adelaide, S. 126 u.; Banyan Tree Hotels & Resorts, S. 116 u.; Beachcomber Hotels, S. 134 Mi, 134 u., 135; Bird Island Lodge, S. 231; Chateau_de_Feuilles, S. 149; Constance Hotels, S. 172 o., 175; Cousine Island Lodge, S. 186 o., 187 (2); Elke Czerwinski, S. 242 u.; Gerard Devoud, S. 119, 126 M.; Eden Plaza, S. 48 u.; Fregate Island Private, S. 234 o., 235 o., 235 u., 236 M., 236 u., 237; Lars Freudenthal, S. 179 o., 216 (2); Le Relax Hotel, S. 105 (2); Islands Development Company Ltd., S. 256 M., 258 o., 264 u.; JA Resorts & Hotel, S. 138 o., 139 (3), 152; Kempinski Seychelles Resort Baie Lazare, S. 122 o.; Opera Restaurant, S. 122 u.; STB (Tony Baskeyfield), S. 12 u.,133, 218, 220 M., 224 u.; STB (Chris Close), S. 223 u.; STB (Gerard Larose), S. 10, 13, 14, 18, 89 o., 232, 233; STB (MAIA Resort), S. 95 o., 96 M., 97 (2), 282 o.; STB (Hartmut Roeder), 116 o., 182 (2), 183, 230 u., 236 o.; STB (Raymond Sahuquet), S. 116 u., 134 o., 221, 222 u., 225, 226, 230 o., 280; STB, S. 242 o.; Shutterstock: Arts Illustrated Studios, S. 17 konstantinks, S. 25 lks.; dvoevnore, S. 33 o., Mirelle, S. 33u.; sashahaltam, S. 121 u.; Oleg Znamenskiy, S. 122 M., 193; Jerome Stubbs, S. 138 u.; Tatjana Popova, S. 206/207; Grozaya, S. 219; Dmitry Laudin, S. 220 o.; PHB.cz (Richard Semik), S. 220 u.; Alexey Goosev, S. 223 o.; Eva Ra, S. 233 u.; Paul Cowan, S. 235 M.; Evikka, S. 263 M.; farbled, S. 264 o.; andreevarf, S. 274; Serge Vero, S. 186 u.; Schaffelhuber Communications, S. 246 (2), 247 (2), 248 (2), 249 (Andrew Howard); Seasons in Africa, S. 250, 256 u., 259, 272, 176 u. (Marius Lewis), 254 (Stefan Brantschen), 265 (Tony Baskeyfield); Wikimedia Commons: S. 256 o.; Dreizung, S. 159 M.; Dao Nguyen, S. 263 u., Simisa, S. 7 u., 260 o.; Tanuki77, S. 159 o.; Christian Hauzar, S. 184 o.; Magnus Manske, S. 136 o.; Adrian Scottow, S. 184 u.;

Umschlag:
Vorderseite:
Oben: Blüte einer Frangipani (Shutterstock/rittikorn poonwong)
Mitte links: Entspanung pur in der Hängematte am Strand (Shutterstock/Jenny Sturm)
Mitte rechts: Frau an der Küste von Praslin (Shutterstock/Simon Dannhauer)
Unten: Die Anse Source d'Argent auf La Digue (Look-Foto/Michael Zegers)
Rückseite:
Oben: Sainte Anne Resort & Spa (Beachcomber Hotels)
Mitte: Fächerpalme auf den Seychellen
Unten: Beim Carnival International in Victoria
Klappe vorne: Straßenszene in Victoria, Mahé (Look-Foto/Jan Greune)

Die Deutsche Nationalbibliothek verzeichnet diese Publikation in der Deutschen Nationalbibliografie; detaillierte bibliografische Daten sind im Internet über http://dnb.d-nb.de abrufbar.

2. überarbeitete Auflage
© 2018, 2015 Bruckmann Verlag GmbH, München
ISBN 978-3-7343-1124-6